KB184165

사업의 즐거움

사업의
즐거움

최철용 지음

지루한 사막 여행같은 사업의 여정을

특별하고 빛나는 오아시스 여행으로

사업의 고통 속에서 벅찬 환희를 느끼며 즐거움을 향유하는 방법

소미미디어
Somy Media

20년간 인터넷 쇼핑몰 사업을 통해 성공을 이룬 창업자인 저자의 실전 노하우와 사업의 철학 두 가지를 다룬 흥미진진한 책. 돈 버는 법을 넘어 더 나은 세상을 만들고자 하는 저자의 끊임없는 배움과 깊은 성찰 그리고 통찰이 돋보이는 책이다. 항상 문제와 불안 속에 있는 사업가들이 과연 어디서 사업의 즐거움을 발견할 수 있을까? 이 책에서 길을 찾아보시길. 창업가를 꿈꾸는 이들 뿐 아니라 창업가들, 기업의 경영자와 직원들에게도 추천한다.

　_ 신수정 (前 KT 전략·신사업 부문 부문장(부사장), 서울대 초빙교수, 『일의 격』 저자)

보물상자 같은 책이다. 골목골목 치열한 고민을 하며 성장해 온 저자의 반짝이는 인사이트와 지혜가 가득 담겨있다. 더구나 쉽고 솔직하며 직관적이다.

삶이 곧 일이고 일이 곧 삶인 저자가 지난 20년간 꾸준하게 탁월함을 이루어 내면서도, 그 여정을 이토록 충만하게 즐길 수 있었다는 사실에 진한 감동을 느낀다.

좋은 태도를 가지고 진심으로 일하는 모든 이들에게 꼭 선물하고 싶은 책이다.

_ 류재언 (변호사, 벤처캐피탈리스트, 『협상 바이블』 저자)

CONTENTS

서문

1부

온라인 쇼핑몰 이야기

2부

사업 이야기

창업과 사업은 험난한 여정입니다. 그 길을 어떻게 슬기롭고 즐겁게 헤쳐 나가며 지속적으로 성장할 수 있을까요?

부업으로 인터넷 쇼핑몰을 우연히 시작해 이 길에 들어선 지 20년이 넘었습니다. 그동안 느끼고 깨달은 바를 한 권의 책으로 정리했습니다. 이 책은 제가 그동안 회사를 운영하면서 개발한 제품 중 가장 오랜 시간을 들여서 만든 신제품이 아닐까 싶습니다.

1부는 인터넷 쇼핑몰에 관한 이야기이며, 2부는 창업과 사업 전반에 관한 글입니다. 1부에서는 광고, 쿠팡, 네이버 쇼핑 관련 이야기가 주이며, 2부에는 창업, 조직, 학습, 비전, 가치관 등에 관한 제 생각을 정리했습니다. 지금, 이 순간에도 기업의 성장을 향해 최선을 다하고 있는 누군가에게 이 이야기들이 조금이나마 힘이 되길 바랍니다.

책을 쓸 동기를 부여해 준 소미미디어 유재옥 대표님께 감사드립니다. 삶의 많은 부분 롤모델이 되어주신 아버지께 존경과 고마움을 전합니다. 진실되고 탁월한 오프너들과 함께 매일 8시간을 보낼 수 있다는 건 정말 행운입니다.

지금 잘 살고 있다고 느끼는 건 전적으로 자랑스러운 두 아들 정담, 정겸과 사랑스러운 아내 영미 덕분입니다.

고맙습니다.

최철용

1부

온라인 쇼핑몰 이야기

유출된 답안지 훔쳐보기

대학 시절 처음 접한 오픈북 시험은 당혹스러웠다. 도대체 답안지를 볼 수 있게 해 주고 시험을 친다는 게 말이 되는가. 하지만 모호한 시험문제의 정답은 교재를 뒤져 봐도 좀처럼 찾을 수 없었다. 철학책 수십 권을 던져 주고 "어떤 인생을 살고 싶나요?"라고 문제를 제출한 것과 별반 다르지 않았다. 답안지를 보고도 정답을 맞히기 힘들 때가 있다.

온라인 비즈니스는 오픈북 시험이다. 답안지를 던져 주고 정답을 맞히는 시험이다. 오프라인 매장에서는 고객이 원하는 답안지를 찾기 위해 매니저 간담회도 하고, 설문도 돌리고, 고객 면담도 하고, 심지어는 고객의 집까지 찾아가서 힌트를 얻으려고 노력한다.

하지만 온라인은 단순하고 정확하다. 리뷰에 정답을 적어 놓는다. 이건 이래서 좋아요. 이건 이래서 별로예요. 익명의 장막 속에서 솔직하게 속내를 털어놓는다. 감탄하며 타인에게 추천을 하기도 하고,

비난하며 구매를 만류하기도 한다. 파워리뷰어는 특정 제품의 매출을 좌지우지한다. 고객 개개인의 기호에 따라 차이는 있겠지만, 분명한 건 답안지는 이미 유출되어 있다는 점이다.

주말에 소파에 누워 우리 제품의 답안지를 훑어보다 보면 내가 잘못 제출한 오답 때문에 온몸이 부끄러울 정도로 오그라들 때도 있고, 만점 답안이라는 평가에 환호성이 나올 때도 있다. 이렇게 쭉 읽다 보면 이커머스는 온라인 곳곳에 온통 답안지들이 유출되어 있는데, 정작 수험생들은 다른 곳에서 정답을 찾고 있는 게 아닌가 싶다. 교수님은 교재 속에서 문제를 출제할 것이라고, 즉 오픈북 시험이라고 이미 공지했지만, 뭔가 좀 더 쉽고 빠르게 정답을 찾기 위해 족보를 찾아다니는 새내기이자 풋내기의 면모가 우리에게 여전히 남아 있다.

어쩌면 답안지 내용이 불편해서 그럴 수도 있다. 온 정성을 다해 답안지를 작성했음에도 신랄하게 쏟아지는 비평은 자존감을 무너뜨리고 자괴감에 빠지게 한다. 자기방어 기제가 본능적으로 작동해 슬쩍 답안지를 등 뒤로 치워 버리고 엉뚱한 답을 쓰곤 하는 것이다. 그리곤 왜 채점이 이 모양인지 한탄한다.

인터넷 쇼핑몰로 물건을 잘 파는 정답을 알고 싶다면 리뷰가 바로

'족보'다. 우리 제품도 좋고, 경쟁사의 제품도 좋다. 1번, 2번, 3번 하단의 번호를 클릭하면서 읽어 보자. 추천순, 최신순, 텍스트 후기, 포토 후기, 한 달 사용 후기 등, 리뷰 속에서 고객의 불편함도 찾아내고, 만족에 영향을 미치는 우선순위도 발견하고, 가끔은 번뜩이는 영감도 얻을 수 있을 것이다. 한 여인을 두고 연적과 겨루고 있다면, 그 여인의 일기장을 훔쳐보는 것만큼 유리한 건 없다.

리뷰는 답안지이자 고객의 일기장이다.

인스타그램에 20만여 명의 팔로우를 보유하고 있는 이커머스 대표님한테서 연락이 왔다.

"메타 광고 ROAS가 800% 정도 나오는데, 이게 정확한지 의문이에요. 매출 대부분이 광고 매출이라는 게 아무래도 이상해요. 예전에 인스타 광고를 하기 전에는 광고 없이도 매출이 꽤 잘 나왔는데, 지금은 광고 매출 비중이 너무 높아진 거 같아요. 우린 인스타 팔로우가 20만 명이 넘는데……. 만약 이게 사실이라면 광고를 하지 않을 경우 매출이 안 나온다는 건데, 걱정이에요."

요지는 본인의 직감보다 광고 매출 비율이 지나치게 높다는 거였다. 이건 뻔하다. 데이터를 열어 보지 않아도 뭐가 문제인지 바로 짐작이 간다.

Return On Ad Spend, 광고 수익률. 광고 매출/광고비.

"회사 내에 광고 기여 설정에 대해 아는 분이 있나요?"
"기여 설정이 뭔가요?"

선생님이 시험 채점을 틀리게 하면 어떻게 될까? 대통령 선거에서 선거관리위원회가 중립을 지키지 못하고 부정선거를 도우면 어떻게 될까? 스포츠 경기에서 심판이 편파 판정을 내리면 어떻게 될까? 안타깝게도 이커머스 업계에서 이런 일은 자주 발생한다. 정확하게 성과 측정을 해야 할 심판관이 일부러 또는 어쩔 수 없이 왜곡된 판정을 내리는 것이다. 그분에게 기여 설정에 대해 알려 드렸다.

"기여 설정에서 조회 후 1일 값을 제외해 보세요."
"그렇게 바꾸니 ROAS가 550%로 확 줄어들었어요."

우리가 성과를 측정하려면 무엇이 성과인지 먼저 정의되어야 한다. 이커머스에서 성과는 대부분 '구매 전환'을 뜻한다. 상품이 판매되어야 광고 성과가 난 것이다. 그런데 이걸 측정하는 게 생각처럼 간단하지 않다.

내가 퇴근길 편의점에 들러서 캔맥주를 하나 사 마셨다고 가정해 보자. 나는 전날 TV를 보면서 맥주 광고를 봤다. 출근길 지하철에서 그 브랜드의 맥주 광고를 다시 접했고, 점심시간에 유튜브에서 그 맥주 광고를 한 번 더 시청했다. 퇴근길 옥외광고에서 그 맥주 광고를 또다시 만났고, 집 앞 편의점에서 그 맥주를 발견해 마침내 하나 구입했다.

어떤 광고가 내가 맥주를 구매하는 데 결정적인 기여를 한 것일까? 그건 맥주를 산 나도 모르고 광고를 집행한 맥주 회사도 모른다. 광고 매체는 서로 자기 광고 덕분에 내가 맥주를 샀다고 주장한다. 오프라인 광고는 성과 증명이 잘 안되기 때문에 막연한 추정 속에서 누구의 성과가 더 큰지 장님 코끼리 만지기를 한다.

다행히 온라인은 측정 가능한 데이터가 있다. 하지만 이 데이터를 통해 누구의 기여가 더 큰지 정확하게 판가름할 수 있을까? 내가 만약 휴가를 앞두고 온라인 쇼핑몰에서 하와이안 셔츠를 하나 사야겠다고 마음먹었다 치자. 무신사에 들어가서 요즘 유행하는 스타일의 하와이안 셔츠를 보다가 빨리 배송받고 싶은 마음에 쿠팡에서 '하와이안 셔츠'를 검색했다. 딱 마음에 드는 걸 찾지 못해서 네이버 쇼핑에서 다시 하와이안 셔츠를 검색해 둘러보다가 그냥 주말에 인근 아웃렛에 가서 사야겠다고 생각을 바꿨다.

그런데 다음 날 인스타그램을 켜자 어제 봤던 하와이안 셔츠가 다시 나오는데 자꾸 보니까 예뻐 보였다. 그러고는 일이 바빠서 깜빡 잊고 있다가 저녁 퇴근길에서 본 유튜브 숏폼에 그 브랜드의 광고가 나왔다. 집에 도착한 뒤 네이버에 가격 비교를 해서 제일 위에 있는 광고를 눌러 제품을 구매했다고 가정해 보자. 그 하와이안 셔츠가 하나 팔린 건 어떤 광고 덕분일까? 어떤 매체의 영향이 가장 크게 작용했을까? 제품은 하나가 팔렸지만 네이버 광고에도 1, 유튜브 광고를 집행한 구글에도 1, 인스타그램을 운영하는 메타에도 1이 찍혀서 실제로는 3개가 판매된 걸로 광고 보고서에 기록될 것이다.

하나의 광고는 오프라인으로 치면 한 명의 영업 사원이다. 영업 1부에 김 대리, 박 과장, 최 부장이 있는데, 이 세 명이 동일한 한 명의 고객을 각자 찾아가서 영업한 덕분에 마침내 이 고객이 제품을 구매했을 경우 현재 이커머스에서는 김 대리 1건, 박 과장 1건, 최 부장 1건으로 실적이 잡혀서 총 3건이 판매된 걸로 나오는 게 현실이다. 글 도입부에 말한 인스타 기반 이커머스 회사 대표님이 처한 상황이 이런 경우다. 사실 ROAS 550%도 내 추정으로는 여전히 왜곡이다.

광고 측정에는 이렇게 버블 현상과 함께 순서의 오류도 자주 발생한다. 살 마음이 없던 사람이 광고를 보고 사게 된 게 광고 성과인데, 이미 구매하기로 마음먹은 사람이 SNS 활동을 하다가 우연히 그 광고를 봤을 경우에도 광고 성과로 측정된다. '광고 → 구매 동기 발생 → 구매'뿐만 아니라 '구매 동기 존재 → 광고 → 구매'의 경우도 광고 성과로 잡힌다. 원래부터 구매할 마음이 확고했던 사람도 인스타그램에 뜬 리타깃팅 광고를 봤다면 메타는 이걸 본인의 성과라고 측정한다.

왜냐하면 메타 광고 설정의 디폴트값이 '클릭 후 7일, 조회 후 1일'이기 때문이다. 클릭 후 7일은 그나마 양호하다. 이것은 광고 클릭을 하고 7일 이내에 그 제품이 판매되었을 경우 그건 메타 광고의 기여 덕분이라는 의미다. 그런데 요즘 광고 클릭하고 7일씩 기억하는 사람이 있을까? 하루만 지나도, 아니 1시간만 지나도 내가 클릭한 광고는 잊어버리는 게 현실이다. 휘발성 광고가 범람하는 망각의 시대를 우리는 살고 있지 않은가.

하지만 진짜 문제는 '조회 후 1일'이다. 이는 우연히 그냥 페이스북에 뜬 광고를 스쳐 지나가기만 해도 그 광고 덕분에 판매된 걸로 집계한다는 의미다. 광고를 누르지 않고 그냥 넘기기만 해도 메타 광고의 성과라고 판단하는 것이다. 물론 그 물건을 구입했을 경우다. '옷깃만 스쳐도 인연'이듯 광고를 0.1초의 속도로 스치기만 해도 메타 광고 성과라고 보고서에 기록된다. 인스타그램 피드를 빛의 속도로 훑어 내리다가 그 중간에 '하와이안 셔츠' 광고가 끼어 있었다면 이 구매가 메타 광고 덕분이 되는 거라니.

물론 메타의 입장이 이해가 안 되는 건 아니다. 브랜딩은 인지의 총합이다. 인지는 보는 횟수만큼 생기고, 이게 쌓이면 각인이 되고 더 나아가 브랜드로 자리매김하게 된다. 이는 친구의 우정과 비슷하다. 자주 오고 가야 그 길이 사라지지 않고 잘 유지된다. 때문에 메타가 주장하는, 보여 주는 것 자체가 구매 전환에 기여한다는 건 틀린 주장은 아니다. 다만 그럴 경우 하나가 판매되었는데 너도나도 자기의 성과라고 주장하면서 결과적으로 3개가 판매된 걸로 나오는 데이터 오류를 어떻게 바로잡을 것인가? 김 대리와 박 과장과 최 부장이 각각 33.3%의 기여를 했다고 하면 좋겠지만 데이터에는 각각 1, 합이 3이라고 찍힌다.

결국 의도했든 의도하지 않았든 이러한 기여 설정은 타 매체의 광고 성과, 또는 콘텐츠의 영향력과 단골 고객의 충성도 값을 훔쳐 가는 것이다. 심하게 얘기하면 도둑질이다. 대부분의 사람이 데이터는 정확하다고 착각하지만 모든 데이터에는 누군가의 의도가 담겨 있다. 메타가 디폴트로 설정한 기여 설정에는 광고 효과를 더 커 보이게 해서 더 많은 광고주가 더 많은 광고 예산을 편성해 주기를 바라는 의도가 깔려 있다고 나는 추정한다.

어쩌면 메타는 지금보다 더 정밀하게 기여 측정 알고리즘을 만들려고 노력하고 있을 수도 있다. 하지만 메타는 구글이나 애플이 아니다. 하고 싶어도 못 하는 태생적 한계를 안고 있다. 메타는 셋방살이를 하고 있다. 모바일에서는 IOS와 안드로이드라는 집주인에게, PC에서는 크롬이라는 집주인에서 방을 빌려서 쓰고 있다. 그러다 보니 집 구조를 본인의 목적에 맞게 완벽하게 재설계할 수 없다. '픽셀'이라는 먹물통을 셋방 출입구에 뿌려 두고 접속한 모든 유저들의 발자국을 추적해서 자신이 구매 성과에 얼마나 기여했는지 분석하려고 부단히 노력하고 있다. 한편으론 이용자들의 행동 패턴을 분석해서 성별과 나이는 물론 좋아하는 것들도 찾아내 광고에 활용하려고 시도하고 있다. 하지만 집주인인 애플과 구글이 발바닥에 먹물을 찍어도 되는지 방문자들에게 동의를 구하라고 하는 순간 메타 측정값의 정확도는 확 떨어질 수밖에 없다.

게다가 동의를 받았다 하더라도 몇몇 방은 아예 들어가 볼 수도 없다. 국내에서 간편 결제로 가장 많이 쓰는 네이버의 N페이 역시 픽셀로 추적할 수 없다. 유저가 N페이라는 방에 들어간 건 알겠는데, 그곳에서 실제로 상품을 샀는지, 고민만 하다가 나왔는지 메타는 측정할 수 없다. 성과 트래킹을 하려고 픽셀을 심어 놓았지만 쇼핑몰은 카페24 등 솔루션 기업에 의해서 통제되고, 유저들의 활동은 운영 체제에 의해 통제되고, 결제는 결제대행사에 의해 통제되다 보니 정밀하게 측정하는 데 한계가 있을 수밖에 없다.

앱과 웹에서 방문자의 활동을 추적할 수 있는 자바스크립트 형식의 코드.

측정 면에서는 차라리 네이버가 더 유리한 입장이다. 네이버는 스마트스토어라는 자체 쇼핑몰을 구축해 둔 상태이며, 결제도 내부에서 하고 있다. 게다가 요즘은 웨일이라는 브라우저까지 서비스하고 있다. 자기 건물에서 목적에 맞게 완벽하게 설계한 덕분에 모든 유저들의 움직임을 측정하고 분석할 수 있다.

그래서 메타는 2조가 넘는 돈을 주고 오큘러스라는 VR 헤드셋 기업을 인수해 메타버스 플랫폼에서는 셋방살이가 아닌 자가 건물을 마련해 보겠다고 벼르고 있는 거 아니겠는가. 어쨌든 모바일이든 PC든 수직계열화가 되어야만 보다 정확한 측정이 가능해진다.

이렇게 제한된 환경으로 인해 측정의 정확도가 떨어지는데 더불어 여기에 매체와 광고대행사의 이해관계가 더해지면 데이터는 더욱 오염된다. 내가 경험한 가장 흔한 사례가 네이버의 '자상호 검색'이다. 자상호 검색은 자기 상호(브랜드)를 검색했을 때 상단에 광고 결과를 보여 주는 걸 말한다. 예를 들어 우리 회사가 '롤라루'라는 여행 캐리어 브랜드를 출시했다고 가정해 보자. 고객들이 캐리어라고 검색했을 때 우리 브랜드를 소개하는 광고를 보여 주는 건 당연하다. 그런데 '롤라루'라고 우리 브랜드명을 검색했을 때 최상단에 우리 제품 광고를 CPC*로 띄우는 게 합리적일까? 그리고 효율적일까?

　자사몰 운영 초창기 때 광고대행사를 바꿨는데 광고 성과가 바로 급등한 적이 있었다. 그 비결을 알아내는 데는 오래 걸리지 않았다. 그 대행사는 우리 브랜드를 검색했을 때 나오는 페이지 최상단에 광고를 집행한 거였다. 그 모든 것들이 광고 성과로 잡혔다. 대행사를 변경하기 전에는 비광고 매출이 절반 정도 되었는데, 대행사를 바꾼 후 비광고 매출이 20% 정도로 확 줄었다. 광고비는 늘고, 광고 효과는 좋아졌는데, 자연 유입으로 인한 매출은 급감한 것이다. 앞서 인스타 이커머스 기업의 사례와 동일한 현상이다. 결국 브랜드가 자체적으로 가지고 있던 에너지, 즉 브랜드 파워가 광고대행사의 성과로 탈바꿈한 것이다.

　광고대행사가 이러한 내용을 브랜드사에 충분히 설명해 준 후 자상호 광고가 필요하다고 설득을 하면 좋겠지만, 대부분의 광고대행사는 이 과정을 생략한다. 극적으로 개선된 성과 지표만 보여 준다. 그리고 그 오염된 지표는 이커머스 기업의 대표나 마케팅팀장이 잘못된 판단을 하게 만든다. 스포츠 경기에서 심판관이 편파 판정을 내리면 경기 결과가 바뀌듯, 데이터가 편파 판정을 내리면 기업의 운명이 위험해진다. 결국 모든 데이터는 명료한 기준과 명확한 이해가

Cost Per Click, 클릭당 비용을 지불하는 광고 방식.

바탕이 되어야 한다. 측정 기준이 정밀해야 함은 물론, 이에 대한 정확한 이해가 필수적이다.

비즈니스 세계에서 비단 광고 지표만 그러하겠는가. 직원들을 평가할 때도 마찬가지로 성과에 대한 확고한 기준과 이로 인한 동기부여, 그리고 장단점에 대한 명확한 이해가 반드시 필요하다. 제품 경쟁력, 고객 만족도 등 기업에서 측정하는 모든 지표에는 그 기준과 이해가 필수적이다. 어쩌면 우리가 일을 하고 있는 이유, 인생을 살아가고 있는 목적에도 성과 측정 지표가 필요할지 모르겠다. '구매 전환'을 성과로 정의한 쇼핑몰처럼, 시간이라는 유한한 자원을 아껴 쓰고 있는 개개인의 일과 삶에서도 더욱 명확한 성과 측정의 기준과 기여 설정 항목이 필요하다. 그것이 시간 도둑을 당하지 않는 방법이라고 하면 너무 챗GPT 같은 답변일까?

일 매출 1천만 원에서 5천만 원까지 뛰는 데 딱 5일이 걸렸다. 그런 시절이 있었다.

2020년 초 코로나19가 확산되자 아동 외출복 판매가 급감했다. 쿠팡, 네이버, 입점몰, 자사몰 할 것 없이 전 채널의 매출이 반토막 났다. 위기감이 엄습했다. 뭐라도 해야 할 거 같아서 그동안 대행사에 맡겼던 자사몰 광고를 우리 회사에서 직접 진행해 활로를 찾아보기로 마음먹었다.

네이버 광고는 CPC 방식이라서 대행사나 우리나 별반 차이가 없었다. 광고비와 약간의 문구 변경 외에는 달리 변화를 줄 만한 게 없었다. 하지만 페이스북 광고관리자(사명이 변경되었으니 메타 광고라고 칭하겠다)에서 집행하는 인스타그램 광고는 달랐다. 광고 소재에 따라 성과 차이가 크게 났다. 우리가 시즌에 개발한 수백 개의 아이템 중에서 어떤 아이템이 반응이 좋은지, 어떤 소구 포인트에 고객들이 반응하는지 본사 직원은 알지만 광고대행사는 잘 몰랐다. 광고대행사는 SKU'가 적은 아이템일 경우에는 실력을 발휘하지만, 매주 신제품이 나오는 우리 같은 패스트 패션 분야에서는 그 속도를 따라오지 못했다. 다행히 광고대행사에서 우리 입장을 이해해 줘서 광고 집행의 기초는 대행사를 통해 배울 수 있었다. 그 뒤로 갓 입사한 신입 직원 한 명과 내가 학습과 테스트를 통해 노하우를 쌓아 갔다.

봄에 시작한 메타 광고 실전 학습은 가을쯤 되니까 어느 정도 실력이 쌓였다. 광고대행사에 맡겼을 때와 비교해 성과가 많이 개선되었다. 자사몰은 코로나 이전 수준까지 매출이 회복되었다.

그해는 추석 연휴가 길었다. 고향에서 추석을 쇠고 일찍 올라온 덕분에 연휴가 3일이 남아 있었다. 금요일에 집에서 메타 광고 관리자 메뉴들을 살펴보다가 우연히 '규칙 마법사' 메뉴를 발견했다. 우리가 설정한 로직에 맞춰서 자동으로 예산이 조절되는 기능이었다. 좀 더 상세하게 그 기능을 알고 싶어서 구글링을 열심히 했지만 웹상에 제대로 된 정보가 없었다. 번역기를 돌려 가며 영어로 검색을 해 봤지만 영문 자료도 설명이 부실했다. 할 수 없이 직접 테스트를 하면서 하나씩 배웠다. 일정 수준 이상의 ROAS가 되면 일정 비율 이상의 예산이 자동으로 상승되게 규칙을 설정했다.

Stock Keeping Unit, 재고 관리 단위.

당시 자사몰에서 하루에 평균 1천만 원 정도 매출이 나올 때였다. 광고비는 1백만 원에서 2백만 원 정도 사용했다. 토요일에 아내와 함께 브런치를 즐기고 오후에 메타 광고 관리자에 접속해 보니 광고비가 5백만 원 넘게 지출이 되었고 매출도 급증하고 있었다. 그날 자사몰 매출은 3천만 원으로 마감했다.

그리고 바로 그다음 날 매출이 5천만 원까지 치솟았다. 물론 하루 광고비도 1천만 원을 훌쩍 뛰어넘었다. 이성과 감성을 섞어서 판단하는 인간이 아니라, 오로지 설정된 규칙으로 예산을 조정하는 '규칙 마법사'는 냉정하고 현명하게 성과가 좋은 광고의 예산을 원칙대로 과감하게 올렸다. 그리고 이는 매출 증대로 바로 연결되었다.

매출이 5배 뛰는 데 딱 3일이 걸렸다. '이거구나. 메타 광고가 답이구나.' 그리고 두 달 동안 규칙 마법사 설정을 더욱 고도화시켜서 그해 매출과 이익을 전년 대비 2배 가까이 키울 수 있었다. 나는 자신만만했고 의기양양했다. 가까운 지인들에게 노하우를 공유하며 메타 광고의 묘약을 나눴다. 이미 공개된 정보가 아니라 스스로 발견한 비법이라서 더욱 뿌듯했다.

이런 추세라면 해마다 2배 성장은 물론, 신규 브랜드를 론칭해도 성공시킬 자신이 있었다. 성공의 규칙을 발견한 것이다. 하지만 그 환상이 깨지는 데는 불과 1년이 걸리지 않았다. 아주 사소한 변화 하나로 모든 게 달라졌다. 애플이 2021년 상반기 개인정보 보호 정책(ATT)을 변경하면서부터다. 그동안 메타 광고는 모바일에 탑재된 IDFA˙를 통해 정확한 타깃에게 맞춤 광고가 가능했다. 덕분에 광고 효율은 좋았고 더 많은 예산을 집행할 수 있었다. 하지만 애플이 앱 실행 시 개인정보 추적 동의 문항을 넣는 업데이트를 한 후부터 메타 광고 성과는 서서히 추락하기 시작했다.

그리고 내가 마법처럼 발견한 '규칙 마법사'라는 묘약의 효능도 옅어졌다. 사실 규칙 마법사의 로직은 단순했다. 사람보다 더 자주, 더 냉정하게, 더 정확하게 성과 위주로 예산을 배분하는 것이다. 사람이 광고를 운영할 경우는 아무리 신경 쓰더라도 예산 관리에 빈틈이 생길 수밖에 없고, 야간이나 주말에는 대응 속도도 느렸다. 예산 증액을 할 때는 기존의 고정관념으로 과감하게 집행을 못 하고, 축소할 때도 미련이 남아서 바로 줄이지 못했다. 규칙 마법사는 이를 시스템으로 설정해 한 치의 오차도 없이 그대로 냉정하게 반영해서 성과를 확대시킬 수 있었다. 즉, 잘되는 걸 더 잘되게 하는 '증폭'의 역할을 발휘했던 것이다.

Identifier For Advertisers, 광고 식별자.

하지만 애플의 개인정보 보호 정책 업데이트 후 전반적으로 광고 효율이 떨어졌고 증폭 효과는 나타나지 않았다. 설정한 목표에 도달 해야 광고 예산이 증액되는데, 대다수의 광고 소재가 그 목표에 못 미쳤다. 답답한 마음에 증액 기준을 낮춰 보기도 하고, 인위적으로 광고비를 더 올려 보기도 했지만 오히려 이익률만 낮아졌다. 한여름 밤의 꿈처럼, 우리가 이뤄냈던 일 매출 5배 성장은 신기루처럼 한순 간에 사라졌다.

인스타그램 유저 중에서 우리 제품에 관심 있는 사람들에게만 정 확하게 콕콕 집어서 광고를 보냈던 천재 인스타그램이 갑자기 뇌 손 상을 입어 바보가 된 것 같았다. 우리 물건에 아무 관심도 없는 사람 들한테 광고를 뿌렸고 효율은 급격하게 떨어졌다.

물론 당시 매출이 감소한 데는 애플의 정책 변경 외에도 다른 요 소도 있을 것이다. 우리가 새롭게 디자인한 제품이 덜 예뻤다거나, 경쟁사가 더욱 강력해졌다거나, 새로 채용한 우리 회사 마케터의 역 량 차도 영향을 미쳤을 것이다. 그럼에도 불구하고 내가 느끼기에 가 장 큰 문제는 메타가 더 이상 스마트하지 않다는 점이었다.

좋은 시절은 다 갔다. 그리고 다시는 이런 날이 오지 않을 것이다. 그제야 나는 깨달았다. 나는 우리 자사몰에서 고객과 끈끈한 유대

관계를 가지며 성장하고 있다고 믿었는데 그건 허상이었다. 자사몰에 가입하는 회원 수는 물론 재방문해서 재구매를 하는 단골도 늘어나고 있었다. 이 모든 지표는 축적된 가치가 있을 거라고 확신하고 있었는데, 모래성처럼 한순간에 초기화가 되었다.

앱 다운을 장려하고, 카톡플러스 친구를 맺게 하고, 인스타그램 팔로우와 유튜브 구독을 권하면서 고객과 우리와의 관계가 나날이 긴밀해지고 있다고 믿었는데 이 모든 게 착각이었다. 메타에서 심은 광고 픽셀이 개인정보를 제대로 추적하지 못하는 순간, 매출은 과거로 회귀했다. 그동안 나는 자사몰을 운영하고 있다고 믿었는데 알고 보니 인스타그램 입점몰을 운영하고 있었던 셈이다. 인스타그램 광고 플랫폼이 취약해지자 우리 자사몰도 덩달아 매출이 빠진 게 이를 증명했다. 메타 광고로 흥해서 메타 광고로 몰락할 지경이었다.

그제야 나는 잊고 있었던 기억 하나가 떠올랐다. 사업 초창기 때 지인을 통해 스포츠 신문 지면 광고로 생필품을 판매하는 분을 소개받아 술자리를 같이한 적이 있다. 한때 큰돈을 벌기도 했다는 그분은 신문 광고가 예전 같지 않다면서 어려움을 토로했다. 나는 사람들이 아직도 신문 하단이나 전면에 있는 1+1, 70% 세일 등의 자극적인 문구를 보고 전화를 걸어서 물건을 산다는 것 자체가 신기했다. 하긴 누군가가 물건을 사니까 누군가는 돈을 주고 신문 광고를 계속하는 거겠지. 그 회사는 아직도 신문 광고를 통해서 상품을 잘 판매하고 있을까? 아니면 이커머스나 홈쇼핑 등 새로운 유통 채널을 찾아 나섰을까? 그도 아니면 신문 구독률 저하 속에서 고전을 면치 못하고 있을까?

인스타그램이라는 미디어에 제품 광고로 매출 볼륨을 키운 나는 그분과 비교했을 때 뭐가 다를까. '요즘 누가 신문을 봐?'라는 말처럼 '요즘 누가 인스타그램을 해?'라는 말이 나오면 고전하게 될까? 그렇다면 미디어 환경 변화를 잘 캐치해서 그때마다 광고 채널을 갈아 타면 괜찮지 않을까? 신문에서, 라디오에서, TV로 미디어는 변화해 왔다. 그리고 다시 PC에서 모바일로 고객들의 동선은 이동한 상태다. 모바일을 통해 사람들은 유튜브, 인스타그램, 카카오톡, 페이스북, 네이버, 틱톡, 구글 등에서 시간을 보내고 있다. 이렇게 주요 미디어에 효율적으로 광고를 하면 비즈니스의 영속성이 보장될까?

아니다. 정답은 다르다. 찾아다니지 말고 찾아오게 해야 한다. 내가 그저 그렇고 그런 평범한 사람으로 이성의 꽁무니를 졸졸 따라다니면서 연애를 시도하기보다는, 나 자체가 매력적인 사람이 되어서 이성이 먼저 찾아오게 만들어야 한다. 늘 잊고 지내는 존재이다가 우연히 모임에서 만나면 아는 체하는 관계가 아니라, 혼자 있으면 생각나고, 만나면 기쁘고, 헤어지면 그리워지는 그런 매력적인 사람이 되어야 한다. 내가 어떤 시간, 어떤 공간에 있든 나를 보려고 찾아오게 하는 게 정답이다. 그런 브랜드가 되어야 한다.

규칙 마법사의 규칙처럼 브랜드 비즈니스의 성공 규칙 역시 세팅 법은 단순하다. ROAS에 따라서 광고 예산이 자동으로 등락하게 규칙을 세팅했던 것처럼 고객들에게 더 매력적인 제품을 개발하는 데 예산을 더 쓰고 그렇지 않은 제품에는 예산을 자동으로 줄이는 것, 고객들이 행복한 경험을 하는 서비스에 과감하게 예산을 늘리고, 불편한 경험이 될 만한 서비스의 예산은 극도로 줄이는 것, 직원들이 더 성취감을 느끼며 일할 수 있는 환경을 만드는 데 지속적으로 예산을 늘리고, 불필요한 잡무 비용은 과감하게 줄이는 것, 눈앞의 단기적인 이익에 급급하기보다는 더 좋은 세상을 만드는 데 기여하겠다는 올바른 사명감을 공고히 하는 데 예산을 증액하는 것.

이런 규칙들이 문득 떠오를 때마다 감정적인 판단을 통해 예산을 조정하는 게 아니라, 정확한 원칙에 따라 정기적으로 이루어지는 시스템을 만드는 것. 이게 규칙 마법사를 활용하는 진정한 방법일 것이다.

네이버 vs 슬롯

반격은 예상보다 강했다. 2023년 3월 16일 목요일 오후 5시를 기점으로 재개된 네이버와 슬롯 개발사의 전쟁은 한 치 앞을 예측하기 힘들다. 해마다 치르는 연례행사처럼 대수롭잖게 보는 이도 있고, 이번에는 정말 마지막 전쟁이 되나 조마조마하며 지켜보는 이도 있다. 전쟁의 결과가 어찌 되든 난 승자의 편에 서는 기회주의자이자 이기주의자가 되기로 마음먹었다. 비즈니스는 정의를 추구하는 플랫폼이 아니다. 정의보다는 게임의 공정성이 더 중요하다.

슬롯이라는 단어가 낯선 이들을 위해 간략하게 설명을 하자면 이렇다. 네이버는 2000년도 커머스 사업에 진출한 이후 스마트스토어 오픈, 고도몰 인수, 카페24 지분 인수, 뷰티포인트, 미미박스 등 쇼핑몰 인수, CJ택배 지분 교환 등의 굵직굵직한 인수합병과 더불어 윈도쇼핑, N페이, 라이브 커머스 등 다양한 서비스를 붙여 왔다. 최근에는 도착보장이라는 빠른 배송 서비스 확장에 집중하고 있다.

우리나라에서 검색 시장을 장악하고 있는 네이버가 커머스를 핵심 사업 중 하나로 육성시키면서 이커머스 업계는 빠르게 네이버와 쿠팡의 양강 구도로 재편되고 있다. 네이버가 이렇게 쇼핑을 강화하면서 알 만한 사람은 다 아는 불편한 진실이 하나 튀어나왔는데 그것이 바로 '슬롯'이다. 슬롯은 네이버 쇼핑의 특정 상품을 인위적으로 클릭을 해서 트래픽을 발생시키는 자동화 프로그램을 의미한다.

넘쳐나는 상품들 속에서 선택 장애를 겪는 고객들은 웬만하면 상위에 노출된 상품을 구매한다. 이커머스 초창기처럼 1페이지, 2페이지를 넘겨 가면서 신중하게 비교해 가며 구매하는 소비 형태는 사라졌다. 상위 노출이 되어 있으면 판매가 되고, 되지 못하면 망한다. 그러다 보니 상위 노출을 시키기 위한 네이버의 알고리즘을 연구하는 것이 상품 개발과 고객 서비스만큼이나 중요해졌다.

네이버는 상위 노출 알고리즘 요소를 공개해 둔 상태다. 지극히 상식적이고 합리적이다. 각각의 항목은 다음과 같다.

1. SEO 점수 : 상품명과 썸네일이 네이버 가이드에 잘 맞는지에 따라 점수를 부여한다.
2. 최신성 점수 : 판매 등록한 지 얼마 안 된 신상품에는 가점 Advantage을 준다. 판매 기간이 늘어날수록 가점이 축소된다.

3. 클릭 점수 : 상품을 클릭한 수에 가중치를 부여해서 점수로 매긴다.

4. 판매 점수 : 판매한 수량과 금액을 조합해서 점수로 매긴다.

5. 리뷰 점수 : 리뷰의 개수와 평점을 조합해서 점수로 매긴다.

여기서 SEO는 네이버의 룰만 잘 따르면 만점을 받을 수 있고, 최신성의 경우에도 신규로 제품을 등록하면 만점을 받게 된다. 결국은 클릭과 판매와 리뷰인데, 이를 묶어서 네이버 알고리즘에서는 인기 점수라고 칭하는 것으로 알고 있다. 리뷰는 판매 점수에 자연스럽게 따라오는 거라서 결국은 네이버 상위 노출의 핵심 요소는 클릭과 판매다.

그리고 이와 함께 감안해야 할 게 네이버는 스마트스토어 수수료 약 3%에 쇼핑 검색 수수료 약 3%를 더해서 수수료가 6% 안팎이라는 점이다. 타 몰에 비해 상당히 저렴하다. 이 수수료라는 요소도 슬롯 탄생에 영향을 미쳤다. 클릭, 판매, 수수료 이 세 가지 요소가 합해져서 탄생시킨 괴물이 바로 슬롯이다.

슬롯은 앞서 설명했듯이 네이버 쇼핑의 클릭 점수를 높여 주기 위해서 인위적으로 클릭을 해 주는 프로그램이다. 2017년 말에 초보적인 수준으로 개발되다가 2018년부터 일부 마케팅 대행사를 통해서 도입되더니 2020년부터는 나 같은 일반 브랜드사에도 연락이 올 정도로 보급이 되었다. 그러다가 2021년부터는 슬롯 개발사와 함께 중간에 영업하는 실행사가 우후죽순으로 늘어나서 급기야 최근에는 슬롯을 안 쓰는 게 이상할 정도로 많이 퍼졌다.

월간 검색량이 5만 이상인 대형 키워드는 상위 노출 판매자의 절반 정도가 슬롯을 사용하고 있으며, 1만 이상에서 5만까지 중형 키워드는 약 30%, 그 이하 키워드의 경우 10% 미만일 걸로 추정한다. 이 지표는 근거 없는 내 짐작이다. 키워드가 클수록 슬롯업체에 오염된 경우가 많다. 작은 키워드의 경우 청정 지역이다.

슬롯이 탄생한 배경을 상상해 보면 아래와 같다.

1. 클릭을 높이기 위해서 판매사나 마케팅 대행사에서 구성원 중 일부가 해당 상품을 직접 클릭한다.
2. 랭킹이 오르는 걸 확인한다.
3. 네이버에서 동일 IP 클릭은 점수에 반영하지 않는다.
4. IP로 인해 클릭이 잡히지 않는 걸 알고 스마트폰의 비행기모드를 활용해서 껐다 켰다 한 후에 검색해서 해당 상품을 누른다.
5. 랭킹이 다시 오르고 상위 노출되는 걸 확인한다.
6. 단순 작업인데, 시간을 많이 뺏기니까 주변의 중고등학생이나 주부 등 재택 알바를 활용해서 클릭 작업을 지시한다.

7. 어느 날, 단순 작업인 만큼 파이썬 등 프로그램을 활용하면 알바비보다 더 저렴하겠다는 생각이 떠올라서 개발사에 의뢰한다.

8. 초기 단계의 트래픽 프로그램이 탄생한다(지금 말하는 슬롯).

9. 가격 대비 효과가 좋아서 알음알음 소문이 난다.

10. 네이버에서 기계적인 트래픽은 점수에서 제외시킨다.

11. 진짜 사람처럼 클릭하는 방식으로 프로그램을 업그레이드한다.

12. 네이버에서 클릭 점수에 제한을 둔다(일 200 클릭 이상은 점수 반영에서 제외).

13. 네이버의 룰 안에서 점수를 받는 프로그램(유한타)과 그 제한을 뚫는 프로그램(무한타)으로 나뉘어 개발된다.

14. 네이버에서 유한타와 무한타 프로그램의 로직에 맞대응하기 위해서 클릭 수 집계 방식을 더 고도화시킨다.

15. 네이버의 알고리즘 변화에 발맞춰 빠르게 우회 방식으로 패치해 나간다.

16. 슬롯 프로그램의 패치 로직을 분석해서 클릭 집계 방식을 더 고도화시킨다.

17. 15번의 반복

18. 16번의 반복

......

최근 2년간 뜨거워질 대로 뜨거워진 네이버와 슬롯의 혈투를 보다 보면 '가중치와 점수 부여 방식에 변화를 주면 되지 않을까'라고 생각할 수 있다. 예를 들어 클릭 점수와 함께 전환율*에 더 많은 가중치를 주면 손쉽게 문제를 해결할 수 있지 않을까?

그러나 곰곰이 생각해 보면 이는 대안이 될 수 없다. 앞서 언급했듯이 네이버는 수수료가 상당히 낮은 쇼핑 플랫폼이다. 스스로 구매하는 자구매, 임의로 구매하는 가구매 작업이 아주 용이하다. 전환율에 가중치를 두는 순간 가구매 대행사가 성행할 것이 불 보듯 뻔하다. 수수료와 가구매와 ROAS의 상관관계를 따져 보면 아래와 같다.

- 쇼핑 중개 수수료 50% = ROAS 200%
- 쇼핑 중개 수수료 20% = ROAS 500%
- 쇼핑 중개 수수료 10% = ROAS 1,000%

여기에 택배비와 판매관리비, 대행사 수수료 등을 더하면 1건 가구매를 할 때 드는 총판매 수수료가 30%를 넘으면 네이버 광고를 통해 판매하는 것과 비슷해서 가구매 메리트가 사라진다. 판매 수수료가 20% 정도만 하더라도 마진이 좋지 않은 업체는 가구매를 통해 상

몇 명이 들어와서 몇 개를 구매했는지 보는 지표. 구매 수/클릭 수로 계산한다.

위 노출을 머뭇거리게 된다. 하지만 6% 수수료는 가구매를 통한 상위 노출이 그 어떤 노력보다 쉽다. 현재 가구매를 통한 상위 노출이 잦긴 하지만 완전히 대중화되지 않은 이유는 아이러니하게도 트래픽 점수라는 요소가 하나 더 있다 보니, 인위적인 마케팅 작업이 분산되는 것이다.

즉, 네이버가 판매자를 계속 끌어모으기 위해 낮은 수수료 정책을 유지하는 한, 가구매를 통한 상위 노출 방식에 취약한 상태이고, 이러한 상황에서는 클릭 점수에 가중치를 부여하는 현재 방식을 바꾸기가 어렵다는 건 자명하다.

그렇다면 제재를 통해서 슬롯 사용업체를 단속하는 방법은 어떨까? 이는 더더욱 어렵다. 이 정책을 네이버가 공포하는 순간, 자신의 상품 랭킹보다 상위에 있는 경쟁사 상품에 슬롯을 넣어서 네이버가 슬롯 불법 사용업체로 오인하게끔 만들 것이다. 슬롯은 Mid 값이라는 상품번호를 지정해서 작동하는데, 경쟁사의 Mid 값을 넣는 순간 그 업체는 슬롯 사용업체가 되는 셈이다. 어느 날 아는 동생에게 "요즘 계절 탓인지 네이버에서 물건이 잘 안 팔리네"라고 얘기했더니, 동생이 "형, 그동안 도움받은 것도 많은데, 형 상품으로 제 슬롯 좀 넣어드릴까요?"라고 말을 할 정도다. 상황이 이렇다 보니 네이버는 트래픽 어뷰징으로 의심되는 상품과 판매자를 적극적으로 제재하기 어렵다. 최근에 경쟁사의 단어까지 랜덤으로 수집해서 트래픽을 일으키는 '롤링' 방식 슬롯 개발사로 인해 일대 혼란이 온 적도 있다. 단속에 현실적인 어려움이 있다.

이러한 상황에서 네이버는 어떤 판단을 하고 있을까?

결국 기술은 기술로 막지 않을까. 슬롯 개발사들이 사람의 행동 패턴과 최대한 비슷한 패턴으로 클릭 수를 만든다고 하지만 그래도 사람은 아니다. 임의성을 가진 랜덤Random 값을 아무리 활용하더라도 그 속에서 '휴먼Human'과 다른 '머신Machine'의 특징을 찾아내서 클릭이 발생하더라도 그 점수를 무효화시키는 것이다. 창과 방패의 싸움에서 누구의 기술력이 더 우수한지, 누가 더 절박한 마음으로 개발에 나서느냐가 승부의 관건이 되지 않을까.

이러한 상황에서 우리는 슬롯을 써야 할까 말아야 할까?

이커머스 커뮤니티에서는 이 의견에 대해 의견이 분분하다. 윤리의식과 양심과 정직 등을 언급하며 슬롯 사용업체와 개발사를 비난하는 쪽과 현실적으로 안 쓸 수 없는 상황인데 나만 불리하게 버티다가 망해야 하느냐는 의견도 있다. 또 한쪽에서는 이것은 마케팅의 일환이자 고도화된 테크닉이므로, 학습 능력이 떨어지거나 수용성이 낮은 판매자들이 도태되는 과정에 불과하다고 보기도 한다.

이 문제는 얼마 전 내 친구가 출마한 축협 조합장 선거와 닮았다. 고등학교 동문 중 한 명이 시골 고향에서 소 수백 마리를 키우며 지역에서 알아주는 축산업자로 성공했다. 지역 유지로 불리며 친구들에게는 동경의 대상이다. 나름대로 정직하고 성실하며, 배우기를 좋아하는 친구라서 평판도 좋다. 두어 달 전에 전화가 와서 이번에 조합장 선거에 도전하려고 하는데, 우리 아버지를 통해 조합원들에게 선거 운동을 좀 해 달라는 부탁이었다. 형세는 어떠냐고 물어보니, 팽팽하긴 한데 본인이 조금 더 유리하다고 했다. 하지만 선거는 개표해 봐야 알지 않겠냐면서 한 표가 아쉬운 상황이라고 덧붙였다. 평소 그 친구의 인품을 익히 알고 있기에 아버지에게 부탁했고, 아버지도 몇 군데 전화를 돌려 가며 노력을 한 모양이다.

그 일은 까맣게 잊고 지내다가 며칠 전 아버지께서 서울에 올라오셨길래 조합장 선거에 대해 물어보니 몇 표 차로 아깝게 그 친구가 떨어졌다고 한다. 그러고는 "아니, 저편에서는 10, 20만 원씩 마구 뿌리면서 댕기는데, 그냥 열심히 하겠다고 말로만 해서 되겠냐"라고 덧붙였다. 아직도 선거할 때 돈을 돌리나 하고 놀랐지만, 시골이고 이권이 워낙 큰 선거니 그럴 수도 있겠다 싶었다. 그 친구는 선거 시작 전이거나 중간쯤에 이 사실을 알았을 것이다. 그리고 슬롯을 쓸지 말지 고민하는 우리처럼 같이 돈을 뿌릴지 아니면 계속 양심에 맞게 선거 운동을 해야 할지 밤새 고민했을 수도 있을 것이다. 이는 선거라는 분야에서는 상당히 어려운 질문이다.

이 시점에서 나는 안도한다. 내가 만약 정치의 영역에 들어섰다면 공정보다 중요한 게 정의가 될 것이다. 상대의 윤리의식과 무관하게 나 자신의 잣대가 중요하다. 함께 돈을 써서 이긴들 저들과 똑같은 사람으로 치부될 뿐 절반의 승리에 불과하다. 반면 비즈니스 세계는 정의보다는 공정이 중요하다. 모두가 반칙을 쓰면 함께 반칙을 써서 이 경기에서 이겨야 한다. 반칙을 안 쓰면 땡큐이고, 반칙 쓰는 이가 소수면 무시하고, 다수면 함께 반칙을 써서라도 경기에서 이겨야 한다. 냉혹한 현실이다.

한때 나는 내가 윤리의식이 투철하고 양심적이라고 착각한 적이 있다. 사업 초창기 동대문 시장에서 물건을 떼와 인터넷에서 파는데 도매상 사장님들이 탈세를 많이 했다. 세금을 줄이기 위해 그 도매상들은 현금 거래만 고집하고 있었다. 그에 반해 나는 정확하게 매입 자료를 끊고 정확하게 매출 신고를 하고, 정확하게 세금 납부를 했다. 그러면서 떳떳하고 양심적으로 사업을 하고 있다고 자부했다. 하지만 훗날 좀 더 경험이 쌓인 후에 내가 그렇게 할 수 있었던 건 우리의 국세청에서 전 국민이 신용카드를 사용하게끔 했고, 인터넷 사업은 매출이 100% 노출되도록 설계했으며, 탈세의 유혹을 느끼지 않게끔 제도화를 잘해 놓은 덕분인 걸 깨달았다. 그 덕에 나는 자연스럽게 성실납세자 선정이 될 정도로 양심적인 사업자가 된 것이다. 즉, 탈세를 '못'하게끔 제도화를 해 둔 배경을 내가 '안' 한 것으로 착각한 것이다.

더욱이 윤리의식이라는 건 개인마다 기준이 다른 탓에 내가 스스로 세운 기준이 무너지더라도 바로 자기 합리화가 가능한 영역이다. '다들 그러는데 나만 꼭 그래야 해?'가 순식간에 이뤄진다. 어제까지 '슬롯'으로 네이버의 공정한 랭킹 생태계가 붕괴하고 있다고 성토하다가도, 오늘부터 슬롯을 사용하게 되면 세상의 변화에 따라 빠르게 적응해야 한다며 즉각적인 자기 합리화가 가능하다.

하물며 사람은 커뮤니티의 영향을 크게 받다 보니 나중에는 이런 현상도 나타난다. 슬롯의 트렌드를 파악하기 위해 가입한 한 오픈채팅방에서 이번 네이버의 대대적인 단속에 대해 누군가 이런 채팅을 날렸다. '슬롯을 못 쓰면 우리 같은 소상공인은 어떻게 먹고살라는 건지. 네이버가 양심이 없어도 너무 없네.' 그 채팅창에서 '양심'이라는 단어가 나오는 걸 보고 이 현상을 어떻게 해석해야 하나 난감했다.

슬롯의 탄생에는 이 모든 걸 시작한 최초의 1인이 존재했을 것이다. 그 1인은 누군가에게 아주 낮은 수준의 요청을 했을 것이다. 어쩌면 그 수준은 '양심'적일 수도 있다. 하지만 그것이 마케터로 넘어가고, 마케팅 대행사로 확장되고, 개발사가 맡으면서 판이 커져 나갔다. 각자 본연의 임무에 충실하게 머리와 몸통과 꼬리와 다리를 나눠 가면서 임무를 수행했고 어느새 그것이 슬롯이라는 거대 괴물로 탄생해서 우리 앞에서 활개를 치고 있다. 괴벨스도 히틀러의 지시를 수행했을 뿐 죄책감을 느끼지 못했다.

결국 이 문제는 사람의 문제가 아니라 기술의 문제로 귀결될 것이다. 슬롯은 공정이니 정의니 하는 윤리의식 이슈도 있지만, 네이버로서는 더 좋은 제품이 하단으로 추락하고 평범한 제품들이 상위 노출을 점유하는 행태가 지속되면 고객 신뢰가 무너지는 치명상을 입게 된다. 이와 함께 알짜배기 광고 수익도 점차 줄어들 것이다. 커머스를 키우려는 네이버로서는 반드시 해결해야만 하는 과제다.

슬롯을 사용하는 판매자 중의 상당수는 어쩔 수 없이 쓰는 것이라 항변한다. 남이 안 쓰면 나도 안 쓸 것이다, 반칙이 당연시되니까 나도 반칙을 할 뿐이라고 주장한다. 나만 손해 볼 수는 없는 것 아닌가.

존 내시는 게임이론에서 '죄수의 딜레마'를 언급했다. 이를 네이버 쇼핑에 적용하면 다음과 같다.

1. 판매자 A와 판매자 B가 모두 슬롯을 쓰지 않을 경우 두 명 모두 100의 이익을 얻는다.

2. 판매자 A는 슬롯을 쓰고 판매자 B는 슬롯을 쓰지 않을 경우 A는 200의 이익을, B는 0을 얻는다.

3. 판매자 A는 슬롯을 쓰지 않고 판매자 B만 슬롯을 쓸 경우 A는 0을, B는 200의 이익을 얻는다.

4. 판매자 A와 판매자 B 모두 슬롯을 쓸 경우 두 명 모두 50의 이익을 얻는다. (나머지 100의 이익은 슬롯 업체가 가져간다)

당신이라면 어떤 선택을 할 것인가?

비즈니스맨인 나는 1의 경우를 추구하나 만약 2나 3의 경우가 발생한다면 즉시 4를 통해 최악의 경우는 막을 것이다.

그렇다면 내가 지금 슬롯을 사용하고 있냐고 묻는다면?

아직은 우리 업종에는 슬롯 사용 비율이 임계치를 넘지 않아서 사용하고 있지 않으나, 슬롯이 조금만 더 성행한다면 즉시 사용을 하고, 이를 따라잡을 계획이다. 함무라비 법전에 나오듯 슬롯에는 슬롯으로 대응한다.

이러한 탓에 나는 이번 네이버와 슬롯 개발사와의 전쟁을 유심히 보고 있다. 이번 전쟁에서 네이버가 이기기를 심적으로 응원하면서도 혹시 네이버가 안타깝게 지더라도 즉시 슬롯의 대열에 합류해서 경쟁에서 낙오되지 않으려고 발버둥 칠 것이다.

16일 목요일 네이버의 대대적인 공격으로 움츠렸던 슬롯 개발사들은 주말을 통해 재정비하더니 지난주 중에 다시 우회 방식으로 슬롯을 정상화시켰다. 21일경 네이버의 2차 로직 변경 공격까지 슬롯 개발사들이 잘 방어하는가 싶었는데, 25일 토요일 재 로직 변경으로 지금 글을 쓰고 있는 26일까지 현재 슬롯 프로그램은 전혀 작동하지 않고 있는 상태다. 세 번에 걸친 전투 결과는 현재까지는 네이버의 승리다. 하지만 월요일이 되면 전장에서 또 다른 소식이 전해질 수 있다.

지난 대통령 선거에서 내가 지지하는 후보가 당선이 되었든 안 되었든, 러시아와 우크라이나 전쟁이 내가 원하는 방향으로 결말이 나든 그렇지 않든, 네이버 vs 슬롯의 엎치락뒤치락하는 피 터지는 전쟁의 결과가 어떻게 되든, 우리는 살아남아야 한다. 세상의 정의와 내가 지지하는 방향과 무관하게 일단 살아남아야 한다. 생존은 비즈니스의 원초적인 목표다.

심판이 없는 비즈니스 게임은 '정의'보다 게임의 '공정'이 더 중요하다고 나는 확신한다.

네이버의 '보이는 손'

'형 글에서 '휴먼'처럼 클릭한다는 게 어떤 의미인가요?'

「네이버 vs 슬롯」이라는 내 글을 읽은 호기심 많은 한 동생이 한 질문이다.

'휴먼'처럼 클릭한다는 걸 네이버는 어떻게 정의할까? 인간과 슬롯을 네이버는 어떻게 구분할까? 챗GPT가 튜링 테스트를 통과해서 인간과 구별이 되지 않는 G-AI 시대를 맞이하고 있는 지금 '휴먼'과 '머신'의 행동 패턴은 어떤 차이가 있을까? 이미 인간보다 더 인간답게 창조하고, 실수하는 기계를 맞닥뜨리고 있는 오늘날, 인간과 기계의 차이를 패턴으로 분석하는 게 가능할까? 네이버는 이런 현실에서 인간 클릭과 머신 클릭을 어떻게 구분하고, 앞으로 어떤 방향으로 네이버 쇼핑을 운영해 나갈까?

머신 클릭을 속칭하는 슬롯의 종류부터 알아보자. 내가 알고 있는 슬롯의 방식은 아래와 같다.

1. 초기 리얼클릭형 : 알바생들을 모집해서 각자 자기 폰으로 직접 클릭하는 방식. 모집과 운영에 어려움이 있다.

2. 리얼클릭 리워드형 : 클릭에 보상을 주는 웹사이트 또는 앱을 만들어서 다수에게 홍보. 중간 대행사는 일정액의 수수료를 떼고 클릭한 사람에게 포인트나 캐시를 지급. 이 모든 것을 시스템화시켜서 효율을 추구한다.

3. 브라우저형 : 오토클릭이나 파이선 등의 프로그램을 활용해서 직접 브라우저를 열고 사람과 유사한 패턴 과정을 거친 후 클릭을 발생시키는 방법. 한 클릭당 하나의 컴퓨터가 필요하고 속도가 느리며, 패턴이 단조롭다는 단점이 있다.

4. 패킷형 : 서버에 클릭 정보를 담은 패킷을 바로 전송하는 방식. 브라우저형의 느린 속도를 획기적으로 개선. 비용을 대폭 낮춰 트래픽 작업을 보급시켰다. 판매자들에게 슬롯 홍보 스팸 메일이 난무하게 된 시점이 이 방식이 대중화되면서인 걸로 알고 있다.

현재는 패킷형이 대세다. 하지만 작용에는 반작용이 따르는 법. 3월 중순에 네이버가 슬롯을 대대적으로 단속하면서 기존의 패킷형이 먹통이 되자 전통적인 리얼클릭 리워드형이 부활하고 있다.

"지금 모든 슬롯이 다 막힌 거 알고 계시죠?

한 곳도 빠짐없이 다 막혔어요.

지금이 기회입니다.

저희는 100% 실제 유저들이 작업하는 실유저 무한타입니다.

타수당 60원

100타 10일 6만 원

300타 10일 18만 원

타수당 60원 비싼 게 아닙니다. 지금이 기회이니, 잘 생각해 보세요."

지난주부터 보이는 스팸 메일 내용이다. 또 다른 곳은 실유저 확인 절차를 거친다고 타수당 100원을 책정하기도 한다. 사막 속에서 클릭이라는 물을 슬롯이라는 호스를 통해 양껏 마셨던 업체들은 클릭 한 타 한 타가 아쉽다. 업체는 그 틈을 파고들어 한 클릭에 얼마 얼마라며 생숫값을 받고 클릭을 팔고 있다. 아쉬운 마음에 이거라도 구매하는 업체도 있고, 조금만 버티면 다시 예전처럼 저렴한 가격에 수돗물처럼 클릭을 벌컥벌컥 들이켤 수 있을 것이라는 기대감에 타는 목마름을 참고 있는 업체도 있다.

클릭당 60원에서 100원이면 차라리 네이버 CPC 광고를 집행하는 게 낫지 않나 의문이 들 수 있다. 그러나 네이버 광고와 리워드형과는 결정적인 효과 차이가 있다. 네이버 CPC 광고로 발생한 클릭은 클릭 점수에 거의 반영이 되지 않는 한계가 있다. CPC 광고를 통해 1클릭이 발생한다고 하면, 예전에는 그 점수가 0에 가까웠다가, 지난해에는 1% 정도(100클릭이면 실제 1클릭 점수 제공) 선이다가 최근에는 5% 정도 반영되는 느낌이다. 이는 클릭해서 구매한 고객이 리뷰를 달거나 다른 목적으로 접속한 걸 내가 착각했을 수도 있다. 비공개 정보이고 측정에 현실적인 어려움이 있어 네이버 CPC 광고를 클릭 점수에 반영하는지 아닌지, 반영한다면 얼마나 하는지는 의미 있는 데이터를 나는 갖고 있지 않다. 하지만 미미한 건 확실하다.

네이버가 CPC 광고에 클릭 점수를 반영하지 못하는 배경은 명확하다. 만약 이를 그대로 반영한다면 네이버 쇼핑 랭킹이 자본에 의해 휘둘리게 되고 결국 랭킹 신뢰도가 무너질 게 명확하기 때문이다. 네이버 랭킹은 말 그대로 '돈 싸움'이 될 것이다. 상상만 해도 끔찍하다. CPC 가격은 천정부지로 올라 네이버의 매출에는 도움이 되겠지만, 광고의 집행 목적이 구매가 아니라 클릭 점수를 받는 것이니 랭킹에는 일대 혼란이 올 것이다. 네이버가 향후 CPC 광고에 클릭 점수를 부여하더라도 이는 아주 유연하고 완만하게 진행될 것이다.

반면 클릭당 60~100원씩 하는 리워드 방식은 랭킹 상승에 직접적으로 도움을 준다. 게다가 클릭 점수는 랭킹에 7일간 영향을 미치기 때문에 축적의 효과도 있다. 네이버 CPC 광고는 클릭한 후 이탈

하면 그걸로 바로 효과가 초기화되지만, 리워드 방식은 그 효과 기간이 7배나 큰 것이다. 요모조모 따져 봤을 때 리얼클릭 리워드형이 CPC 광고보다는 훨씬 큰 메리트가 있다.

리얼클릭형 부활과 더불어 네이버의 로직을 우회한 새로운 방식의 슬롯이 네이버의 공격 후 딱 2주 만인 3월 30일에 나왔다. 이용자가 폭주해서 서버가 터지는 등 인기가 뜨겁다. 조금 불안정하게 운영되는 점이 네이버가 이 슬롯 또한 막기 위해서 액션을 취하고 있는 걸로 추정된다. 또 다른 변이를 일으킨 슬롯을 보는 네이버 직원들의 심정은 오미크론을 발견했던 질병관리청 직원들의 심정 같지 않을까.

랭킹에 인위적으로 영향을 미쳐 조작하는 행위는 우리 사회 전반에 공공연하게 일어나고 있다. 스포츠 경기나 가수 오디션 프로그램은 물론, 서점가 사재기와 하물며 대학입시에도 나타나는 현상이다. 랭킹은 '힘'이 있고 '휴먼'은 그 힘을 갖기 위해 수단과 방법을 가리지 않는다. 랭킹은 공정하게 매겨지기보다는 힘에 의해서 매겨진다. 그 힘은 정직하게 가질 수도 있고 각종 편법을 활용해 가질 수도 있다.

'휴먼' 중 가장 뛰어난 인재 집단인 구글조차 어뷰즈 문제를 해결하지 못하고 있다. 최근 들어 부쩍 구글을 검색하다 보면 어뷰징 결과가 많이 나온다. 상단 검색 결과를 클릭하면 'Loading… Please wait. This won't take long.'이라는 페이지가 뜬 후 피싱 사이트로 넘어간다. '휴먼'이 만든 놀라운 'AI'가 생성한 웹사이트들이 구글 검색을 오염시키고 있다. 챗GPT도 본격적으로 활용되기 시작했으니 이 피싱 사이트로 인한 구글 검색 결과 왜곡 현상은 더 심해질지도 모른다. '봇'의 도움을 받아 '휴먼'이 작성한 글과 돈을 목적으로 '봇'이 알아서 생성한 글을 선별하는 작업은 나날이 어려워질 것이다. 구글도 진땀 흘리고 있을 것이다.

그렇다면 신분증 제시에서 답을 찾을 수 있을까? 주민등록번호와 여권번호는 한정되어 있다. ID 생성 시 본인 인증을 거쳐 클릭에 정당성을 부여하는 것이다. 네이버는 오래전부터 1인당 3개 이상의 아이디를 생성하지 못하게 제한했다. 이를 활용해 로그인한 계정의 활동에는 가중치를 부여하고, 비로그인한 계정에는 감점을 주는 것이다. 현재 보안업체에서 흔히 사용하고 있는 IP 대역대 차단보다는 효과적일 것이다. 다만, 비로그인 상태의 편리성을 막아 쇼핑 검색 진입장벽을 높이므로, 커머스 플랫폼의 경쟁이 과열되고 있는 지금 시점에 상용화되기는 쉽지 않을 것 같다. 만약 이 방식이 도입되면 슬롯업체들은 주민등록번호를 대량으로 수집해서 클릭에 활용할지 모른다.

그렇다면 네이버 쇼핑은 앞으로 어떤 방향으로 나아갈까? 지금처럼 슬롯업체와 혈투를 벌이면서 클릭 점수 정확도 측정에 온 힘을 쏟으며 기술을 고도화시켜 나갈까? 나는 어느 시점이 되면 네이버가 무언의 패배를 선언할 확률이 더 높을 것으로 예상한다. 다만 그 패배는 심리적인 패배일 뿐이며 손익계산서상으론 승자일 것이다.

우리는 네이버가 기업이라는 사실을 자주 망각한다. 네이버는 공정한 중재자 역할을 하는 선거관리위원회 같은 곳이 아니다. 네이버는 지난해 8조 2천억 원의 매출에 1조 3천억 원의 영업이익을 거둔, 이익을 추구하는 주식회사다. 검색과 웹툰, 웹소설 등의 콘텐츠, 라인과 밴드, 그리고 N페이 등 핀테크 사업과 함께 커머스 사업을 진행하고 있는 이익 추구 사기업이다. 동시에 3월 마지막 날을 주가 202,000원으로 마감한 시가총액 33조짜리 대기업이다. 랭킹 신뢰도를 높이고, 우수 제품의 판매를 도우면서 쇼핑 생태계를 바르게 활성화시키기 위해서 부단히 노력하겠지만, 비용 대비 이익이 적을 경우 언제든지 방향 전환을 할 것이다. 대학입시제도가 그러했듯이, 단순 랭킹 방식인 학력고사에서 지속적인 문제가 제기되면 언제라도 수능으로 제도를 바꿀 수 있고, 수능도 언젠가 또다시 다른 제도로 바뀔 것이다.

클릭 수 측정을 막는 데 들어가는 비용 대비 효율이 크지 않을 경우 네이버는 깔끔하게 '인정'하거나 '수정'하거나 '폐기'하는 방식을 통해 문제를 해결할 것이다. 지금은 견딜 만한 상태의 문제이고, 해결할 만한 수준이기에 개발 인력을 투입해서 전투를 벌이고 있지만, 모든 전쟁이 그렇듯 승산이 없다 싶으면 언제라도 병력을 다른 전장으로 돌릴 것이다. 아니면 비용 대비 효율이 무너지지 않는 적당한 선에서 타협점을 찾을 수도 있다. 물론 슬롯을 완전 정복하는 시나리오도 예측 가능하다.

혹시라도 네이버가 슬롯과의 순위 조작 전쟁에서 패배한다면 미래의 네이버 쇼핑은 어떤 모습으로 운영될까? 나는 크게 다섯 가지 방향성으로 추정한다. 개인화, 필터, 라이브, 디스플레이, 랭킹 영역 세분화. 사실 기반의 근거 있는 추론도 있고 직감에 의한 것도 있다.

- **개인화** : 획일적인 랭킹 순이 아니라 2천만여 명의 네이버 쇼핑 이용자의 개별 화면이 모두 다르게 맞춤식으로 노출(사실 기반)

- **필터** : 목적에 맞게 필터 기능 강화. 내 주변 필터, 도착보장 필터 등 필터를 세분화해서 노출(절반 정도 사실 기반)

- **라이브 커머스** : 동적인 라이브 위주의 이커머스. 단순 클릭 수보다는 제품과 콘텐츠 제작 능력이 중요(사실 기반)

- **디스플레이** : 키워드 검색을 통해 랭킹 위주로 노출되는 영역보다 네이버에서 선별해서 임의적으로 노출해 주는 영역 강화. 네이버의 각종 윈도와 쇼핑 메인 등(직감에 의한 추정)

• **랭킹 영역 세분화** : 현재는 네이버 쇼핑 초록창에서 검색하면 광고 상품과 일반 상품이 랭킹 순으로 나온다(정확히 3-10-3-10-4-10 방식의 무한 스크롤. 광고 3개 후 일반 상품 10개, 광고 3개 후 일반 상품 3개, 다시 광고 4개 후 일반 상품 10개 순). 이것을 상단의 일부는 신제품, 일부는 도착보장, 일부는 브랜드 제품, 또 일부는 무슨 무슨 제품 순으로 쪼개기 하여 보여 줄 것으로 추정(직감에 의한 추정)

여기서 주목할 만한 지점은 디스플레이 영역의 강화다. 이 영역은 누군가의 '손'에 의해서 배치가 된다.

애덤 스미스가 국부론에서 주장한 '보이지 않는 손'은 이미 1929년 대공황 때 허점이 드러나 이제는 과거의 유물이 되었다. 당시 거대 상인들이 정부와 결탁해서 시장을 독점하는 문제를 해결하기 위해서는 정부의 관여만 배제하면 시장이 순작용할 것이라고 애덤 스미스는 주장했다. 정부만 빠지면 전지전능한 신처럼 '보이지 않는 손'이 모든 문제를 해결해 줄 것이라는 염원을 담았지만 현실은 유토피아가 아니었다. 네이버도 마찬가지다. 클릭 수와 클릭률, 구매 수와 구매액, 등록일과 리뷰 수를 통해 완벽한 알고리즘을 만들면 네이버의 쇼핑 생태계가 '보이지 않는 손'처럼 완벽하게 돌아갈 것이라고 믿는 건 환상이다. '보이지 않는 손'을 무너뜨린 건 독과점도 있었지만 외부 요인이 더 컸다. 네이버 쇼핑의 유토피아는 '슬롯'과 '가구매'라는 외부 요인에 의해 크게 흔들리고 있다.

한때 애덤 스미스를 맹신하며 자유주의의 첨병 역할을 했던 미국 조차도 현재는 직접적인 시장개입을 통해 경제 체제를 관리하고 있다. 당장 우리나라 경제의 근간인 반도체와 자동차 산업도 미국 정부의 '보이는 손'이 반도체산업 육성법(CHIPS+)과 인플레이션 감축법(IRA)으로 조정하고 있지 않은가.

나는 네이버 역시 조금씩 네이버의 '보이는 손'이 조정 작업하는 영역을 늘려나갈 것으로 예상한다. 앞서 언급했듯 튜링 테스트를 통과한 '머신'의 클릭을 무슨 수로 선별할 것인가. 어뷰즈를 완벽하게 필터링한 순결한 상태의 랭킹 시스템은 애덤 스미스의 주장처럼 이론으로는 가능할 것 같지만 현실에서는 이뤄지지 않는 판타지일 뿐이다.

예상은 예상이고 그렇다 치자. 우리는 평론가가 아니고 실행자다. 그래서 우리는 이런 상황에서 어떻게 미래를 준비해야 할까?

이러한 혼란의 시기일수록 신뢰 자본이 더욱 중요해질 것이다. 고객들에게 신뢰를 얻어 내기 위해서 노력해야 한다. 우리 같은 판매자의 신뢰 자본을 시장에서는 흔히 '브랜드'라고 부른다. 브랜드의 콘셉트와 철학과 정체성과 비주얼 감도 같은 정성 영역도 중요하지만,

좀 더 노골적으로 말한다면 네이버 키워드 도구에 검색되는 브랜드 검색 볼륨 같은 정량적인 영역이 더욱 중요해질 것이다. '휴먼'이라는 종은 관심을 가지면 검색한다는 유력한 가설을 네이버는 가지고 있을 것이다. 그리고 그때의 휴먼은 봇처럼 패턴화되어 있지 않고 논리성이 결여되어 '왜인지 모르겠지만 나는 그냥 이 브랜드가 좋아'라는 막무가내식 막연함을 갖고 있다. 이는 흔히 나타나는 현상이지만, 봇으로 측정하기는 어렵다.

여기에 하나 더해 그 브랜드가 검색량 비율만큼 매출까지 나온다면 네이버는 합격점을 줄 것이다. 고객들에게도 인기 있고 판매도 잘되는 곳이구나. 합격! 그리고 여기저기 네이버의 '보이는 손'에 의해 더 많이 노출되고 더 인기를 끌 것이다. 그러다 보면 키워드 도구에서 브랜드 검색량을 올리기 위한 '머신'들의 시도가 생기고 가구매를 통해 매출까지 올려서 브랜드 랭킹을 올리기 위한 어뷰징이 생길 것이다.

네이버는 브랜드 검색량 선별 작업과 네이버 외 인스타그램이나 구글 등 채널에서 검색량을 비교해서 브랜드 인지도를 측정하는 알고리즘을 추가할 것이다. 그러면 또다시 인스타그램과 유튜브와 구글 등에 해당 브랜드의 콘텐츠를 올려서 브랜드 검색량을 키우고, 가구매를 통해 매출을 올린 후 실구매 리뷰가 좋지 않으면 안 되니

고객 관리를 좀 더 하는 어뷰징이 생길 것이다. 그러다 보면 어느 순간에 이게 어뷰징인가? 진짜 브랜드 인지도인가? 헷갈리는 특이점 Singularity이 찾아올 것이다. 즉, 어뷰즈 마케팅이 전통 마케팅과 만나는 순간이 올 것이다.

조폭이 술집을 열어서 처음에는 손님들에게 협박과 가짜 술로 돈을 벌려고 했는데 생존하기 위해서 좋은 술과 좋은 안주를 대접하고 친절해지다 보니 어느새 동네 인기 주점이 되는 꼴이다. 게다가 조폭이 손님들 칭찬에 기뻐하며 더 잘하려는 진정성까지 보인다면 백종원과 다를 게 뭐가 있는가.

네이버 쇼핑은 알고리즘에 의한 머신러닝과 인간에 의한 휴먼러닝이 조화롭게 균형을 이뤄 나갈 것이다. 네이버의 머신은 끊임없는 학습으로 슬롯을 비롯한 어뷰즈를 제외시키려고 노력할 것이다. 또 한쪽에서는 피부도 초록색일 것 같은, 네이버에서 일하는 인간이 인위적인 노출을 통해 학습해 나갈 것이다. 머신에게는 슬롯업체들이 무한 패치로 대응할 수 있지만, 초록색 인간의 눈길을 사로잡기 위해서는 '브랜딩'이라는 패치가 필수적이다. 브랜드는 클릭 점수처럼 축적도 된다.

다만 이 모든 과정이 터널처럼 깊고 어둡고 길기 때문에 인내와 끈기와 고집이 필요하다는 점이 우리를 난처하게 만든다. 레드불을 마시고 즉각적으로 에너지 충만해지는 기분을 만끽할지, 신선한 채소와 과일로 아주 느리게 몸을 건강하게 만들어 나갈지, 둘 중 정답을 맞히는 것은 쉽지만 내 몸의 실행을 이끌어 내기가 얼마나 어려운지 우리는 익히 알고 있다.

귀여운 쿠팡

2011년 말이었다. 쿠팡이라는 신생 소셜커머스 플랫폼에 딜을 하나 올렸는데 준비한 재고 800개가 순식간에 팔렸다. 티몬에 이어 임팩트 있는 또 하나의 커머스 플랫폼을 발견하게 되어서 설렌 하루였다. 쿠, 팡, 이라는 이름처럼 귀여운 사이트였다. '쿠팡'이라는 어감에는 뭔가 새롭고, 통통 튀는 귀여움이 느껴졌다. 그땐 그랬다.

나는 '쿠팡파'의 리더였다. 2019년 겨울 비즈니스 하는 지인들과 술자리에서 우리나라 이커머스의 미래에 대해 얘기를 나누다 크게 2개 파로 갈렸다. '쿠팡파'와 '네이버파'. 쿠팡 일편단심인 나는 2011년 이후로 8년 동안 변치 않는 내 마음을 표하며 쿠팡파의 리더로 왜 우리나라 커머스는 쿠팡이 가져갈 수밖에 없는지 일장 연설을 펼쳤다. 네이버파의 리더였던 박 모 대표는 내 주장에 조목조목 반박하며 응대했고 주변 대표들이 이 논쟁에 살을 덧붙이면서 더욱 뜨거워졌다. 사내 녀석들이란 꼬맹이 시절부터 으레 그러했듯이 결론은 내기로 마무리되었다. 앞으로 5년 후 쿠팡과 네이버의 시장점유율을 따져서 이긴 사람에게 밥 사 주기.

이 내기의 승자는 과연 누가 될까?

우리가 처음 쿠팡에 입점했을 때 딜 거래 수수료는 10%대였다. 당시 지마켓과 옥션, 11번가 사이의 경쟁이 치열해서 10% 이하로 각종 기획전을 하고 있을 때였으므로 조금 비싸다는 생각도 들었지만, 딜 하나에 몇천만 원씩 매출이 나오니까 수수료는 개의치 않았다.

2014년경 로켓배송 입점 후에는 수수료가 30% 선까지 올랐지만 여전히 매력적이었다. 당시 다른 온라인 채널가의 70% 안팎으로 공급가를 제안하면 모두 승인이 났다. 평균 판매가가 3만 원이라고 가정하면 9천 원 정도를 쿠팡 마진으로 준 셈이다.

CJ택배 택배비 1,600원 정도.
택배 박스 등 포장 부자재 평균 300원.
물류 직원 일반관리비 600원.
물류센터 공간관리비 500원.

이를 더하면 출고 비용이 대략 3,000원 들었다.
그리고 전산 출력과 고객 상담 비용 500원.

교환 반품과 제품 하자 폐기 비용까지 감안하면 내부 원가를 최소로 하더라도 4,000원.

그렇다면 타 커머스 플랫폼과 비교해 봤을 때 쿠팡의 거래 수수료는 여전히 10% 중후반 정도. 결코 높지 않은 수수료였다. 여기에 무엇보다 대량의 재고를 전량 구입해서 반품 없이 완사입해 간다는 게 큰 매력으로 다가왔다. 나는 어떻게 이러한 수수료로 제품을 도매로 완사입해 갈 수 있는지 모르겠다며, 쿠팡은 정말 놀라운 회사라고 지인들에게 쿠팡 입점을 독려했고, 로켓은 어마어마한 기회의 땅이라고 설파하고 다녔다.

언론에는 쿠팡과 티몬과 위메프가 세트로 묶여서 기사가 나오곤 했지만 나는 소셜 경쟁에서 일찌감치 쿠팡 천하를 예측했다. 당시 우리 회사는 소셜 3사를 비롯해 총 16곳의 커머스 채널에서 제품을 판매하고 있었다. 판매 추이와 그 채널의 문화를 보면 어느 정도 미래가 예측되었다. 담당 MD의 성향이 영향을 미친 주관적인 평가이긴 하지만 당시 3사를 살펴보면 이러했다.

티몬은 업무처리가 느리고, 전산화가 잘 안되어 있었으며 일하는 방식이 관료적이었다.

위메프는 가격이 세상의 전부인 양 오로지 가격 할인 한 가지에만 혈안이 되어 있었다.

쿠팡은 커머스라기보다는 IT 회사처럼 사용성이 나날이 나아지고 있었고, 굉장히 고객 지향적인 분위기였다.

쿠팡의 경우 판매자에게는 다소 불편하거나 억울한 지점도 있었지만, 사실 고객만 우글우글 모여 있다면 그곳을 마다할 판매자는 없었다. 조금 기분 나빠도 판매자는 고객이 몰리는 곳을 기웃거리게 되어 있다. 소셜 3사의 판매량이 엇비슷하던 상황에서, 시간이 지나면서 조금씩 조금씩 무게추가 쿠팡으로 쏠리기 시작했다. 이 지점이 아주 중요한데, 소셜 3사를 요리조리 살펴보던 나 같은 사람들은 쿠팡이 승세를 잡았다는 확신이 드는 순간 우리 브랜드의 경쟁력 있는 아이템을 우선적으로 쿠팡에 공급하게 된다. 그러면서 전장의 판세는 순식간에 훅 기울게 된다. 수많은 아이템 중 가장 인기 있는 아이템을 쿠팡부터 공급하게 되고 그렇지 못한 아이템을 2위, 3위 채널에 노출하니까 결국 고객들도 각 브랜드사의 인기 있는 아이템을 찾으려면 쿠팡부터 접속하게 되는 셈이다. 승자독식의 구조가 자리 잡는 순간이다.

그럴수록 나는 더욱더 쿠팡 신도로서 역할을 충실히 했다. 쿠팡은 더 이상 귀여운 회사는 아니었지만 듬직하고 믿음직스러운 친구 같은 느낌이었다. 쿠팡은 한국의 '아마존'을 지향한다고 천명했다. 아마존으로 인해 전 세계 얼마나 많은 제조사들이 매출을 키우며 살고 있는가(물론 아마존 관련 책을 읽다 보면 진실은 다른 곳에 있었지만 그 부분은 눈을 감기로 마음먹었다). 오프라인에 진출하기 어려웠던 신생 브랜드사들이 아마존을 통해 온라인에서 성공 신화를 쓴 사례가 부지기수였다. 한국에서는 쿠팡이 그 역할을 해 줄 것이라 기대되었고 일부 브랜드는 이미 그렇게 신화를 쓰고 있었다.

물론 쿠팡에서 12년째 물건을 팔다 보면 억울한 순간도 있고, 실망할 때도 있고, 어이없을 때도 있고, 분노할 때도 생겼다. 뭐 어딘들 그렇지 않겠는가. 나의 듬직한 친구 같은 쿠팡이기에 이해하려고 노력했다. 연인과의 관계에서 나쁜 기억은 빨리 잊고 좋은 추억만 간직하는 게 필수적이듯 쿠팡도 그렇다. 과거의 서운함은 다 잊어버리고 좋은 기억만 가져가면 서로 행복하다. 다만 행복한 추억과 무관하게 객관적으로 일어났던 사건들 몇 가지를 언급하자면 다음과 같다.

우리처럼 원부자재를 구입해서 직접 만들고 판매하는 제조 기반 비즈니스의 경우에는 자금이 늘 빠듯하게 돌아간다. 한 제품에 1천만 원을 투자했을 경우 그 제품이 회수되기까지 생각보다 오랜 시간이 걸린다. 이커머스는 이 기간을 획기적으로 단축해 주었다. 지마켓이나 옥션은 늦어도 2주면 회수가 되었고, 당시 네이버는 일주일이면 회수가 되었다. 쿠팡은 주정산, 월정산 두 가지 시스템으로 나누어서 구매 확정 금액의 70%를 먼저 정산해 줬는데 평균 30일 정도 걸려서 타 채널보다는 조금 늦은 편이었다. 그래도 오프라인보다는 나았다. 오프라인 판매의 경우 평균 45일 정도 후에 정산이 되어서 자금 운용에 상당히 어려움이 많았다.

몇 년 전 어느 날 지인이 쿠팡 정산 주기가 늘어난 거 아냐고 물어봐서 뭔 소리인가 했더니 정산 주기가 어느새 45일로 변경이 되어 있었다. 무심결에 클릭했던 약관변경 동의 팝업창 중 하나가 그 내용이었나 보다. 이에 관해서 이야기하니 쿠팡 MD는 '더 많이 팔게 도와드릴게요'로 그냥 흘려 넘겼다. 뭐 45일이 아니라 60일로 늘어난다고 한들 내가 할 수 있는 게 뭐가 있겠는가. 당시 나의 친구 쿠팡이 나날이 늘어나는 적자로 언론의 몰매를 맞고 있을 때였으므로, 정산 주기를 늘려서라도 현금 운영을 잘하기를 바라며 이해를 했다.

어느 날 쿠팡에서 순위 체크를 하려고 검색을 했는데 못 보던 브랜드가 눈에 띄었다. 유아동업계는 브랜드가 빤한 만큼 새로운 브랜드가 나오면 금방 알 수 있다. 그 브랜드는 쿠팡에서만 판매하고 있고 단기간에 다수의 제품을 상단에 노출시키는 데 성공했으며 판매 가격도 매우 쌌다. 어떤 브랜드인지 찾아보니 쿠팡 자체 브랜드였다. 쿠팡이 본격적으로 PB 제품을 출시한다는 인터넷 기사를 확인하고 나니 모든 상황이 이해가 되었다. 쿠팡에 판매하고 있는 동종업계 대표들과 전화로 쿠팡 PB 제품에 대한 의견을 나눴다. PB가 위협적이긴 하지만 패션의 특수성 때문에 우리 업종에 미치는 영향이 크지는 않을 거 같다는 의견이 지배적이었다.

그 예언처럼 그 브랜드는 유아 레깅스 등 디자인이 가미되지 않은 노멀한 아이템 몇 가지에서만 판매를 독식하더니, 어느 순간부터 조금씩 노출이 줄어들다가 나중에는 아예 보이지 않았다. 그리고 2020년인가 쿠팡에서 PB 제품 사업부를 씨피엘비(CPLB)라는 별도 법인으로 분사하고 난 후에 다시 유아동 쪽에 못 보던 브랜드가 조금씩 상위에 노출되기 시작했다. '롤리트리', '베이스알파에센셜' 등의 브랜드는 모두 쿠팡 PB 브랜드다. 그중에 우리 아이템과 겹치는 것도 있는데, 놀라울 정도 우리 베스트 제품과 디자인이 유사하다.

PB 제품 생산 및 판매는 쿠팡으로서는 답안지를 본 후 시험을 치는 것처럼 유리한 게임이다. 어떤 디자인의, 어떤 컬러의, 어떤 사이즈의 제품이 몇 개 정도 팔리는지 답안지를 모두 확인한 후에 비슷한 제품을 만들어서 팔면 되는 거니까. 그리고 언론에 익히 알려졌듯이 쿠팡 직원들이 알바 삼아 후기를 남기고 랭킹에 가중치를 줌으로써 상위 노출을 시키고 있어서, 안 팔리기도 힘든 상황이다. 쿠팡 PB 제품이 패션 쪽에서 어느 정도까지 장악할지는 모르겠지만, 친구도 가끔 배신하는 세상인 만큼 나는 속은 쓰려도 너그럽게 이해하고 넘어가기로 했다.

지난해 초에 있었던 일도 좀 당혹스럽기는 했다. 쿠팡에서 단독상품 제작 관련해 미팅을 요청해 왔다. 내용을 들어보니 패션제품 PB 상품이 계획대로 잘 안되고 있어서 그런지, 우리 브랜드 제품 중에서 잘 판매되는 제품을 쿠팡에만 단독으로 판매하면 주문 물량을 늘려주겠다는 내용이었다. 이와 함께 또 하나의 제안을 해 왔다. 타 브랜드사 제품을 더 저렴한 가격에 제작해서 쿠팡 단독상품으로 판매한다면 그 브랜드사의 물량만큼 선주문하겠다는 거였다.

며칠 후 이와 관련된 제안 이메일이 왔는데, 그 메일의 첨부 파일에는 현재 유아동 패션 인기 제품과 희망 공급가, 예상 발주 수량이 모두 적혀 있었다. 해당 디자인의 제품을 희망 가격에 맞춰 주면 그 수량만큼 발주하겠다는 것이었다. 담당자의 실수인지 모르겠지만 그 파일에는 우리 회사를 포함해 유아동 패션의 모든 브랜드사의 인기 제품 리스트와 가격, 예상 발주 수량이 모두 적혀 있었다. 우리 회사 제품 중 쿠팡에서 잘 판매되는 아이템도 모두 포함되어 있었다. 최소한 해당 브랜드사에 메일을 보낼 때는 그 회사의 제품 리스트는 빼고 보내면 좋을 텐데, 솔직하고 투명한 쿠팡은 통합 파일을 만들어서 모든 브랜드사에 일괄적으로 뿌렸다.

'음······. 우리 회사의 인기 제품들도 타사에서 가격만 더 낮춰 공급받을 수만 있다면 우리 쿠팡 매출은 모두 날아가겠군.'

진짜 정글보다 더한 쿠팡 정글이다. 기존 입점 업체가 디자인해서 잘 팔린 제품을 다른 업체가 카피해서 더 싸게 쿠팡 독점으로 공급할 수만 있다면 그 새로운 업체에 모든 발주 물량을 밀어주겠다는 거였다. 더욱이 그 내용을 공개적으로 모든 판매자에게 일괄적으로 뿌리다니.

정글에서 감정은 위험하다. 본능에 충실해야 한다. 리스트를 쭉 보니 우리가 진출하지 않은 카테고리인데 단가를 맞출 수 있는 아이템이 두세 가지가 있었다. 그 리스트를 정리해서 쿠팡으로 보냈고 예상 수량을 받아서 생산 준비를 했다. 국내는 물론 중국에서도 단가 맞추기가 힘들어서 인도에서 생산 라인을 돌렸다. 가을 시즌 판매 제품이라서 봄부터 바쁘게 움직여서 늦여름에 입고되었다. 쿠팡에 제품 등록을 마치고 연락을 하니까 쿠팡에서 조금만 기다려 달라고 했다. 그리고 한두 주가 더 지나도 발주를 하지 않는데 뭔가 느낌이 싸했다. 답변을 몇 번 회피하다가 마침내 담당자한테서 온 회신은 쿠팡 내부 정책이 바뀌어서 해당 물량을 가져갈 수는 없지만 판매는 잘되게 도와주겠다는 것이었다.

선오더를 받아서 1억가량 제품을 만들었는데, 판매가 잘되게 도와주겠다는 말 한마디로 상황 종료.

하지만 우리의 듬직한 친구 쿠팡은 책임감 있는 자세를 보였다. 당시 그 프로젝트를 이끌었던 중국계 임원이 해고되었다는 풍문이 돌았다. 우리 물건과 돈과 시간과 에너지에는 책임을 못 지는 대신, 해당 디렉터를 해고하는 걸로 책임을 대신했다. 살짝 정치면의 단신 기사를 보는 듯한 착각이 들었다. '판매가 잘되게 도와주겠다'라는 말의 진짜 의미는 '마음속으로 응원하겠다'라는 뜻이라는 것도 곧 확인되었다. 지금 우리는 쿠팡의 제안으로 진행했던 대량 생산 제품이 쿠팡에서는 안 팔려서 타사에서 어떻게 팔지 고민하는 중이다. 이 제품들이 다른 채널의 베스트 제품이 되는 전화위복을 꿈꾸면서.

나는 지금은 해고되었다고 알려진 중국계 미국인과의 미팅을 통해 쿠팡의 문화를 단적으로 엿볼 수 있었다. 유아동 패션의 책임자라고 자신을 소개한 그는 성이 덩 씨였다. '덩샤오핑'이 자연스럽게 떠오르는 이름이었다. 옆에 동시통역사를 앉히고 서로 이어폰을 꽂고 미팅을 했는데, FTA 협상을 하는 통상본부장이 된 기분이었다. 통역사를 통해 전달된 메시지는 하나였다.

쿠팡은 앞으로 수수료를 더 올릴 것이며, 이 정도 수수료를 감내할 수 있는 업체만 살아남을 것이다. 살아남은 업체에는 더 많은 물량과 기회가 제공될 것이다. 당신네 회사가 그 기회를 잡지 않겠느냐?

처음에 10%대로 시작했던 쿠팡의 수수료는 로켓배송을 하면서 30%가 되었고 다시 35%에서 40%를 넘어, '덩샤오핑'을 떠올리게 하는 디렉터를 만난 후 45%가 되었다. 게다가 로켓배송 출고비와 광고비 등을 감안하면 최소 50%.

쿠팡이 손을 내민 기회를 잡으려면 면세점 수수료를 부담해야 가능하다니. 심사숙고 끝에 로켓 엑소더스Exodus의 행군에 합류하려고 했으나 이마저도 불가능했다. 우리 회사는 물론, 유아동 패션 1위 업체 역시 쿠팡로켓에서 탈출하려다가 실패했다는 얘기를 전해 들었다. 쿠팡 수수료를 감내하기 힘들어서 로켓그로스로 갈아타서 열심히 판매하고 있는데, 어느 순간 로켓배송에서 판매한 적이 있는 업체는 로켓그로스를 통해 판매해서는 안 된다는 규정이 생겼다는 것이다. 그리고 로켓그로스에 판매 중이던 상품은 모두 판매 중지되었다. 뭐지, 이건? 쿠팡 서비스에 불가역성이 존재하다니. 해병대도 아니고 한번 로켓 판매자는 영원한 로켓 판매자라니.

이 서비스의 처음 이름은 제트배송이었다. 쿠팡이 배송만 대행해주는 서비스이다.

내 추측으로는, 로켓 수수료 인상 후 수많은 업체가 로켓그로스로 이동 신청을 했을 것이다. 그러면서 수수료 인상 효과가 있는 게 아니라 오히려 판매자 이탈만 생긴다는 걸 알고 쿠팡은 아예 동일 사업자로는 로켓그로스 서비스 신청을 못 하게 차단해 버린 것이다. 그 와중에 일부 판매자는 사업자를 새로 신청해서 동일 제품을 로켓배송과 로켓그로스 양쪽에 파는 등 일대 혼란이 벌어졌다. 우리는 내부적으로 비용을 더 줄이고 버티면서 수수료 인상을 감내하기로 했다. 로켓배송이나 로켓그로스나 동일한 서비스인데, 수수료는 20% 이상 차이가 났다. 이 억울한 상황에서 쿠팡 담당 MD의 말이 그나마 위안이 좀 되었다.

"로켓그로스가 언제까지 이 수수료를 유지하겠어요? 잘 아시면서."

"아, 그럼 그로스도 결국 로켓과 비슷한 수수료까지 오르게 되나요?"

"······."

"언제쯤 그렇게 되나요?"

"그로스팀에서 목표한 숫자만큼 판매자가 모인 후가 아닐까요?"

그리고 몇 달 지나지 않아 그로스 수수료 인상 공지가 떴고, 이달 초부터 업체마다 계약이 갱신되고 있다. 20%대 초반이었던 수수료가 입출고비, 보관비, 기타 비용 등 합해서 계산해 보니 20% 후반. 가격과 부피에 따라 차이가 있지만 전반적으로 소폭 인상되는 선이었다. 하지만 모든 수수료가 할인 혜택 적용가로 표시되어 있었고, 그 할인 혜택이 끝나면 쿠팡 로켓과 비교했을 때 특별히 메리트가 없는 수준이었다. 이걸 보고 안도해야 하나라는 씁쓸한 기분이 들었다.

그동안 나는 '쿠팡파'의 리더답게 우리 회사 내 쿠팡에 대한 모든 의심에 명쾌하고 자신 있게 답변할 수 있었다. 처음 10% 후반대였던 쿠팡의 수수료가 로켓서비스를 하면서 30%까지 오를 때 우리 회사 쿠팡 담당 팀장의 "수수료가 너무 비싸지 않나요?"라는 질문에 나는 당당하게 답변했다.

"패션 비즈니스는 결국 재고 싸움이야. 그 많은 디자인과 컬러와 사이즈가 모두 다 잘 팔릴 수 없는데 결국 안 팔리는 걸 어떻게 해결하느냐가 관건이지. 근데 그 어려운 걸 쿠팡은 본인들의 수수료에 추가로 십몇 %만 더 받고 책임지겠다고 하는데 이렇게 좋은 기회가 어디에 있어?"

쿠팡에서 우리 회사가 작년 또는 전 분기보다 더 성장했다고 성장지원금을 추가로 3% 더 요청할 때도 나는 흔들림 없이 바로 답변했다.

"성장지원금이라고 생각하지 말고 그냥 수수료가 3% 더 올랐다고 생각하자고. 로켓 수수료는 33%이다, 이렇게 계산해서 영업이익을 맞춰 보자고. 재고 감안하면 여전히 괜찮은 수수료야."

해마다 연초가 되면 쿠팡에서 우리를 불러 전년 실적 분석 보고서를 주면서 몇 개 제품이 다른 몰에서 가격이 무너져 쿠팡 마진이 확보되지 못했고, 또 몇 개 제품은 재고가 많이 쌓여 있다면서 그 손실만큼 쿠팡 배너광고를 집행해 달라는 요청을 할 때도 나는 논리적으로 설명할 수 있었다.

"내가 쿠팡 대표이더라도 이런 정책을 펼 거 같아. 쿠팡이 존재해야 우리도 존재하는데, 쿠팡 허점을 악용하는 회사들이 너무 많아. 쿠팡에 일정 수준의 마진을 보장해 줘야 하는데 제품을 공급한 후에 다른 채널에서 가격을 할인해 버리면 쿠팡은 이익을 낼 수가 없게 되잖아. 기분 좋게 광고비 집행해 주자고."

판매량 데이터도 처음에는 무료로 보게 해 주다가 어느 순간 그 데이터 이용료가 월 1백만 원이 되고, 올해 들어서는 프리미엄 2.0이라는 이름으로 월 150만 원까지 오를 때는 조금 억지 같았지만 이해하려고 노력했다.

"쿠팡이 수익 늘릴 곳이 얼마나 없으면 기본 판매 데이터를 상품으로 만들어서 팔까 싶기도 하네. 하긴 데이터가 돈인 시대이긴 하지. 이번에 업데이트되면서 요금이 좀 오르긴 했지만, 브이룩업 Vlookup 함수를 안 써도 공급가랑 판매가가 한 번에 보이니까 편하잖아. 함수 하나 줄이는 데 50만 원은 좀 비싼 감이 있긴 하지만."

몇 달간에 걸쳐 해결하려고 했다가 실패했던 쿠팡 광고 시스템의 비효율성은 굳이 담당자에게 설명하지 않고 나 혼자서 그냥 그런가 보다 하고 넘어가기로 마음먹었다. 쿠팡 광고 시스템의 AI는 아직 챗GPT 수준이 아니다. 쿠팡 광고는 검색 영역과 비검색 영역이 있는데 전혀 성향이 다른 이 2가지 상품이 세트로 묶여 있다. 광고 예산을 책정하면 쿠팡이 알아서 검색 영역과 비검색 영역으로 나눠서 광고를 집행한다. 그런데 검색 광고는 목적 구매라서 광고 효율이 좋은데 비해 비검색 광고는 무작위로 보여 주는 것이라 광고 효율이 상당히 떨어진다. 그런데 이 2개 상품을 분리해서 구매할 수 없고, 사실상 예산 조정도 수동으로 하기 어렵게 만들어져 있다. 즉 좋은 상품(검색 광고)을 사려면 안 좋은 상품(비검색 광고)을 같이 살 수밖에 없게 만들어 놓았다. 네이버로 치면 SA 광고와 GFA 광고를 세트로 묶어서 SA 광고를 하려면 GFA 광고도 무조건 같이 해야 하는 셈이다. 게다가 시간별 광고비 배분 시스템이 취약해서 광고 예산이 새벽 시간에 모두 소진되는 경우도 다반사다. 그래서 출근하면 광고를 켜고 퇴근 시간에 광고를 끄는 수작업을 하기도 한다.

네이버의 가격 비교 랭킹에서 쿠팡이 최저가를 차지하는 문제는 조금 억울하긴 하지만 별도 요청을 통해서 어느 정도 해결할 수 있다는 점을 위안으로 삼았다. 쿠팡은 인터넷 최저가와 동일한 가격에 판매하는 걸 원칙으로 하지만 본인들 물류센터에 재고가 많이 남아 있을 경우 슬그머니 인터넷 최저가 이하로 가격을 낮춘다. 복싱 경기에서 양손을 뒤로 묶고 싸우기로 합의를 해 놓고 경기가 불리해지자 본인은 묶은 손을 어느새 풀고 펀치를 날리는 경우다. 부당하다고 이의 제기를 하면 가끔은 미안하다고 다시 묶기도 하고, 가끔은 너희 제품이 문제라며 무시하기도 한다.

한때 중국 판매자들이 위너 시스템을 활용해서 가품 판매가 활개 쳤던 문제도 당혹스러웠다. 쿠팡에는 여러 제품 중 10원이라도 싸면 그 판매자 제품을 상위에 노출시켜 주는 위너 시스템이라는 것이 있다. 그런데 어느 날 갑자기 쿠팡에 우리랑 똑같은 제품을 판매하는 판매자들이 부지기수로 늘어났다. 아니 도대체, 우리가 직접 만들어서 우리 브랜드로, 우리 직영으로만 판매하는데 어떻게 동일 제품이 나올 수가 있지? 바로 신고를 하려고 사업자를 찾아봤더니 사업장 주소가 모두 중국이었다. 이건 또 뭐지?

쿠팡에다 해당 제품 중지 요청을 하고 중국의 그 회사에 국제 전화로 연락을 했다. 쿠팡은 담당 부서가 다르다고 메일로 문의하라고 답변했고, 중국의 그 회사는 전화를 받지 않았다. 그 후 쿠팡 쪽 담당 부서에서는 회신이 없었다. 그러는 사이 우리 브랜드를 도용한 판매자의 상품을 구매한 고객들은 브랜드 로고도 없는 저품질의 제품이 왔다고 우리 브랜드를 비난하는 리뷰를 달았다. 아니, 남의 브랜드를 도용해서 짝퉁 제품을 버젓이 팔고 있는데 조치를 취할 길이 없다니.

결국 쿠팡 팀장과의 미팅 때 이 문제로 인한 어려움을 호소한 끝에 우리 브랜드에 화이트 등급을 부여해서 가격 비교 매칭이 안 되도록 제도적으로 막을 수 있었다. 위너 시스템은 이 외에도 많은 문제가 있지만 같은 제품을 더 저렴하게 사고 싶어 하는 고객의 본능에는 잘 맞는 시스템이라고, 이미 아마존에서 검증되지 않았냐며 이해하려고 노력하고 넘어갔다.

귀엽고 똑똑해 보였던 쿠팡이라는 친구 같은 플랫폼에서 비즈니스를 하면서 당혹스럽거나 어이없거나 화나는 일이 많았지만, 어쨌든 우리 회사는 쿠팡을 통해 돈을 벌고 있고 이로써 성장했다는 건 부정할 수 없는 사실이다. 앞의 사건들은 에피소드일 뿐이다.

하지만 나는 이제 더 이상 '쿠팡파'라고 얘기하지 않는다. 한때 나를 추종했던 '쿠팡파' 신도들에게 미안한 일이지만 나는 변절자다. 내가 변절했다고 생각하는 건 한 가지 이유 때문이다.

나는 이제 쿠팡 이외의 곳에서도 물건을 잘 산다. 특히 네이버 쇼핑을 즐겨 이용한다.

로켓배송이 나오고 난 후부터 나는 몇 년 동안 오직 쿠팡만 이용해서 쇼핑을 했다. 쿠팡은 빠르고, 모든 물건이 다 있었으며, 최저가라는 믿음이 있어 가격 비교를 할 필요가 없었다. 괜찮은 상품은 대부분 쿠팡에 다 있었고, 가격은 최저가와 연동되어 있었다. 여기에는 쿠팡에 대한 확고한 신념이 존재했다. 굳이 바쁜 시간에 네이버나 다나와 같은 곳에서 가격 비교를 하면서 에너지를 낭비할 필요가 없었다.

하지만 이제 그 믿음은 사라졌다. 쿠팡이 그동안 보여 준 행동들, 천문학적인 적자에서 흑자로 반등하기까지 분투한 그 과정에서 나의 믿음은 조금씩 옅어지다가 지난해 수수료 인상 사건을 겪으면서 완전히 사라졌다.

성장지원금을 낼 수도 있고

재고 부담을 광고비 명목으로 납부할 수도 있고

기본적인 판매 데이터를 유료로 볼 수도 있고

원치 않더라도 비검색영역 광고를 할 수도 있고

정산이 늦어질 수도 있고

PB 상품이 나올 수도 있다.

우리 인기 제품을 카피해 달라고 타사에 요청할 수도 있고

선오더를 주문했다가 이를 취소할 수도 있으며

반기마다 수수료를 5%씩 인상시켜 달라는 제안을 받을 수도 있다.

이 모든 것은 쿠팡이라는 기업이 비즈니스의 1차원적인 목표인 '이익'을 내기 위해서 시도하고 있는 다양한 노력의 결과물이라는 걸 잘 안다. 뉴턴은 모든 작용에는 반작용이 따른다는 걸 법칙으로 증명했다. 쿠팡의 모든 작용에는 비용이 발생하고, 그 비용은 쿠팡에서 제조사로, 다시 고객으로 전가되는 반작용이 따른다. 다시 말해 쿠팡의 이익을 늘리려는 모든 작용에는 판매가 인상이라는 반작용이 반드시 수반될 수밖에 없다.

그래서 어느 순간부터 나라는 한 명의 고객은 쿠팡 외에도 네이버에서 가격 비교를 하기 시작했고, 쿠팡보다 더 괜찮은 상품이 더 저렴하게 네이버에 판매되는 걸 눈으로 확인하면서 믿음이 조금씩 깨졌다. 내가 가진 쿠팡을 향한 신념의 왕국에 균열이 생긴 것이다. 가

끔 하던 나의 외도는 빈도가 잦아져서 지금은 노골적으로 쿠팡과 네이버를 모두 검색한다.

나의 바람기가 잦아들지 않는 더욱 큰 이유는 양쪽을 비교한 후 제품 품목과 가격과 서비스에서 네이버가 더 만족스러운 경우가 늘고 있다는 점이다. 쿠팡은 배송이 빠르다는 장점과 받은 제품이 불만족스러울 때 반품이 용이하다는 장점 외에는 다른 매력을 느끼지 못하고 있다. 물론 이것도 큰 이점이긴 하지만, 한때 '쿠팡파'의 리더 역할을 하며 열심히 포교 활동을 했던 나의 입장에서 보자면 실망스러운 결과이다.

최근 내가 쿠팡 관련해서 유심히 보고 있는 건 RTV 서비스다. RTV가 무슨 약자인지는 모르겠다. 다만 첫 글자의 R은 Return의 R일 거라고 추정한다. RTV는 로켓배송인데 반품이 되는 조건의 계약이다. RTV를 처음 듣는 사람을 위한 일반 로켓배송과 RTV 로켓배송 요약 FAQ를 소개한다.

Q. 로켓배송과 서비스상의 차이점은?
A. 똑같다.

Q. 수수료는?

A. 똑같다.

Q. 그렇다면 다른 점은?
A. 안 팔리는 물건은 업체에서 다시 반품을 받아야 한다.

Q. 그럼 로켓배송으로 하지, 왜 RTV로 계약하지?
A. 쿠팡이 원하니까.

RTV 계약을 할 경우 기존 로켓배송과 동일한데 판매량이 80%를 넘지 못할 경우엔 다시 반품을 받아야 한다. 쿠팡 발주시스템은 과거의 데이터를 기반으로 하기 때문에 미래를 예측하며 판매해야 하는 패션에는 잘 들어맞지 않는다. 그러다 보니 현재는 봇이 아닌 사람이 엑셀을 돌려서 예측 발주(또는 예외 발주)를 하고 있다. 그런데 이게 사람이 하다 보니 실수가 잦아서 과잉 발주 문제가 심각하다. 이를 해결하려고 내놓은 시스템이 RTV라고 나는 해석한다. 발주를 업체에서 직접 하게 하고 안 팔릴 경우 반품 또한 업체에서 받도록 의무화시켜서 발주 책임을 확실하게 하는 것이다.

이 서비스가 안착할지, 쿠팡의 하나의 테스트 시스템으로 끝날지는 잘 모르겠다. 만약 안착하게 된다면 이는 놀라운 결과다. 앞서 우리 회사 쿠팡 담당자와의 대화에서 내가 계속 주장했던, 쿠팡 로켓이 사실상 수수료가 높은 게 아니라고 반론했던 이유가 바로 '재고 리스크'를 쿠팡이 부담해 준다는 것이다.

'쿠팡 수수료가 45%지만 안 팔리는 재고를 쿠팡이 부담하면 그렇게 높은 건 아니야. 이 정도 수수료는 받아야 쿠팡도 먹고살지.'

그런데 이제 RTV가 나와서 안 팔린 재고조차 업체에서 책임을 져야 한다. 수수료는 45%. 게다가 광고도 해야 하고, 데이터 비용도 내야 하고, 연말이면 배너 광고도 부담해야 하고, 골든박스도 진행하고, 성장할 경우엔 성장장려금도 내야 하니 50%가 훌쩍 넘는다. 그런데 재고도 판매사 부담이다. 우리 쿠팡 담당자의 모든 질문에 명쾌하게 해답을 제시했던 나는 이제 답변이 궁색해졌다. 음……. 이건…… 글쎄…… 왜…… 나도 좀…….

40달러 후반대였던 쿠팡 주가는 최근 15달러에서 횡보세를 보이고 있다. 주주 이익을 위해 다시 모멘텀을 만들려고 쿠팡의 임원진들은 최선을 다하고 있는 모양이다. 쿠팡이 Bom Kim이라는 미국인 대표가 경영하고 나스닥에 상장된 미국계 회사인지, 손 마사요시가 이끄는 일본계 투자사가 최대 주주인 일본계 회사인지 나는 잘 모른다. 어쨌든 한국에서 시장 점유율을 높이기 위해서 냉혹하고 과

쿠팡 재고를 업체 광고비로 소진시키는 구좌.

감한 정책을 펴면서 애쓰고 있는 모습을 보면 쿠팡 주식을 사야 할 때가 아닌가 하는 생각이 들 때도 있다. 내가 예전의 쿠팡파 리더였다면 영끌을 해서라도 쿠팡 주식을 사고 주위에 이런 가격은 다시 오지 않을 거라고 외치고 다녔을 것이다. 하지만 판매자에 앞서 한 명의 고객인 나는 선뜻 쿠팡 주식을 못 사고 있다.

나는 쿠팡이 어려워질 거라고 보진 않는다. 쿠팡은 앞으로도 번창할 것이다. 그럴 것이라 확실하게 믿고 있다. 다만 번창하는 카테고리가 제한적일 것이다. 그 카테고리는 판매자가 아니라 고객인 내 입장에서 보면 다음과 같다.

- 빠른 배송이 필요한 카테고리
- 용이한 반품이 필요한 카테고리.
- 높은 수수료를 부담해도 무방한 카테고리

식품류처럼 빠른 배송이 필요한 영역에서 쿠팡의 영향력은 줄어들지 않을 것이다. 긴가민가 싶은 아이디어 상품에서도 쿠팡은 경쟁력을 가질 것이다. 브랜드 영향력이 있고 마진폭이 큰 아이템 중에 생활에 필수적인 카테고리 영역에서도 쿠팡은 계속 지배력을 발휘할 것이다. 그리고 그렇지 못한 카테고리에서는 영향력이 예전 같지 않을지도 모른다.

고객은 현명하다. 지인 중에 쿠팡 수수료 때문에 동일 제품을 상품명만 다르게 해서 다른 몰에 더 저렴하게 판매하는 사례가 늘고 있다. 똑똑한 고객들은 시간이 흐르면서 이 미세한 차이를 금방 눈치채고 나처럼 'Only 쿠팡'에서 'One Of Them의 쿠팡'으로 신분을 격하시킬 것이다.

우리 회사 아이템이 쿠팡에 강한 아이템인지 아닌지 판단하기에는 아직 이르다. 그래서 나는 여전히 쿠팡에서 판매량을 키우기 위해 부단히 노력하고 있다. 우리 회사가 이만큼 커지는 데 쿠팡이 기여한 바가 워낙 컸기에 그 은혜에 대해서는 늘 감사하는 마음을 가지고 있다. 그리고 그 마음과는 별개로 쿠팡이 얼마 전에 차지한 이커머스 왕좌의 자리를 불안한 눈빛으로 지켜보고 있다.

정글의 주인은 종종 바뀐다. 공룡의 시대가 끝나고 사자의 시대가 시작되었다. 쿠팡이라는 사자는 입점 업체들의 숨이 대롱대롱 붙어 있을 정도로만 이익을 남겨 주고 나머지는 모두 흡수하려는 모양새다. 일부 업체들은 이미 쿠팡 전속 하청 업체로 전락했다. 순진한 초식동물이 살기에 정글의 우림은 그렇게 호락호락하지 않다. 나는 날카로운 이빨을 번뜩거리며 나를 잡아먹으려고 커다란 입을 벌리고 있는 쿠팡이라는 사자를 한때 귀엽다고 표현하는 만용을 저질렀다.

그래도 옛날의 아기 사자는 귀여웠다. 비록 사자가 다 자라서 내가 잡아먹히는 한이 있더라도 귀여운 건 귀여운 거다.

멀리서도 눈에 잘 띄는 얼룩말처럼 우리 회사를 비롯한 브랜드사들은 순진하고 정직하다. 언제라도 맹수에게 발견되어 잡아먹힐 수 있다. 하지만 동시에 생존하기 위해서 죽어라 달릴 수 있을 정도로 튼튼한 두 다리와 늘 뜻을 함께하는 무리가 있다. '귀여웠던' 사자의 시대가 앞으로 얼마나 이어질지, 커머스 플랫폼 정글에 새로운 왕좌가 나타날지는 모르겠지만 왠지 나는 내기에서 질 거 같다.

뭐 그럼 또 어떤가. 흔쾌히 밥 한번 사면 되지 뭐.

쿠팡 제국에 밀리는 네이버 연합군

수영복을 세탁하는데 안감이 해져 있었다. 이 수영복을 입은 지도 5년이 넘었으니 해질 때도 되었다. 수영복을 새로 하나 사려고 쿠팡에 접속했다. 시크릿모드를 켰다. 쿠팡은 과거 나의 검색 기록을 감안해서 리타깃팅 노출을 하므로 첫 검색은 시크릿모드로 한다. 검색 결과 상단에 뜨는 것은 대부분 처음 보는 브랜드였다. '베이직엘르'가 많이 보였다. 엘르 수영복은 알지만 '베이직엘르'는 어떤 브랜드일까? 엘르 수영복을 만드는 동인스포츠에서 나온 건 아닌 거 같았다. 상단에 아레나나 나이키, 엘르 등의 브랜드가 있으면 바로 구매하려고 했는데 고민이 되었다.

그래서 쿠팡을 닫고 네이버 쇼핑에 접속했다. 네이버에서 '남자 실내수영복'(네이버 월간 검색량 6,530회짜리 키워드)을 검색하니 나의 예상처럼 아레나, 나이키, 미즈노 등 들어 본 브랜드가 상단에 노출되었다. 아레나 수영복을 그동안 입어서 이번에는 나이키를 구입하기로 마음먹었다. 마음에 드는 디자인을 고른 후 사이즈 옵션

창을 눌렀다. 30(M), 32(L), 34(XL)라고 표기되어 있었다. M은 너무 타이트할 거 같고 XL는 클 거 같아서 L를 선택했다. 이틀 후 집에 온 수영복을 먼저 본 아내가 작아 보인다고 말했다. 그러면서 "왜 M 사이즈를 샀냐?"라고 물었다. 확인해 보니 수영복 케어라벨에는 32(M)이라고 붙어 있었다. 사이즈 정보가 상세페이지와 다른 것이다. 나는 이 업체가 다음 세 가지 경우 중 몇 번째 대응을 할지 궁금했다.

1. 사이즈 정보가 잘못된 것을 사과하고 맞교환을 해 준다. 그리고 사이즈 옵션 정보를 수정한다.
2. 표기가 잘못되긴 했지만 사이즈는 맞다고 주장하며 택배비 일부 부담을 요청한다. 그리고 사이즈 정보를 수정한다.
3. 사이즈가 맞다고 주장하고, 사이즈 정보를 수정하지 않는다.

나는 왠지 3번이 될 거 같은 불길한 예감이 들었다. 네이버 쇼핑 판매자라서 그랬다. 택배 접수를 해서 반품 기사가 제품을 가져가고 일주일이 지나도록 문자도 전화도 없었다. 이상한 마음에 네이버 쇼핑 주문 목록에 접속하니 톡톡 메시지 한 줄이 와 있었다. '하아……. 문자 한 통 보내주지…….' 그 내용 역시 우려처럼 3번이었다. 로마자 표기는 잘못되었으나 숫자 표기가 기준이기 때문에 교환하려면 배송비를 내야 한다고 했다. 원래는 한 치수 큰 걸로 변경하려고 했으나 기분이 상해서 반품해 달라고 했다. 그러고는 쿠팡에서 비슷한 모델을 구입했다. 좀 억울했고 불쾌했다. 다시는 이런 경험을 하고 싶지 않았다. 며칠 후 그 사이트에 들어가 보았는데 여전히 32(L)로 표시되어 있었다. 이걸 왜 32(M)이라고 제품의 케어라벨과 동일하게 변경하지 않는지 모르겠다.

쿠팡에서의 구매 경험은 이와 천지 차이다. 며칠 전 대학교 3학년인 둘째 아들의 21살 생일을 맞아서 애플 블루투스 헤드셋인 에어팟 맥스를 쿠팡에서 구입했다. 선물을 받은 아들은 아주 마음에 들어 하면서 컬러를 변경할 수 있는지 물어봤다. 당연히 가능했다. 그 즉시 쿠팡에서 스카이블루 컬러로 재구매를 하니, 다음 날 아침에 도착했다. 그리고 가지고 있던 제품을 반품 신청을 했는데 그때가 마침 추석 연휴 기간 중이라서 혹시나 해 제품을 문밖에 내놓지 않았다. 그런데 시골집에 있는 동안 쿠팡에서 반품 회수를 하러 두 번 왔다 갔다. 두 번 헛걸음을 한 후 반품 접수가 자동 취소되었다고 안내 메시지가 왔다. 좀 미안했다. 서울로 복귀해서 반품 재신청을 하고 제품을 내놓으니까 그다음 날 바로 가져가고 전액 환불이 되었다. 지나칠 정도로 친절하고 편리하다. 불쾌한 경험은 전혀 없었고 헛걸음한 쿠팡 기사님께 오히려 미안했다. 이 모든 비용은 무료였다. 만약동일한 상황이 네이버나 CJ대한통운을 통해서 진행되었다면 어땠을까? 반품 신청하고 물건을 내놓지 않으면 어떡하냐고 싫은 소리를 꽤 들었을 것이다.

일주일 사이 벌어진 상반되는 두 번의 개인적인 경험을 통해 나는 제국과 연합군에 대해 생각해 보았다. 쿠팡은 제국이다. 대한민국을 점령하고자 일사불란하게 군사를 훈련시키고 영토를 넓히고 있다. 작은 손실을 보더라도 대의에 충실하며, 하나의 목표를 향해 질주하고 있다. 적군이나 반항하는 세력에는 인정사정없이 보복한다. 영토 확장이라는 단 하나의 목표를 향해 잘 정비된 정규군이 냉철하고 냉정하게 싸운다.

반면 네이버는 연합군이다. 3개 군대가 손을 잡았다. 플랫폼 역할을 하는 네이버와 그곳에 상품을 채우는 판매자, 이를 배송하는 CJ대한통운으로 구성된 연합 군대다. 무기 생산을 맡고 있는 판매자와 전략을 펼치는 네이버, 그리고 이를 수송하는 택배사가 힘을 모아 쿠팡과 맞붙고 있다.

연합군은 일견 명확한 역할과 책임 분담으로 효율성이 좋을 것처럼 보인다. 각 분야의 강자들이 손을 맞잡은 거 아닌가. 하지만 나의 수영복 구매 경험처럼 연합군에는 치명적인 단점을 내재하고 있다. 겉으로는 쿠팡군 타도라는 동일한 목표를 가지고 있지만 실제 3개 군대는 각각 다른 속내를 가지고 있다. 판매자는 사실 네이버든 쿠팡이든 상관없다. 돈만 벌면 된다는 생각이다. 게다가 네이버 쇼핑에서 판매하고 있는 대다수의 소상공인은 농민군처럼 전열이 정비되어 있지 않다. 곡괭이며 낫이며 무기를 들고나왔지만 제대로 훈련되어 있지 않은 비정규군이다. CJ대한통운 역시 택배 사업자로서 한계를 지니고 있다. 택배 사업 자체로 확실한 수익을 창출해야 한다. 그리고 일정 부분은 통제되지 않는 지입 기사들과 계약을 통해 움직이고 있다. 노조와 갈등의 불씨도 남아 있어 혁신이 어렵다.

네이버는 공정한 검색 사이트라는 정체성에 발목이 묶여 있다. 쿠팡의 노출 기준은 하나다. 쿠팡의 이익에 도움이 되는 방향이다. 이익 최적화 알고리즘이다. 반면 네이버는 '공정'과 '원칙'에 초점이 맞춰져 있다. 판매량과 클릭 수, 리뷰 수, 최신성 등 랭킹 원칙에 맞춰 알고리즘이 짜여 있다. 그리고 그 빈틈으로 가구매와 트래픽 등 불법 마케팅이 판친다. 쿠팡과의 힘겨루기에서 밀리며 브랜드 위주로 쇼핑을 재편하고 있지만 대응이 늦다.

연합군은 통제되지 않는다. '쿠팡 타도'라는 깃발 아래 모였지만 속셈은 다 다르다. 원래 조직은 한 회사이더라도 하나의 비전으로 모으기 쉽지 않다. 강력한 비전을 제시하지 못하면 조직은 금방 부서 이기주의인 사일로Silo 현상에 빠진다. 상위 조직의 목표가 명확하지 않을 때 하위 조직은 해당 조직의 이익부터 챙기게 된다. 우리 조직이 지향하는 북극성이 어디인지 명확하게 정의해 놓아야 한다. 최상위 의사결정자부터 실무 조직까지 목표에 집중해야 한다. 쿠팡은 단 하나의 비전만 가지고 있다. '고객 만족'. 쿠팡이 없다면 고객들이 얼마나 불편할지를 체감할 정도로 고객 만족을 지향한다. 그리고 이는 현실화하고 있다. 다른 쇼핑 플랫폼 한두 개가 없어진다고 우리가 불편할까? 하지만 쿠팡이 없어진다면 고객들은 상당히 불편해할 것이다.

이 하나의 목표를 향해 쿠팡은 놀라운 '고객 경험'과 국내 '최저가'라는 무기를 휘둘렀다. 이 중 '최저가' 카드는 지난해 말부터 쿠팡 로켓배송 입점 업체 수수료가 40~50%까지 오르면서 흔들리고 있다. 나는 앞선 글에서 쿠팡이 최저가 경쟁에서 밀릴 때 네이버가 상대적으로 수혜를 볼지도 모르겠다고 예상한 적이 있다. 결과적으로 이는 틀렸다.

이는 내가 구매 경험이 가격보다 훨씬 더 큰 영향력을 미친다는 걸 간과한 탓이다. 우리는 인터넷에 500원에 판매하는 500ml짜리 삼다수 생수를 편의점에서 그 어떤 저항도 없이 흔쾌히 1,100원을 주고 사 마신다. 2배 더 비싼데도 말이다. 하지만 우리는 그 편의점의 점원이 불친절하거나 태도가 안 좋거나 매장이 청결하지 못할 경우에는 발길을 끊는다. 구매 경험이 가격보다 영향력이 확실히 더 크다.

특정 카테고리에서 쿠팡은 네이버보다 더 비싸졌다. 그리고 결국 고객들은 이를 인지하게 될 것이다. 하지만 별로 개의치 않을 거 같다. 생수를 살 때처럼 말이다. 대다수의 고객은 조금 비싼 건 이해해도 불쾌한 경험, 귀찮은 분쟁에 휘말리는 걸 끔찍이 싫어한다. 수영복 사이즈 문제로 싸우기 싫어하는 나처럼 그냥 그곳을 조용히 떠날 뿐이다.

좀 비약하자면 쿠팡은 애플과, 네이버는 재래시장과 닮았다. 애플이라는 제국 역시 극도의 심플함을 기반으로 한 완성도 높은 제품이라는 하나의 가치를 위해 단호함을 선택했다. 그래서 앱 개발자들과 분쟁이 생기고, 플래시를 삭제시켜서 어도비와도 싸웠다. 개인정보 추적을 막아서 메타와도 소송 중이다. 최고 수준의 제품을 선보이기 위해 모든 서비스를 통제한다. 이것이 궁극적으로 고객들에게 사랑받는 길이라고 믿고 있다.

반면 지자체나 중앙정부에서 하는 재래시장 살리기는 이와 반대다. 우리 회사가 있는 성수동은 수제화 거리 특화 지역이다. 하지만 내 주변 그 어떤 이도 수제화를 사러 이곳을 방문하지 않는다. 성수동이 핫플레이스인 건 수제화와 아무 상관 없다. 이곳은 예쁜 카페와 이색적인 맛집이 즐비하고 매력적인 브랜드들의 플래그십을 찾아서 사람들이 모여든다. 오히려 수제화 전문점이 이방인처럼 어울리지 않게 자리를 차지하고 있다. 황학동 벼룩시장이나 동대문 풍물시장도 마찬가지다. 민의를 수렴해서 정책을 편다는 취지는 좋다. 하지만 연합군들의 이해관계가 얽혀 있는 탓인지 행정적으로 만들어진 시장에는 방문하고 싶은 매력이 존재하지 않는다. 특색 있는 맛집들이 포진해 있는 광장 시장이 100배 낫다.

비즈니스든 정치든 제국이 더 파워풀하다. 빠르게 의사결정을 해서 일사불란하게 움직일 수 있다. 명확한 공통의 비전을 바라보며 목표를 향해 달려갈 수 있다. 다만 이 모든 장점을 살리려면 단 하나의 전제조건이 필요하다. 의사결정자인 대표의 리더십, 이것이 반드시 필요하다. 다르게 말하면 큰 비전과 명확한 목표, 비즈니스 인사이트와 조직 장악력, 강인함과 문제해결 능력을 갖춘 리더가 꼭 필요하다. 그러지 못할 경우 제국은 극심한 혼란에 빠지다가 붕괴한다. 그래서 정치는 짧고 강력한 제국보다 느리지만 오래가는 민주주의 형태로 발전해 오고 있는 게 아닐까.

비즈니스에서는 제국을 세우는 것이 얼마든지 가능하다. 강력한 리더십 아래 모든 서비스를 수직계열화해서 고객에게 최고의 만족을 주기 위해 전 부문을 통제할 수 있다. 올바른 방향을 제시하는 리더의 혜안이 있다면 제국보다 강력한 시스템은 없다. 그래서 나는 한편으론 쿠팡 제국이 두렵고 네이버 연합군이 무력해질까 봐 걱정이다. 우리처럼 브랜드를 가진 제조사 입장에선 특정 플랫폼의 독주보다는 플랫폼 간 경쟁하는 구도가 여러모로 낫다.

연합군은 명분을 내세우기에는 좋다. 서로 잘하는 부분을 살려서 더 큰 그림을 그려 보자는 대의가 얼마나 그럴듯한가. 하지만 동업이나 제휴가 그렇듯 이는 허울일 뿐이다. 어찌 보면 삼국시대 나당 연합군처럼 혼자서 제 한 몸 지키기 힘든 상황에서 동상이몽으로 연합이라는 이름만 쓸 뿐, 결국 갈등이 드러날 것이다. 네이버는 CJ와 지분 교환까지 해 가며 커머스 연합군을 한 팀처럼 만들려고 부단히 애쓰고 있다. 하지만 엄연하게 이해관계가 다른, 별개의 회사일 뿐이다. 그리고 판매자들은 또 어떻게 통제할 것인가? 서비스 만족도에 따라 인센티브와 페널티를 주며 시스템으로 개선시켜 나간다고 하지만 한계가 분명하다.

고객들의 구매 경험에 영향을 주는 건 크게 네 가지다. 상품, UI, 배송, CS. 현재 네이버는 이 중 UI 외에는 통제 불가능하다. 상품과 CS는 여전히 통제되지 않는 판매자들의 몫이다. 수영복 팬츠 한 장 사면서 나는 잘못된 상품 정보와 불친절한 CS 두 가지를 동시에 경험했고, 이는 판매자가 아니라 네이버 쇼핑에 대한 불신으로 이어졌다. 네이버와 CJ에서 협업하고 있는 '도착보장' 서비스 역시 문제가 많다. '도착보장' 서비스의 10% 정도가 내일 도착하지 않는다. 그리고 그 클레임에 대한 상담은 CJ에서 하지 않고 판매자가 한다. 연합군은 이게 문제다. 역할과 책임을 아무리 명확하게 한다고 하더라도 회색 지대는 존재하고 이곳에서 고객 불편은 한층 가중된다.

나는 아직 수영복 반품 배송비를 입금하지 않았다. 교환을 할지 반품을 할지 결정을 못 한 탓이다. 그 상품이 마음에 들어서 교환을 할까 고민하는 게 아니다. 네이버는 반품을 하면 리뷰를 남길 수 없다. 교환 후 나 같은 선의의 피해자가 생기지 않도록 정의의 사도처럼 부정 리뷰를 등록할지, 좋은 게 좋은 건데 뭘 또 그렇게까지 해야 하나 하고 모른 척 넘어가는 게 나은지 아직 결정하지 못했다. 사실 내가 전자를 선택한다면 나는 정의의 사도가 아니라 감정 통제에 실패해서 분노를 표출한 것이고, 후자의 경우 판매자에 대한 배려가 아니라 그냥 귀찮아서 반품한 것이라는 점이 솔직한 이유라고 봐야 할지 모르겠다. 어쨌든 이번 수영복 팬츠의 전장에서는 쿠팡 제국이 또 한 번 승전고를 울린 건 분명한 사실이다.

'변절자' 소리까지 들으며 책을 쿠팡에서 산 이유

얼마 전 커머스 서비스를 론칭한 지인과 가격 표기 방식에 관해 대화를 나눴다. 대화라기보다는 논쟁에 가까웠다. 지인은 커머스 그랜드 오픈을 맞아 파격적인 가격 할인을 준비하고 있었는데, 그 표기 방식에 관한 생각이 나와 달랐다. 그가 표기하려는 방식은 정상가를 표기하고 그곳에 취소선을 그은 후 할인금액과 혜택을 나열한 후 최종적으로 구매가를 표시하는 방식이었다. 나는 취소선까지는 괜찮으나 혜택 강조보다는 표기 내용을 최소화해서 쉽고 단순하게 보여야 한다는 의견이었다. 가격 표기와 결제 부분 UI는 꽤 민감한 영역이다. 그와 대화를 나누면서 나는 작년 연말에 '변절자' 소리를 들은 기억이 떠올랐다.

나는 예스24에 대해 한마디 할 수 있는 자격을 갖추고 있다고 여긴다. 인터넷서점 그 예스24 맞다. 나는 2000년대 초반에 예스24 회원이 된 후 20년이 넘도록 한눈팔지 않고 해마다 적게는 30권에서 많게는 100권까지 꾸준하게 책을 샀다. 회사 내 북클럽용으로 단

체구매도 꽤 했으니 그곳을 통해 수천 권은 산 셈이다. 우리 집 서재에 있는 책의 90%는 예스24를 통해 구입했을 것이다. 나는 예스24 최고 회원 등급인 플래티넘 배지를 늘 훈장처럼 여겼다.

하지만 지난해 나는 예스24 일반 회원으로 신분이 강등되었다. 나는 더 이상 예스24에서 책을 사지 않는다. 지인들과 가진 작년 연말 모임 때 책 얘기가 나왔다. 대화 중에 나는 요즘 책을 쿠팡에서 산다고 했다. 왠지 그 말을 꺼내는데 부끄럽고 쑥스러웠다. 아니나 다를까 책을 좋아하고 직접 출간까지 한 지인이 어떻게 쿠팡에서 책을 살 수가 있냐며 '변절'했다고 타박했다. 그날 대리기사를 불러서 집으로 돌아오는 길에 나는 왜 '변절자'가 되었을까? 생각해 보았다. 원인은 '빌어먹을 혜택' 때문이라고 결론을 내렸다. 쿠팡의 '혜택'이 아니라 예스24의 '혜택' 때문에 나는 쿠팡으로 변절했다.

예스24에서 책을 사는 행위는 어느 순간부터 상당한 에너지가 투입되는 중노동으로 변했다. 나는 가벼운 마음으로 책을 한 권 사려고 예스24에 접속한다. 검색을 통해 책을 고른다. '카트'에 넣을지 '바로 구매' 할지 잠시 고민하다가 바로 구매를 누른다. 출판사에서 하는 출간 이벤트 사은품을 받을지 말지 고민한다. 바로 사은품 받기를 눌렀다가 하단에 '3,000P 차감'이라고 적힌 문구를 확인한다. 이 사은품이 나에게 필요한지 아닌지 따져 보다가 결국 받지 않음을 선택한다. 그 아래 크레마 클럽 이용권 사용 여부를 확인한다. 크레마 클럽이 뭔지 몰라서 찾아보려다가 그냥 포기하고 받지 않음을 누른다. 그다음 소식지 증정을 선택할지 말지 또 고른다. 그리고 적립 포인트 계산기에서 4줄의 포인트 리스트를 확인한다. 이 모든 게 끝난 후 확인 버튼을 누르자마자 사은품을 선택하지 않았다는 경고 팝업창을 만난다. 깜짝 놀라서 찬찬히 읽어 보니 별거 아니라서 확인을 눌러서 팝업을 닫는다. 그리고 일반 전화번호까지 있는 주문고객의 정보와 일반 전화번호까지 있는 장황한 배송정보를 확인한 후 5일간에 걸쳐 나와 있는 리스트 중에 배송일을 선택한다. 이제 거의 다 왔다. 마지막으로 할인 적용만 받으면 된다. Yes포인트를 확인한 후 이를 사용하기 위해 Yes24머니 전환 팝업을 띄워서 환전을 한다. 크레마 머니를 확인하고 외부상품권과 포인트를 체크한다. 최종적으로 결제 수단을 선택하고 문화비 소득공제 신청 여부를 선택한다. 빨간색과 검은색으로 15줄에 걸쳐 쭉 나열되어 있는 문화비 소득공제 안내 문구를 보며 '누가 이걸 읽을까?' 잠시 생각한 후 '지금 선택한 결제 수단을 다음에도 사용'한다는 체크 표시를 확인하고 마침내 '결제하기' 버튼에 도달한다. 책 한 권 사고 나면 온몸에 진이 다 빠진다. 예스24의 쇼핑 여정은 열쇠로 문을 하나 따면 새로운 문이 또 튀어나오고 그 문을 열면 또 다른 문이 이어지는 끝없는 문의 행렬처럼 느껴진다. 중노동이다.

쿠팡에서 책을 판다는 건 우연히 알게 되었다. 생필품을 검색했는데, 검색 결과에 책이 나왔다. 쿠팡에서 책을 사는 건 '미치도록 심플'하다. 검색을 한다. 책 리스트를 누른다. 결제하기 버튼을 누른다. 안면 인식 후 완료. 혜택 확인도, 사은품 확인도, 주소 확인도, 문화비 소득공제 신청 여부 확인도 아무것도 없다. 그냥 결제 버튼 후 안면 인식이면 끝이다.

쿠팡에서 단 한 번의 구매 경험 후 나는 바로 '변절자'가 되었다. 쿠팡은 '싼 티'가 난다. 생필품을 파는 마트 느낌이다. 책이라는 지식을 다루는 고귀한 존재를 비누나 세제 같은 일회용품처럼 거래해 책의 품위를 손상시켰다고 그 지인은 판단했을 수 있다.

이도 일리가 있다. 소비에는 두 가지 종류가 있다. 목적 소비와 가치 소비. 책은 가치 소비에 가깝다. 책을 구매한다는 건 지적 가치를 경험하는 행동이다. 이에 반해 쿠팡은 가치 소비보다는 목적 소비를 극대화시킨 플랫폼이다. 이커머스 플랫폼은 가치 소비를 경험하기에 최적의 공간은 아니다. 오프라인에서 커피 볶는 향을 음미하면서 충만한 기분으로 원두를 구매했을 때와 쿠팡에서 그 원두를 재구매할 때의 경험은 완전히 다르다. 쿠팡은 목적 구매 플랫폼이다. 목적 구매는 에너지를 적게 쓰는 게 핵심이다. 나는 가장 에너지를 적게 쓰는 쿠팡에서 책을 목적 구매한다. 책을 펼쳐 보는 즐거움, 잔잔한 음악 소리와 책의 질감과 책 냄새의 가치는 오프라인 서점에서 대신 누리기로 마음먹었다.

결국, 내가 변절한 이유는 구매가 '쉽다'라는 실사구시의 자세를 견지한 것일 뿐이다. 나의 뇌에 있는 뉴런이 가장 에너지를 절약하는 쪽으로 전두엽에 시냅스를 보냈고 이 전기신호로 인해 내 손가락은 쿠팡 앱을 터치하고 검색어를 넣고 구매를 눌렀다. 그리고 결제 버튼 후 나오는 폰의 진동에 습관처럼 카메라에 내 안면을 갖다 댔을 뿐이다. 나는 녹초가 되기 싫어서 예스24를 변절한 것이다.

예스24는 왜 이렇게 복잡하고 어려워졌을까? 왜 쉽고 단순하지 않을까? 안 하는 것일까? 못하는 것일까? 나는 절반은 안 하는 거고 절반은 못하는 거라고 추정한다. 우선 안 하는 부분부터 유추해 보겠다.

조직은 팀으로 일을 한다. 팀으로 일을 한다는 건 전체를 부분으로 쪼개서 각자의 역할을 맡는다는 의미다. 팀원은 부분밖에 못 보는 치명적인 한계점을 가지고 있다. 그래서 전체를 볼 수 있는 리더가 끊임없이 조율해 줘야 한다. 이를 소홀히 하면 어처구니없는 일이 자주 발생한다.

10년 전쯤 비가 쏟아지던 어느 날 중국 상하이 인근의 한 공장을 방문했는데, 입구에서 경비원이 물을 뿌리고 있었다. 호기심에 사무실에서 공장장을 만나 물을 왜 뿌리느냐고 물었더니 그는 창밖을 내다보고는 어이없어했다. 원부자재 운송차가 다닐 때 먼지가 많이 날려서 며칠 전에 경비원한테 오전에 한 번, 오후에 한 번 물을 뿌리라고 했는데, 이렇게 비가 내리는데도 물을 뿌린다면서 답답해했다. 큰 맥락을 파악하지 못하고 자신의 역할에만 충실할 때 흔히 일어나는 해프닝이다.

예스24의 미로처럼 복잡한 결제도 결국 이런 과정을 거쳤을 것이다. 앞서 말한 15줄에 걸쳐 나열된 문화비 소득공제 문구가 왜 그곳에 있는지 상상해 본다. 2000년대 초반 문화비 소득공제 법안이 통과되면서 이 혜택에 대해 안내 필요성을 느꼈을 것이다. 고객센터로 문의가 왔을 테고 유관부서 미팅을 통해서 이에 관련된 내용을 FAQ에 추가했을 것이다. 하지만 계속 문의가 오자 반드시 볼 수밖에 없는 곳을 찾다가 결제 페이지 하단에 중요 내용을 삽입하기로 했을 것이다. 안내 이후에도 이 내용을 보지 못한 고객들이 문의를 계속하자 해당 내용은 빨간색으로 표시하기에 이르렀고, 그 외 문의까지 하나씩 추가하자 결국 지금처럼 알록달록한 15줄짜리 아무도 읽지 않는 보험사 약관 같은 안내문이 달라붙게 되었을 것이다. 그나마 보험사 약관은 법정 분쟁 시 필요하다는 역할이라도 하지만, 문화비 소득공제 안내는 이도 저도 아니다. 예스24 내부 직원 중에도 이 문구가 결제창을 뒤덮을 정도로 꼭 필요한지 의문을 품은 이도 있었겠지만, 본인의 역할이 아니니 그냥 무시했을 것이다. 구성원 중 누군가 '혜택 보기'를 클릭하면 상세 내용이 펼쳐지게 하는 차선책을 떠올렸더라도 실행으로 옮기지는 않았을 것이다. 이 모든 건 근거 없는 나의 단순한 상상이다.

담당자들은 본인에게 주어진 역할을 충실히 이행했을 뿐이다. 고객센터는 고객의 불편을 해소하기 위해 최선을 다해서 일했고, 기획자는 이를 안내할 수 있는 최적의 장소를 찾아서 문구를 배치했으며, 개발자는 기획자의 요청에 맞춰 그곳에 HTML 소스를 집어넣었다.

문제는 오직 하나. 이것이 이용자를 불편하게 하고 그들의 에너지를 낭비하게 하는 해악 행위라는 큰 그림을 놓친 점이다. 경쟁자가 없는 압도적 1위이거나 경쟁자 역시 비슷한 수준일 때는 상관없다. 어차피 이용자들은 이 정도 불편함은 감내한다. 은행의 공인인증서도 마찬가지였다. 모든 은행이 다 불편하면 감내하고 사용할 수밖에 없다. 하지만 우리는 은행 인터넷뱅킹 이용자들의 '변절'을 이미 알고 있다. 카카오뱅크와 토스가 놀랍도록 편리한 UI를 선보이자 사람들은 우르르 그곳을 향해 달려갔다. 내가 독서인이라는 자존심을 팽

개치고 쿠팡으로 간 것도 결국은 쉽다는 점 때문이다. 초식동물만 살던 평화로운 시대에는 적당히 해도 생존할 수 있지만, 경쟁자들이 날카롭고 뾰족한 서비스를 출시하는 육식동물의 시대가 되면 초식동물은 더 이상 설 자리가 없다. 생존하려면 그들도 고객 경험을 보다 쉽고 날카롭게 만들어야 한다.

여기까지는 예스24가 할 수 있음에도 하지 않은 부분이다. 만약 예스24의 유능한 팀장이나 본부장이 TFT를 꾸려서 열정적으로 매진한다면 몇 달 안에 획기적으로 달라진 면모를 보일 수 있다. 얼마든지 가능한 일이다. 하지만 못하는 부분도 분명 존재한다.

쿠팡과 티몬, 위메프 등 소셜 3사가 엎치락뒤치락하며 각축을 벌이던 2015년경일 것이다. 한 세미나에서 쿠팡 개발책임자의 발표를 듣고 나는 우리 회사의 메인 판매 채널을 쿠팡 쪽으로 가져가기로 결정했다. 그리고 그 판단은 결과적으로 옳았다. 그날 그는 고객의 클릭 한 번을 줄이기 위해 쿠팡의 수많은 개발자가 엄청난 노력을 하고 있다는 걸 강조했다. 결제창에서 확인 버튼 하나를 없애기 위해 고객의 구매 내역과 주소, IP 등 모든 정보를 종합해 안전하면서 쉽게 만들려고 애쓰고 있었다. 보안업계 최고의 인재들을 영입해서 기술로 UI 문제를 해결하고 있었다. 그가 전달한 메시지는 이용자들이 자기도 모르는 사이에 '쿠팡은 참 쉽고 편리하다'라는 경험을 가질 수 있게끔 상당히 많은 인원이 이 프로젝트에 투입되고 있다는 거였다. 버튼 1개를 줄이기 위해서 10년 전부터 수십 명의 인재가 달라붙어 있는 쿠팡과 15줄의 쓸모없는 안내문을 위기감 없이 집어넣고 있는 예스24의 싸움은 앞으로 어떻게 될까?

영화 『인턴』에는 CEO 역할을 하는 앤 해서웨이가 아무도 치우지 않는 잡동사니로 가득 찬 빈자리를 보며 스트레스를 받는 장면이 나온다(로버트 드 니로가 연기한 벤 휘태거가 그걸 치우면서 CEO의 눈에 들기 시작한다). 관리 영역이 불분명한 회색 공간은 지금은 필요 없지만 언젠가는 필요할지도 모르는 물건들로 가득 차 있다. 문제는 그 언젠가가 영원히 오지 않는다는 점이다. 우리 아버지가 혼자 사는 시골집의 헛간처럼 되는 것이다. 이제는 더 이상 쓰지 않는 물건이라고 그만 버리시라고 아들이 아무리 부탁해도 '언젠가'는 쓰일지 모른다며 차곡차곡 쌓아 둔 물건들로 인해 헛간은 쓰레기산처럼 변해 버렸다. 그나마 그 공간은 아들 외에는 피해를 끼치지 않으며, 아버지의 추억 보관이라는 기능은 하고 있다. 우리들의 책상 서랍 안에도 더 이상 사용하지 않는 디지털카메라나 저용량 USB 같은 게 뒹굴고 있는 것도 마찬가지다. 모두 혹시 쓸모 있지 않을까 싶어서 버리지 못한 물건들이다. 앱과 웹도 마찬가지다. 누군가 요청한 안내문, 누군가 필요해서 넣었던 이미지들이 큰 숲을 보지 못했거나, 업무 분담이 일어났거나, 혹은 퇴사 후 인수인계 미비 등의 이유로

잡동사니처럼 쌓인다. 그리고 이런 쓰레기더미가 이용자들을 귀찮게 하고 불편하게 하고 종래는 떠나게 만든다.

우리는 지저분한 식당을 좋아하지 않는다. 이왕이면 청결하고 정리 정돈이 잘된 곳을 선호한다. 하지만 현실에서는 의외로 지저분한 식당이 많다. 이 식당은 왜 이렇게 유리창이 더럽고 식탁은 끈적거리고 그릇은 낡았을까? 그런데 막상 우리가 온라인상에서 서비스하고 있는 공간이 청결하지 않다는 점은 망각한다. 음식은 맛이 중요하다면서 신규 메뉴 개발에만 집중하듯이 앱과 웹에서도 서비스의 핵심 경쟁력을 갖추기 위해 노력하면서 막상 UI의 청결도를 놓치는 경우가 자주 있다. 식당이 그러하듯 온라인 공간도 주기적인 청소가 필요하다. 필요 없는 쓰레기는 버려야 하고, 공간이 깨끗해지도록 걸레질을 해야 한다. 더 넓은 의미로 기업은 비즈니스 모델을 정기적으로 점검해서 핵심 역량이 아닌 제품과 서비스는 폐기하는 대청소를 정기적으로 해야 한다. 에너지는 투입되는데 성과는 나지 않는 비즈니스 모델은 과감하게 정리해야 우리 아버지의 헛간처럼 되지 않을 것이다. 좀 더 냉정하게 말하자면 구성원 역시 더 이상 조직에 기여하지 못하고 동료의 발목을 잡는 이가 있다면 이 역시 어떤 식으로든 정리가 필요하다.

고객은 게으르다. 사람은 게으르다. 생명체는 게으르다. 게으르다는 건 에너지를 낭비하기 싫다는 의미다. 꼭 필요한 에너지만 쓰고 나머지는 절약한다. 리처드 도킨스의 『이기적 유전자』에 보면 유전자 기계인 생명은 ESS(Evolutionarily Stable Strategy)를 위해 에너지는 적게 쓰면서 효율을 높이는 방향으로 진화한다고 주장한다. 호프 자런의 『랩걸』에는 나무는 일조량이 부족한 겨울에는 에너지 생산량보다 소비량이 많은 나뭇잎을 모두 떨군다고 설명한다. 켄 시걸의 『미친듯이 심플』에는 핵심을 꿰뚫는 단순함을 유지하기 위해서는 얼마나 많은 형식적인 복잡함과 싸워야 하는지 잘 나와 있다.

쉽다는 건 어려운 노력이 들어갔다는 의미이다. 쿠팡에서 버튼 하나를 줄이기 위해 상당히 어려운 노력을 해냈다. 반대로 복잡하다는 건 치열하게 고민하지 않고 쉽게 일하고 있다는 의미이다. 내가 어렵게 일해서 고객을 쉽고 편하게 할 것인가? 내가 쉽게 일해서 고객을 귀찮고 불편하게 만들 것인가? 20년이 넘도록 한 사이트만 이용했던 내가 변절자라는 소리를 듣게 된 건 내 탓이 아니다. 누군가가 '치열하게 고민하지 않고' 열심히 혜택 안내를 한 탓이다. 만약 이 글이 술술 쉽게 읽힌다면 이는 내가 치열하게 고민해서 글을 썼다고 이해해 주길 바란다. 중간에 글 읽기를 포기했거나 횡설수설 된 소리인지 모르겠다고 느꼈다면 내가 대충 글을 썼다고 생각하면 정확할 것이다.

중국집과 아마존의 공통점

아는 분이 약과 공장을 차렸는데 한번 들러 달라고 연락이 왔다. 판로가 마땅치 않아서 인터넷에 어떻게 하면 잘 팔 수 있을지 노하우를 배우고 싶다는 것이었다. 마침 근처에 들릴 일이 있어서 가 보았다. 저녁을 함께하면서 얘기를 들어 보니 전형적인 소상공인의 흥망 스토리였다. 보험 일을 하다가 약과 공장 사고 현장을 처리하게 되었는데, 그때 약과 공장이 얼마나 돈을 잘 버는지 듣고 지인과 공동 창업했다고 한다. 공장 부지를 임대하고, 공장장을 구한 후 설비를 넣어서 공장을 돌린 지 1년. 큰돈을 벌 수 있다는 환상 속에 패기 있게 도전했는데, 지금은 다달이 지급해야 하는 유지비도 감당하기 힘들 정도로 적자를 보고 있었다. 이야기를 듣는 내내 가슴이 답답했다.

이분이 처음 실수를 깨달은 건 공장장에게 라인을 맡겨 두면 알아서 약과가 잘 나올 거라고 착각한 거라고 한다. 막상 공장을 돌려 보니 불량은 속출하고 원가는 높은데 공장장은 이 핑계 저 핑계를 대면서 시간만 끌어 이도 저도 못하고 발목이 잡혀서 몇 달을 허송세월하였다는 것이다. 이래서는 미래가 없겠다 싶어서 본인이 직접 약과 만드는 방법을 배우면서 재료를 주문하고, 반죽을 만지고 라인을 점검해 나가니까 공장장은 서운하다면서 퇴사했다고 한다. 반년에 걸친 시행착오 끝에 겨우 약과를 제대로 만드는 노하우를 익혔다고 한다.

다음으로 판로를 찾기 위해서 이 업체 저 업체 전화를 걸고, 알음알음 소개를 받아서 뛰어다녔지만 단가가 안 맞아 제대로 된 거래처를 확보하지 못했다. 계속 시련을 겪다가 인터넷 판매를 하면 잘되지 않을까 싶어서 직원을 채용해 몇 달 팔아 봤지만 손해만 보고, 방법을 찾다가 나한테까지 연락이 닿은 거였다. 포토샵과 엑셀도 못 다루는 그 회사 온라인 판매 담당자와 대화를 좀 나눈 후에 인터넷 판매는 힘들 거 같다고 솔직히 조언해 줬다. 이커머스는 대표가 잘 알지 못하면 성과 내기 매우 힘든 분야이니 적합한 업체를 찾아서 위탁을 맡기라고 덧붙였다.

이분의 스토리는 정년을 꽉 채워서 은퇴하신 퇴직자나 명퇴자들이 중국집이나 치킨집을 창업했을 때와 유사하다. 주방일을 잘 모르는 상태로 무턱대고 개업했다가 뒤늦게 허겁지겁 주방에 들어가서 기초부터 배우는데, 막상 요리를 좀 알아갈 때쯤에는 장사가 뜻대로 되지 않아 갖고 있던 퇴직금을 모두 날리고 아파트 야간 경비 일을 알아보는 전형적인 패턴이다.

이커머스는 중국집 개업과 비슷하다. 중국집은 주방을 모르면 망한다. 이커머스 비즈니스는 온라인 세일즈와 마케팅을 모르면 망한다. 오프라인에서 한때 잘 나가던 대표님들이 온라인을 배우고 싶다고 찾아오는 경우가 간혹 있다. 그때마다 나는 왜 온라인 비즈니스는 대표가 모르면 실패할 수밖에 없는지 다음과 같은 이유를 들어서 설명하곤 했다.

근본적인 이유는 창업 비용 때문이다. 이커머스는 소자본, 아니 무자본 창업이 가능하다. 누가 인터넷에서 꽤 잘 판다는 소문이 들리면 너도나도 물건을 들고 찾아와서 팔아 달라고 하는 세상이다. 즉 스스로의 힘으로 온라인 판매를 통해 본인의 월급 이상을 벌 정도로 유능한 직원은 모두 창업을 한 상태라고 보는 게 합리적이다. 냉정하게 이야기하자면 채용시장에서 무에서 유를 창조할 수 있을 정도로 탁월한 이커머스 경력자를 구하는 건 불가능에 가깝다. 이미 자리 잡은 이커머스 사업부를 유지하거나 성장시킬 수 있는 인재는 많겠지만 아무것도 갖춰져 있지 않은 맨땅에서 비즈니스를 성공시키는 건 난이도의 차원이 다르다.

그렇지만 이커머스에서 활로를 찾고 있는 회사 대표들은 유능한 직원만 채용하게 된다면 온라인에 뺏긴 마켓셰어를 화려하게 부활시킬 수 있을 거라고 착각한다. 안타깝지만 그런 일은 일어나지 않는다. 그렇게 유능한 직원은 채용시장에 존재하지 않는다. 유니콘을 찾는 게 빠르다. 그 정도로 뛰어난 이커머스 전문가는 이미 창업을 다 했다. 이커머스 창업 비용은 0원에 가깝다고 이미 말하지 않았는가. 나도 쓰다 남은 용돈 3만 원으로 온라인 창업을 했었다.

결국 이커머스에서 성과를 내려면 대표가 온라인 판매에 관한 전문적인 지식을 배우고 실행하며 수많은 시행착오를 거친 끝에 노하우를 내재화시켜야 한다. 그리고 이를 잠재력이 있는 직원들에게 전수하면서 그들의 역량을 성장시켜야 한다. 이미 실력을 보유한 인재가 아니라, 태도가 좋은 인재를 채용해서 함께 역량을 키워 나가는 게 유일한 방법이다. 그렇기 때문에 대표가 우선 이커머스 전문가가 되어야만 한다. 대표가 주방을 모르면 그 중국집은 망하듯 대표가 온라인을 모르면 이커머스는 성공할 수 없다.

조금만 생각해 보면 너무나 당연한 이 원리를 나 역시 망각하면서 8년 동안 헛짓을 했었다. 아마존에서였다. 정글 아마존 말고 미국 아마존 말이다. 나는 풍부한 경험을 갖춘 아마존 전문가를 채용해 해외에서 큰 성공을 거둘 거라는 말도 안 되는 상상을 하면서 8년 동안 허송세월하였다. 우리 회사의 아마존 고군분투기는 지난한 여정이었다.

2014년 우리 회사가 안암동에 있을 때 아마존 판매를 시작하려고 알바몬에 '영어 할 줄 아는 아르바이트생' 구인 공고를 냈다. 마침 취업 준비 중이던 고대생이 지원했다. 나는 그 아르바이트생에게 아마존에 계정을 만들어서 제품을 파는 간단한 일만 하면 된다고, 모든 건 알아서 배워서 하라고 했다. 운 좋게도 그 친구는 실행력과 문제 해결 능력이 뛰어났고, 혼자서 여기저기 노하우를 알아보고 아마존 커뮤니티에 가입해서 활동도 하고 그러더니 석 달 만에 몇천 불의 매출을 만들어 냈다. 실력도 있고 인성도 좋아서 정규직으로 전환시켰다. 그리고 몇 달 더 지나자 아마존에서 월 1만 불이 넘는 매출을 올렸다. 당시엔 아마존 코리아도 없을 때였고 정보도 부족한 때라서 꽤 놀라운 성과였다. 하지만 앞서 내가 언급한, 너무나 당연한 법칙이 이때 작동했다.

1만 불을 넘긴 지 얼마 지나지 않았을 때 그 친구가 나를 찾아오더니 '그동안 많이 배웠다'라며 창업을 하겠다고 사직서를 냈다. 너는 뭘 해도 성공할 거라고 응원하면서 그 친구를 떠나보냈다. 이후 그 친구는 아마존에서는 고전을 면치 못했지만, 국내 이커머스에서는 어느 정도 성공을 거두었다. 후임으로 두 명의 직원을 채용했는데, 이 두 친구의 성과는 첫 번째 직원의 절반에도 미치지 못했다. 대신 퇴사도 없었다. 아마 이 친구들은 창업하더라도 회사 급여 이상의 수익을 올리기 힘들 거라는 걸 직감적으로 알고 있었을 것이다.

그렇게 3, 4년 고전을 면치 못하다가 해외 온라인 판매에 한계를 느껴 판로를 B2B 수출로 전환했다. 박람회를 다니면서 그 국가의 온라인 판매를 잘하는 총판업체와 계약을 해서 해외 판매의 실타래를 풀어 보려고 시도했다. 성실하고 유능한 직원이 합류해서 함께 박람회를 다니면서 열심히 바이어를 개척하던 중에 코로나19 사태가 터졌다.

박람회를 통한 해외 영업이 불가능해지자 2020년 나는 아마존 판매에 재도전했다. 당시 우리 해외 영업 담당자는 습득력이 좋아서 아마존 판매 노하우를 빠르게 배우고 익혔다. 판매 중에 궁금한 건 아마존 코리아에 문의해 가면서 볼륨을 키워 나갔다. 하루에 1천 불을 넘긴 지 얼마 되지 않아서 일 2천 불까지 매출을 올렸다. 잘될 때는 월 4만 불이 넘는 매출을 올렸다. 그리고 그 담당자는 둘째 출산을 앞두고 휴직을 한 후 육아 문제와 개인적인 사정으로 복직이 곤란해졌다. 아마존은 원점으로 되돌아갔다. 새로운 직원이 맡았지만 다시 지지부진해졌다.

올해 여름 나는 다시 아마존 경력자 채용 공고를 냈고, 사람인과 잡코리아의 이력서를 검토했다. 그렇게 이력서를 훑어보던 중 내가 얼마나 멍청한 짓을 하고 있는지 불현듯 깨달았다. 주방을 모르고 중국집을 개업하려고 하는 게 바로 나 자신이 아닌가. 주방을 몰라서 몇 번씩이나 중국집을 말아먹었는데 또다시 요리사 구인 공고를 살피고 있다니.

'이커머스는 국내든 해외든 대표가 모르면 성공하기 힘든 게 너무나 명확한데, 내가 정말 한심한 짓을 하고 있었구나.'

나는 그동안 아마존에 직접 제품 등록 한 번 하지 않았고 광고 세팅도 해 본 적이 없다. SEO 작업은 물론, 고객에게 피드백 요청도 해 본 적이 없다. 아마존의 다양한 딜 어디에도 내가 직접 기획해서 참여해 본 적이 없고 하물며 동종업계 경쟁사 조사조차 하지 않았다. 그러면서 나는 이 모든 게 채용이라는 쉽고 간단한 방법으로 풀릴 거라는 비현실적인 상상 속에 있었던 거였다. 마치 3년 동안 온 힘을 다해서 공부해도 어려운 대입 시험을 대리 시험으로 손쉽게 해결할 수 있다고 착각하면서 딴짓하고 있는 학생 같았다. 양파껍질 한 번 까 보지 않고 마늘 한 번 다져 보지 않은 채 주방장만 믿고 중국집을 개업한 무모한 은퇴자와 내가 도대체 뭐가 다를까 자각하게 되었다.

그렇게 각성한 이후 나는 아마존 유료 교육을 찾아 받기 시작했고, 아마존 셀링 관련 유튜브를 보고, 아마존 책을 읽고 아마존 셀러 관리자 페이지에 접속해서 각종 데이터를 다운받아 분석하기 시작했다. 스터디 모임을 만들어서 아마존 셀링 커뮤니티를 만들고 오픈 채팅방에 가입해서 아마존 관련 트렌드를 파악하기 시작했다.

내가 이렇게 아마존에 대해 배우고 직접 실행해 가며 경험을 쌓는다고 아마존 비즈니스가 성공하리란 보장은 없다. 오히려 시간만 뺏기고 실패할 확률이 더 높다. 그 시간에 조직 문화를 개선하고 팀장들의 리더십 관리, 채용과 인재 육성, 제품 개발과 마케팅의 우선순위를 챙기는 게 훨씬 효과적일 수 있다. 재무 회계상 숫자들을 면밀히 살펴서 낭비되는 비용을 줄이고 이익을 개선하는 데 시간을 쓰거나 대시보드 툴을 고도화시켜서 전사적으로 회사의 목표와 실적을 공유하며 원팀 문화를 만드는 데 시간을 쓰는 게 더 유용할 수 있다. 아니면 매장을 한 군데라도 더 방문해서 점주를 격려하고 현장의 소리를 듣는 게 더 가치 있을지 모르겠다.

하지만 그럼에도 불구하고 나는 아마존에 직접 제품 등록을 하고 광고 효율을 분석하고, 수동 키워드를 뽑는 데 내 시간을 아낌없이 쓰고 있다. 부족한 영어 실력을 번역기와 챗GPT로 보완해 가며 아마존 관리자 페이지를 꼼꼼하게 살펴보고 있다. 그 이유는 두 가지다.

첫째, 우리 회사의 경쟁력은 온라인이라고 믿기 때문이다. 우리 팀은 제품도 잘 만들고 서비스도 좋으며 물류도 효율적으로 운영한다. 하지만 우리가 가장 잘하는 건 온라인으로 제품을 파는 것이다. 국내 이커머스에 대해 나도 잘 알고 있으며, 우리 멤버들도 수준급이다. 우리 팀이 가진 온라인 판매 능력은 해외에서도 빛을 발할 수 있을 거라고 믿는다.

둘째, 점진적 성장은 국내 마켓에서도 가능하지만 급성장은 해외에서만 가능하다고 여기기 때문이다. 연간 20%, 30% 성장은 우리나라 내수 시장에서도 얼마든지 가능하다. 하지만 200%, 300% 성장은 해외가 답이다. 주변에 급성장하고 있다고 소문난 회사들을 조사해 보면 열에 아홉은 해외 판매에서 큰 성공을 거둔 경우다.

그래서 나는 아마존 판로 개척을 최우선 순위에 두며 밑바닥 지식을 쌓는 중이다. 당근을 볶고 소스를 끓이면서 요리를 배우듯 꼼꼼하게 디테일을 챙기면서 주방을 배우고 있다.

최근 삼성전자가 위기라고 언론에 자주 나온다. 주가가 하락하고 부문장이 나와 사과를 한다. 삼성 위기론에 관한 전문가들의 다양한 분석 중 내 눈길을 끌었던 건 경영진이 재무 출신으로 채워져서 그렇다는 주장이다. 과거 삼성이 고속 성장을 할 당시 경영진은 연구 개발 출신이 주류를 이루었다. 그런데 근래에는 기술에 대해 잘 모르는 재무통이 경영진을 장악하면서 단기 이익은 개선이 되었으나 미래 기술에 대한 통찰력을 잃게 되었다는 분석이다.

삼성 같은 대기업이든, 동네 중국집이든 본질은 똑같지 않을까? 최종 의사결정권자가 업의 본질에 대한 기초 지식, 바닥 경험이 탄탄하지 못할 경우 그 비즈니스는 성공하기 쉽지 않을 것이다. 운 좋게 성공하더라도 지속 성장이 어려울 것이다. 내가 8년 동안 아마존에서 우를 범했던 것처럼.

위임을 하더라도 대표가 충분한 인사이트가 있는 상태에서 위임하는 것과 뭣도 모르면서 일을 시키는 것은 하늘과 땅 차이다. 주방 일을 잘 알면서 주방장에게 주방을 맡기는 것과 요리의 '요' 자도 모르면서 주방장에게 주방 일을 일임하는 건 차원이 다르다. 게다가 대표가 핵심 기술과 노하우로 똘똘 뭉쳐 있어도 성공이 담보되진 않는다. 디테일을 챙긴다고 비즈니스가 다 성공하는 건 아니다.

어제저녁에 아내와 족발을 먹으러 일원동에 다녀왔다. 나름 맛집으로 유명한 곳이었는데 다 먹고 돌아오는 길에 맛이 평범하다고 대화를 나눴다. 왜 예전처럼 족발이 맛있지 않을까? 우리 부부가 분석한 이유는 세 가지였다.

첫째, 나이가 들어서다. 나이가 들면 소화 기능이 약해져서 우리 몸이 단백질과 지방이 많은 고기류를 덜 맛있다고 느끼게 바뀐다고 한다. 의학적으로 증명된 사실인지는 모르겠다.

둘째, 불편한 진실 때문이다. 공장식 축산의 문제점에 대해 알게 되었고 채식이 낫다는 믿음이 커지다 보니 고기 맛을 즐기지 못하는 것이다.

마지막 이유는, 배가 불러서 그렇다는 거다. 내가 볼 때 이게 가장 설득력이 있다. 가난하던 신혼 시절, 월급날을 손꼽아 기다려서 사 먹었던 족발은 입에서 살살 녹았다. 하지만 더 이상 그런 결핍이 없다. 한여름 뙤약볕에서 땀을 뻘뻘 흘리며 타는 갈증 끝에 마시는 생수 한 잔과 일일 수분량을 채우려고 억지로 마시는 물맛이 어떻게 같을 수가 있을까?

족발이 그냥 그런 맛이었다는 건 다시 말해 내가 배가 불렀다는 거다. 이제는 복부에 지방이 끼고 족발은 더 이상 귀하지 않은 음식이 되었다. 언제라도 먹고 싶을 때 먹을 수 있는 음식이 되다 보니 그 맛이 더 이상 특별하게 와닿지 않는다. 2024년도에 이런 표현이 적절한지는 모르겠지만 예전 표현으로 하면 '헝그리'하지 않다는 거다. 절실함과 절박함이 사라진 거다.

아무리 내가 디테일을 챙기면서 아마존에서 성공하기 위해 부단히 노력한다고 하더라도 결국 승패는 '헝그리 정신'에서 결정될 것이다. 아마존에는 나보다 1만 배는 더 절박한 경쟁자들이 목숨을 걸며 상품을 판매하기 위해 애쓰고 있다. 과연 내가 이들과 경쟁해서 이길 수 있을 것인가?

절박하다는 건 수단과 방법을 가리지 않고 될 수밖에 없는 이유를 찾는 것이다. 배가 불렀다는 건 잘 안되는 이유를 설명하는 것이다. 팀원도 어려운 여건에서도 어떻게 해서라도 성과를 내려고 노력하는 부류와 왜 안 되는지 이유부터 들이미는 부류로 나뉘지 않는가.

시스템과 돈이 있으면 덜 절박하더라도 성공할 수 있다. 절박함+시스템+돈의 총량이 얼마인지에 따라서 승부가 결정된다. 여기서 절박함에는 가중치 2를 곱해야 한다.

그래서 우리 브랜드가 8년간의 시행착오를 이겨내고 드디어 큰 성공 사례를 만들어 낼 수 있을까? 대표의 절박함과 더불어 강력한 멤버들의 역량과 풍부한 예산을 투입한 끝에 마침내 7전 8기의 성공

스토리를 쓸 수 있을까? 한식, 중식, 양식 할 것 없이 주방을 속속들이 꿰뚫고 있어서 흑백요리사에서처럼 '합격'의 소리를 듣는 영광을 누릴 수 있을 것인가.

그러기를 간절히 바라지만, 만약 그렇지 못하더라도 괜찮다. 그 과정에서 나와 우리 팀은 분명 또 다른 뭔가를 배우고 성장할 수 있을 것이다. 주방 일을 배워 두면 만에 하나 중국집이 망하더라도 퇴근 후 아내에게 맛있는 자장면 한 그릇 대접할 실력은 쌓을 수 있을 테니까.

2부

사업 이야기

출근길이 설레는 회사

처음 창업할 때 '직원들이 아침에 눈 뜨면 출근이 설레는' 그런 회사를 만들어 보자고 다짐했다. 그 마음가짐은 지금도 여전하다. 오늘날 기업은 주주, 직원, 고객, 지역사회 이 네 가지 영역에서 균형감 있게 기여해야 한다고 생각한다. 특히 직원은 회사를 이루는 핵심인 만큼 이들이 좋은 환경에서 각자의 재능을 발휘하고, 이를 통해 성취감을 느끼며, 경제적인 보상까지 충분히 받았을 때 비로소 기업의 의무를 다했다고 생각한다.

좋은 일자리에 대한 정의는 다양하겠지만, 내가 생각하는 좋은 일자리는 출근할 때 설레고 퇴근할 때 가슴 뿌듯한, 일을 통해 개인이 성장하고 보람을 느끼는 것이다. 높은 연봉과 다양한 복지, 안정적인 고용 등 모두 좋은 일자리를 구성하는 요소이지만 무엇보다 중요한 건 일을 통해 성취감을 느낄 수 있는, 그런 조직 문화를 갖춘 회사라고 생각한다.

직원들이 자유롭게 본인의 아이디어를 낼 수 있고, 업무에 있어 부당함이 존재하지 않으며, 능력에 따라 수평적으로 의견교환이 가능하고, 공정하게 성과를 평가받으면서, 유능하고 합리적인 선후배 동료들과 의미 있는 비전을 달성할 때 비로소 직원 개개인은 일을 통해 삶의 충만함을 느낄 것이며, 우리가 꽤 괜찮은 회사에 다니고 있다고 자부할 것이다.

이는 좋은 일자리를 위해 규정된 조건이라기보다는 하나의 지향점이며, 꾸준하게 그 목표를 향해서 한 걸음씩 나가다 보면 어느 순간에 '우리 회사가 몰라보게 좋아졌구나'라고 느끼는 순간이 올 것이다. 그 지향점을 향해 진정성을 가지고 묵묵히 걸어갈 것이다.

신사업, 냉정과 열정 사이

대학을 졸업한 지 얼마 안 된 사회 초년생 시절이었다. 당시 근무했던 한 중소기업에서 죽이 잘 맞는 동료 두 명이랑 점심을 먹다가 번뜩 아이디어가 하나 떠올랐다.

"곧 있으면 칠월칠석인데, 우리 연인들한테 떡 좀 팔아 볼까?"

요지는 이거였다.

'밸런타인데이니, 화이트데이니 하면서 연인들 사이에 초콜릿과 사탕을 돌리는데 이는 너무 상업화된 서구 문화다. 우리나라엔 이미 1천 년 전부터 연인의 애타는 감정을 기리는 '칠월칠석'이라는 특별한 연인 데이가 존재하니 이를 활용하자. 초콜릿이나 케이크 말고 전통적인 떡 콘셉트로 하면 힙하고 재미있어서 연인들이 줄 서서 서로 선물해 줄 거다.'

이 아이디어에 동료 두 명 모두 '재미있을 거 같다'라고 흔쾌히 동의해 준 덕분에 일은 일사천리로 진행되었다. 1인당 30만 원씩, 총

90만 원을 모은 후 견우떡, 직녀떡, 오작교떡(무지개떡)을 만들어서 칠월칠석날 당시 연인들의 핫플레이스였던 대학로로 향했다.

결과는?

처참했다. 우리 노점 가판대 옆의 노숙자 한 분이 배고프다고 하나 사 먹은 게 유일한 매출이었다. 대학가 연인들은 낄낄대면서 재미있다고만 할 뿐 구입하지도 선물하지도 않았다. 자정을 넘겼을 때 동료 중 한 명이 해결책으로 견우고, 직녀고, 오작교고 다 필요 없고 이 시간 배고픈 사람들한테 떡을 팔자고 해서 동대문 도매시장으로 장소를 옮겨 새벽까지 뛰어다닌 덕분에 결국 그 많던 떡들을 거의 다 팔았다. 그리고도 남은 떡은 다음 날 회사 부장님께 지인에게 선물하시라고 강매하다시피 떠넘겼다. 그렇게 우리들의 첫 사업 도전은 절반의 성공과 절반의 실패로 마무리가 되었다.

사업은, 특히 새롭게 하는 신사업은 언제나 어렵다. 우선 실행의 첫걸음을 떼는 것부터 어렵다. 대부분의 아이디어가 실행의 문턱을 넘기지 못하고 폐기된다. 머릿속에 반짝 떠오른 아이디어는 하루를 넘기지 못하고 사장된다. 바로 잊어버리는 경우도 있고, 노트나 모바일 메모장에 기록하는 데까지는 성공했으나, '언젠가 기회가 되면'이라는 포스트잇을 붙이고 까마득한 주의력 저편으로 버려지는 경우도 많다. 그동안 생각만 하고 실행하지 못했던 무형의 그 수많은 아이디어를 유형으로 바꾸어 보면 어마어마한 산더미처럼 쌓여 있을 것이다.

스쳐 지나가는 아이디어를 간신히 붙잡아서 메모하고, 운 좋게 사업성까지 발견했더라도 이를 계획화하는 과정이 또 지난하다. 머릿속에서 사업을 구상하는 것과 그걸 사업계획서로 작성하는 건 난이도의 차원이 다르다. 시장을 분석하고 차별화된 경쟁력을 찾아서 예산과 영업 계획을 세우고, 이를 스케줄링해야 한다. 생각을 떠올리며 상상하는 건 쉽지만 이를 문서화시키는 작업은 훨씬 어렵다. 내일 해야지, 내일은 꼭 해야지 그러면서 몇 달이 흘러가 버린다. 여전히 나의 구글 드라이브 폴더 중 하나에는 '기막히지만 문서로 만들어지지 못한' 몇 개의 아이디어가 '언젠가'를 기다리며 잠자고 있다.

타이밍이 좋아 운 좋게 신사업의 첫발을 내디딘 아이디어의 경우, 진짜 고난의 행진은 그때부터 시작된다. 첫 실행까지도 어렵지만 진짜 난관은 실행 후부터다.

한 달 전쯤 우리 유아화장품 분야 신사업을 맡아서 진행했던 담당자 M이 계약만료로 퇴사했다. 그로잉업팀이라고 야심 차게 팀명을 짓고 출발한 지 5개월. 단 한 명의 멤버로 '네 시작은 미약하였으나 그 끝은 심히 창대하리라'라는 큰 꿈을 품고 도전했으나, 다시 원점으로 되돌아왔다. 제품은 출시되었는데, 판매 담당자는 부재 상태다. 다른 팀에 맡기려다가 이도 저도 안 될 것 같아서 우선 아르바이트를 한 명 채용했다. 이 신사업이 어떻게 전개될지 솔직히 대표인 나도 궁금하다. 성공시키기 위해 부단히 노력하겠지만, 미래는 언제나 불투명하다.

신사업을 실행할 때 만나는 첫 번째 난관은 채용이다. 기존 전개 중인 사업보다 100배는 더 채용이 어렵다. 언제 망할지 모르는 신사업에 누가 입사 지원을 하겠는가. 게다가 팀도 제대로 꾸리지 않고 채용공고에 'A부터 Z까지 모든 걸 할 수 있는 다재다능하고 열정적인 인재를 찾는다'라는 식으로 써 놓으면, 내가 구직자라도 선뜻 지원서를 제출하지 못할 거 같다. 올 초에 출발한 이 사업의 채용공고에 지원한 사람 중 그나마 업무 연관성이 조금이라도 있는 후보는 M 한 명이었고, 나는 M이 탁월할 거라는 기대를 하며 합격 안내를 했다. 그리고 수많은 시행착오 끝에 첫 제품 론칭까지는 그가 꾸역꾸역 이끌고 왔으나, 이후의 성공까지 그가 만들어 낼 수 있겠다는 확신이 들지 않아서 계약을 종료시켰다.

이왕 신사업을 하기로 결정했으면 좀 더 폼나게 팀을 꾸려서 스타트하는 게 맞지 않을까? 나는 이커머스 비즈니스를 한 지 15년이 넘었다. 그동안 수많은 시행착오를 통해 배운 점은 신사업은 언제나 내예상보다 어렵고, 내 예상보다 오래 걸리고, 내 예상보다 더 많은 돈이 투자된다는 점이다. 그래서 처음 시작할 때는 언제나 한 명 혹은 아르바이트를 통해서 가볍게 출발했다. 지난해 론칭했던 또 다른 신규 브랜드는 욕심이 커서 처음부터 팀을 세 명으로 구성해 시작해 보았는데, 결국 비용만 세 배로 들고 매출은 지지부진해서 한 번 더이 원칙을 확신하게 되었다. 어쩔 수 없이 사람은 개인적 경험을 통해 자신만의 확증편향을 가질 수밖에 없으니까.

물론 정말 뛰어난 리더들은 탁월한 인재를 스카우트하고, 강한 팀을 조직한 후 온 멤버들이 열정을 다할 수 있게 동기부여를 하며 초기 세팅을 한다는 점을 잘 안다. 나는 역량 부족 탓인지, 노하우 부족인지, 개인적인 성향인지 그냥 작게 시작해서 크게 키우는 게 부담도 적고 유연하게 변화에 대처해 나갈 수 있었다.

팀이 제대로 갖춰지지 않은 상태에서 채용된 신사업의 첫 직원은 평범할 확률이 높다. 그런데, 대한민국의 이커머스에선 평범한 직원이 도전해서 신규 시장을 개척해 성공하기는 여간 어렵지 않다. 평범한 직원이 입사했다는 의미는 곧 첫출발은 고전을 면치 못할 게 확실하다는 의미이다. 결국 첫 번째 평범한 직원이 낮은 단계이기는 하지만 어느 정도 결과물을 만들어 놓으면, 다음 멤버가 바통을 넘겨

받아서 문제점을 개선해 나가고, 그러면서 어느 정도 신사업의 모양이 나오면 그제야 뛰어난 직원이 합류하는 시나리오가 현실적이다.

바깥에서 관전하면 신사업의 문제도 잘 보이고 해법도 금방 찾을 수 있을 것 같다. 월드컵 경기 때만 봐도 우리나라 전 국민이 최고의 코치와 감독이 되어서 선수들의 잘잘못을 냉혹하게 지적하지 않는가. 특히 뒤지고 있는 경기의 경우 내 말대로만 뛰어도 바로 역전이 될 거 같은데, 선수들 플레이가 영 못마땅하다. 신사업도 그렇다.

남이 하는 건 다 쉬워 보이고, 해결책이 술술 나온다. 하지만 막상 당사자가 되어서 실행해 보면 디테일을 챙기는 게 얼마나 어려운지, 풀기 힘든 문제는 왜 이렇게 많은지, 사람 관리에 시간이 블랙홀처럼 빨려 들어가는데 결과는 늘 이 모양인지, 직접 현장에서 뛰는 사람만이 그 고충을 안다. 이러한 문제를 풀어 나갈 때는 두뇌의 스마트함도 필요하지만, 무엇보다 중요한 건 '끈기'다. 문제가 풀릴 때까지 버텨야 한다. 그런데 모든 인간의 인내심은 한계치가 있기 때문에 '의지력'만으로 버티기에는 역부족이다. 이 일을 좋아하고 재미를 느껴야 버텨 낼 수 있다. 그렇다면 어떻게 하면 이 일이 재미있을까?

세상에는 수많은 재미가 존재하지만 크게 2개로 나누자면 '쓰는 재미'와 '버는 재미'로 구분될 것이다. 돈도 마찬가지다. 돈 쓰는 재미와 돈 버는 재미가 있다. 안타깝게도 이 두 가지의 재미는 공존하기가 힘들다. 돈 많은 부자들이 왜 인색할까? 돈 버는 재미가 더 크기 때문이다. 카드깡을 하면서 명품을 사는 이는 돈 버는 재미는 포기하고 '쓰는 재미'에 빠져 있는 것이다.

'쓰는 재미'가 아무리 크더라도 '버는 재미'를 따라올 수는 없다. 비즈니스 역시 금액이 적더라도 '버는 재미'를 맛보면 버틸 힘이 난다. '버는 재미'는 생명수다. 그런데 '버는 재미'를 맛보기가 '쓰는 재미'를 맛보기보다 1만 배는 더 어렵다. 그러다 보니 '버는 재미'를 꿈꾸며 고난의 행군을 하다가도 어느 순간이 되면 더 이상 버티지 못하고 휙 '쓰는 재미'로 돌아선다. 언젠가 먼 미래에 오늘 쓴 돈이 '비용'이 아니라 '투자'로 되돌아올 것이라는 망상을 하며. 하지만 냉정하게 보자면 '버는 재미'를 포기한 것이다. 신사업은 그 순간부터 내리막길을 걷게 된다.

나 역시 그동안 신사업을 벌이고 망하고, 벌이고 망하고를 반복하다가 운 좋게 가끔 성공하는 패턴을 그려 왔다. 어제까지 전혀 경험해 보지 못한 분야에 새롭게 도전을 내미는 모든 행위는 신사업으로 간주해도 될 것이다. 국내에서만 생산하다가 중국으로 날아가서 공장을 개척한 것도 어찌 보면 신사업이고, 온라인에서만 판매하다가 매장을 낸 것도 어찌 보면 신사업이다. 국내에서 팔다가 해외 바이어를 찾아서 박람회를 다니고 아마존에서 성공해 보려고 애쓰는 모든 시도들도 신사업일 것이다.

　가벼운 실패도 있고, 후회가 많이 남는 뼈아픈 실패도 있다. 2010 년경 오픈했던 중국무역 직거래 사이트는 아직까지 아쉬움이 남는다. 아이템도 좋았고 시기도 빨랐다. 중국 무역을 하다 보니 수입을 체계적으로 하고 싶어 하는 이들이 많아서 시작하게 된 신사업이었다. 상당한 거금의 돈을 투자해서 외주 제작사를 통해 오픈마켓 플랫폼을 만들었다. 중국에 체류하는 무역회사와 벤더, 교포들이 우리 사이트에 중국 제품을 등록하면 한국에 있는 수입업체 등이 직접 구매하는 플랫폼이었다. 당시 나까마(지금은 도매꾹이라고 사이트 명을 바꾸었다)라는 사이트가 수입업체와 소매상을 연결해 주고 있었는데, 그 위로 한 단계 더 올라간 모델로, 수입업체들이 중국에서 손쉽게 제품을 소싱하고 주문 생산을 투명하게 진행할 수 있게 만들어 주는 플랫폼이었다.

　오픈마켓 플랫폼을 잘 만드는 개발사를 찾아가서 제작을 맡겼고, 중국 현지에 판매자 유치를 할 수 있는 인력을 구비했다. B2B 업체를 대상으로 광고를 하면서 거래는 꽤 빠르게 늘기 시작했는데 문제는 예상하지 못한 곳에서 터졌다. 세금이 문제였다. 중국에서 등록한 제품이 판매되면, 우리는 한화로 돈을 입금받아서 중국 판매자에게 인민폐로 정산을 해 줬다. 이때 매입 세금계산서 처리와 환전 이슈가 발생했다. 만약 지금의 나라면 좀 더 노련하게 이 문제를 해결했을 거 같다. 하지만 당시 사업 5년 차였던 나는 세금 문제를 해결해 보려고 국세청이며, 은행이며, 세무사를 찾아다니며 사방팔방 뛰어다녔으나 역부족임을 깨닫고 결국 포기했다. 지금은 알리바바며 알리익스프레스가 이미 대중화되었기에 이 비즈니스 모델은 더 이상 유효해 보이지 않는다.

모든 실패의 전장에는 경험의 탄피가 뿌려져 있다. 이를 밟고 지나쳐 버릴지, 주섬주섬 주워서 다음 전장의 교훈으로 활용할지는 각자의 선택이다. 전투에서 패배한 후 그대로 그곳을 떠난다면 컴퓨터 앞에서 지새웠던 수많은 시간과 멤버들의 '노력'과 에너지는 모두 0으로 초기화된다. 이는 어찌 보면 지구 자원의 낭비다.

만약 사람이 하나의 기업이라면 태어나서 일어서기, 안 넘어지고 걷기, 줄넘기하기, 자전거 타기 등 모든 것들이 어제까지는 하지 않았지만 오늘부터 새롭게 시작하려고 마음먹은 신사업들이다. 우리 모두 수없이 엉덩방아를 찧고, 줄넘기에 걸리고, 자전거에서 넘어지는 실패의 과정을 거쳤지만 결국 신사업에 성공한 사람들이다. 물론, 목표한 대학 가기, 첫사랑과 연애하기 등 실패한 신사업도 많지만 그때마다 우리는 지혜를 배우고 성숙해졌다.

내가 구상하고 있는 나의 다음 신사업은 '바퀴'에 관련된 것이다. 이 아이디어는 기막히다(아이디어 생성자는 과대망상에 빠져 있다는 메타인지를 하고 있다). 이것을 '언젠가 기회가 되면'의 꼬리표를 붙이고 책상 서랍 속에 묵혀 놓을지, 현실 속에서 실제로 실행할지는 아직은 잘 모르겠다. 아마 기존 사업의 안정화 상태와 외부 요인에 따라 실행 여부가 결정될 것이다.

끊임없이 신사업을 찾아서 실행하는 건 중요하다. 하지만 이보다 중요한 건 기존 사업을 더 단단하게 성장시키는 것이고, 이미 시작한 신사업을 튼튼하게 잘 키워 나가는 것이다. 우선순위 설정을 제대로 하지 못하면 메뉴 122개를 가진 김밥천국 같은 브랜드가 될 수 있다는 경각심을 가져야 한다. 신사업의 우선순위는 깐깐한 필터를 거쳐서 선별해야 하며, 아무리 작게 시작하는 신사업이더라도 대표의 에너지가 분산되는 만큼 신중에 신중을 기해야 한다.

그럼에도 불구하고 우리는 탐험가처럼 미지의 세계를 향해서 신사업에 도전할 수밖에 없다. 그것이 기존 사업과 연관성이 큰 분야이든, 전혀 새로운 분야이든. 루이스 캐럴의 『거울 나라의 앨리스』에 나오는 붉은 여왕이 사는 곳처럼 비즈니스 세계에서는 멈춰 있으면 자신도 모르게 어느새 한참 뒤로 퇴보되어 있다. 신사업 개척을 통해서 두 배는 더 빨리 달려야 한다. 비록 신사업은 아이디어 발굴보다 계획 수립이 어렵고, 계획보다 실행이 어려우며, 실행보다 문제 해결 과정이 더 어렵고, 점진적 문제 해결보다 혁신이 압도적으로 어렵다는 걸 알고 있지만 말이다.

나의 망한 첫 번째 신사업인 오작교떡처럼 처음 떠올린 아이디어의 열정은 뜨겁다. 그 뜨거운 열정으로 신사업은 시작된다. 그러나 대부분의 신사업이 그러하듯 성공까지 가는 과정은 얼음장처럼 차갑고 냉정하다. 그 열정과 냉정 사이 어딘가에서 길을 헤매며 해법을 찾고 있는 나를 비롯한 모든 창업자가 까치와 까마귀가 만든 오작교를 밟고 데스밸리를 건너서, 꿈에 그리던 견우와 직녀를 성공적으로 만날 수 있기를 기대한다.

보람 반 스푼, 보상 반 스푼

회사를 운영하는 대표들과 직원들의 동기부여와 관련해서 얘기를 나누다 보면 크게 두 가지 부류로 나뉜다. 돈으로 보상하는 게 중요하다는 측과 사명감이 더 중요하다는 측이다.

나는 처음엔 금전적인 보상이 중요하다고 철석같이 믿으면서 회사를 운영했었다. 하지만 경영서적과 컨설팅, 리더십 강의를 통해 사명감이 더 중요하다는 걸 배웠다. 하지만 막상 사명감을 부여하고 성취감과 보람을 느끼는 조직 문화를 만들기 위해 부단히 노력해 봐도, 보상이 뒤따르지 않으면 무용지물이라는 걸 깨달았다.

그 뒤로 나는 '보상이 중요하냐, 사명이 중요하냐'라는 정답 없는 대화에 잘 끼지 않는다. 보상의 중요성이 절반, 사명의 중요성이 나머지 절반이니 '어떤 게 더 중요하냐'라는 논쟁 자체가 '엄마가 좋아? 아빠가 좋아?'라는 식의 답이 없는 질문이다. 보상과 사명 모두 중요하며, 적절한 균형이 필요하다는 게 정답이다.

15년 전인 2008년쯤이었을 것이다. 중국에서 무역을 할 때 한 바이어가 인형을 수입해 갔는데 나날이 그 물량이 늘어났다. 직접 만나 대화를 나눠 보니 사행성 게임인 '바다이야기'에 인형을 납품하고 있었다. 들어 보니 상당히 큰돈을 벌고 있었다. 그분은 내게 바다이야기 같은 게임기를 같이 만들어서 한국에 유통하자는 제안을 했다.

밤에 침대에 누워서 곰곰이 생각해 보았다. 돈을 버는 건 좋다. 큰돈을 버는 건 좋은데 그렇지만 아무리 생각해도 바다이야기는 너무 나간 거 아닌가. 앞으로도 이런 유혹들이 수없이 많을 텐데, 해야 할 일과 하지 말아야 할 일의 기준을 세워야 앞으로도 흔들리지 않을 거 같았다.

그때 세운 기준이 '내 아이가 친구에게, 혹은 선생님께 아빠가 뭐 하는지 얘기할 때 자랑스러운 일'만 하자는 거였다. 아이에게 부끄러우면 아무리 돈이 되더라도 하지 말아야겠다고 다짐했다. 바다이야기는 절대 자랑스럽지 않다. 이러한 원칙을 확고하게 정하고 나니 마음이 한결 홀가분해졌다. 그분께는 사정상 더는 인형을 납품할 수 없다고 양해를 구하고 다른 업체를 알아보라고 말씀드렸다.

하지만 동시에 무작정 공익만 추구할 수는 없다. 나 역시 대학 시절 야학이니 농활이니 NGO 활동이니 여기저기 많이 쫓아다녔지만, 수익이 너무 적어서 흥미를 잃었다. 더 좋은 세상을 만들겠다는 높은 사명감을 가진 분들은 저임금으로도 뚜벅뚜벅 갈 길을 헤쳐 나가겠지만, 나 같은 범인은 적절한 보상이 뒤따르지 않으면 금방 열정이 식는다.

최근 회사 내에 채용이 한창 진행 중이다. 어떤 지원자는 연봉에 더 연연하는 거 같고, 어떤 후보자는 비전을 더 크게 보는 거 같다. 결국 기업은 이 둘을 절묘하게 잘 조합한 레시피를 제공해야 입맛 까다로운 인재의 발길을 붙잡을 수 있지 않을까.

팀이 판다

인터넷 쇼핑몰은 1인 창업이 가능하다. 부업이 아닌 본업 중 소자본으로 1인 창업이 가능한 몇 안 되는 업종 중 하나다. 컴퓨터 한 대와 열정만 있으면 된다. 서점이나 유튜브, 네이버 카페 등에 보면 1인 인터넷 창업가들의 놀라운 활약상들이 잘 나와 있다. 실제로 1인 창업가들이 팀보다 유리한 점이 상당히 많다. 제품 소싱부터 최종 고객 서비스까지 모든 서비스를 완벽하게 이해하고 통제하며 최적의 효율을 추구할 수 있다. 업무처리 속도도 빠르고, 스스로 의사결정을 바로바로 내릴 수 있다. 커뮤니케이션 비용도 발생하지 않고 감정적인 에너지 소모도 없다. 눈치 볼 일도 없으며, 마음대로 행동할 수 있다. 실패에 대한 리스크는 적고 성공의 결과물은 모두 가져갈 수 있다. 장점이 아주 많다.

하지만 1인 비즈니스의 한계는 명확하다. '시간'이 유한하다는 점이다. 누구에게나 24시간밖에 주어지지 않는다. 내가 아무리 두뇌 회전이 빠르고, 몸이 민첩하고, 스마트하게 일을 하더라도 그래 봐야

남들의 2~3배 수준에 불과하다. 10배, 100배 더 빠른 속도로 생산성을 향상시키는 것은 불가능하다. 회사가 어느 정도 규모가 되면 한계에 봉착할 수밖에 없다.

특히, 사람은 기계와 달리 호르몬의 영향을 받고 에너지는 컨디션에 따라 변한다. 눈 뜨면 최상의 컨디션으로, 열정적으로 일을 할 때도 있지만, 가끔은 침울하거나 나태해질 때도 있다. 초여름 날씨처럼 사람의 에너지에도 화창한 때도 있고 흐릴 때도 있으며, 소나기가 쏟아질 때도 있다. 혼자서 하다 보면 잘하고 싶은 욕심에 종종 무리하게 되고, 결국 이러한 피로가 누적되면 지치기도 한다. 바쁜 일에 매몰되어 중요한 일을 놓치기도 하고, 지금의 이슈 해결에 급급하다가 큰 변화의 흐름을 놓칠 수도 있다. 육체적으로 힘들다 보면 내가 잘못하고 있는 것이 아닌가 하고 자기 회의에 빠지기도 한다.

처음 시작할 때는 팀에 대한 개념이 명확하지 않겠지만, 어쨌든 온라인 비즈니스는 팀이 해야 경쟁력을 키울 수 있고 지속 가능하다. 아무리 뛰어난 축구선수도 혼자서 90분을 내내 뛸 순 없다. 상대방 역시 혼자면 그나마 할 만한 경기겠지만, 상대 축구팀은 열한 명이 뛰는데, 나는 혼자서 뛰면 그 어떤 천재적인 축구선수도 결국 지쳐서 나가떨어질 것이다. 이커머스 비즈니스는 탁구나 테니스, 수영, 마라톤 같은 개인전 경기가 아니라 축구나 야구, 농구 같은 팀 경기임을 알고 시작해야 한다.

혹시 팀 경기이더라도 사람이 아니라 자동화 솔루션과 외주 대행사를 통해 팀을 구성할 수 있지 않을까? 파이선을 활용한 자동화 툴과 OMS˙, 다양한 판매 분석툴은 확실히 업무에 도움이 된다.

외주 대행사 역시 아주 세분되어 있다. 제품 소싱부터 상세페이지 제작, 광고 홍보 등 마케팅, CS와 물류까지 모두 전문업체들이 체계적으로 대행해 준다. 외주 업체를 활용해서 퀄리티는 높이고 비용은 낮출 수 있다. 좋은 대행사를 만나면 한순간에 회사가 성장하기도 한다.

하지만 아무리 자동화 툴을 활용하고 시스템을 최적화하더라도 여전히 일은 사람이 한다. 툴을 활용하는 것도 사람이고, 분석한 자료를 이해하고 해석하는 것도 사람이다. 대행사에 일을 맡기는 것도 사람이고, 대행사의 업무 역량을 평가하는 것도 사람의 일이다. 두 명이 할 일을 한 명이 할 수는 있겠지만 결국 이 역시 사장이 혼자서 하기에는 벅차다. 어느 순간까지는 업무 자동화 툴과 외주 대행사를 통해 유지가 되겠지만 팀원이 보충되지 않으면 결국 성장의 한계에 부딪친다.

Order Management System, 주문 관리 시스템.

혼자서 민첩하고 빠르고 열정적으로 시작하자. 1인 창업가로 자립에 성공할 수도 있고 실패할 수도 있다. 만약 운과 실력이 따라서 성공했다면 그다음부터는 팀을 어떻게 구성할지 고민해야 한다. 인터넷 쇼핑몰은 개인의 실력으로만 성장하는 건 분명한 한계가 있다. 일은 팀이 하는 것이다.

유발 하라리의 명작 『사피엔스』에도 인류가 번창할 수 있었던 원동력은 '보이지 않는 것을 믿는 힘'과 그리고 이를 바탕으로 사람 간 '협력'이 가능했기 때문이라고 설파한다. 다시 한번 강조하지만 일은 팀이 하는 것이다.

그렇다면 어떻게 팀을 구성해야 할까? 만약 당신이 가능하다면 최고의 능력을 보유하고 있는 뛰어난 인재를 영입해 어벤져스 팀을 꾸리기를 권한다. 그 인재가 당신의 친구이든, 동창이든, 누구의 소개이든 만약 그러한 인재를 모셔 올 수 있다면 비즈니스는 빠르게 성장할 수 있을 것이다.

실제로 급성장하거나 지속 성장하는 인터넷 쇼핑몰 업체의 구성원을 보면 초기 창업 멤버가 탁월한 경우가 대다수다. 앞서 강조했듯이 혼자서는 성장의 한계에 부딪히는 만큼 사번 2번, 3번의 구성원이 누가 되느냐가 그 어떤 요소보다 중요하다. 지인 중에 나와 코드가 맞으면서 뛰어난 역량을 보유한 이가 있다면 더할 나위 없다. 운좋게 학교 선후배 중에 나의 뜻에 동참하는 뛰어난 멤버가 있다면 최상이다. 우리 비즈니스는 로켓 엔진을 단 것처럼 성장할 것이다. 이 모든 건 그 인재가 탁월하다는 전제 조건하에 가능하다. 친하거나 착하거나 성실하거나 열심히 한다거나 같은 관계나 태도도 무시할 수는 없지만, 결국 일의 성과는 실력에 의해 판가름이 난다. 그래서 탁월한 직원을 뽑는 것이 중요한 것이다.

하지만 인터넷 쇼핑몰 비즈니스에서 이렇게 팀을 구성하는 건 일반적이지 않다. 대부분 소자본 창업이 주를 이루고, 이제 겨우 사장 한 명의 생활비 정도 버는 상황에서 미래를 보고 함께 인생을 바칠 탁월한 직원을 만날 확률은 그다지 높지 않다. 지인 중에도 뛰어난 친구들은 대기업에 다니거나 공무원을 하거나 더 좋은 회사에 적을 두고 있지 불확실한 우리의 비즈니스에 합류하는 건 망설일 것이다. 좋은 건 알겠는데, 현실 가능성은 낮은 셈이다.

그래서 우리는 어벤져스보다는 어딘가는 조금 부족하더라도 잠재력이 있는 외인구단 같은 조직을 목표로 하는 것이 더 현실적이다. 히트 제품을 개발하는 디자이너, 세일즈를 잘하는 MD, 성실하고 힘이 좋은 물류 직원, 친절한 CS 직원, 숫자에 강한 회계 직원을 찾는다고 해도 그런 직원은 회사를 좀 더 키운 후에 모셔 올 수 있다. 일단은 결함이 있더라도 나와 함께 의기투합해서 으쌰으쌰 회사를 키워 나갈 마음 맞는 친구가 필요하다. 그렇게 최초의 팀원들과 함께 다음 목적지까지 달리고, 더 뛰어난 팀원을 합류시켜서 그다음 목적지까지 함께 달리는 이어달리기를 해야 한다.

혼자서 달리다가 지쳐 쓰러진 선수가 한두 명이 아니다. 꼭 기억하기를. 인터넷 쇼핑몰은 팀 경기다.

면접을 두 명 봤다. 두 친구 모두 마음에 들었다. 한 명은 일을 잘할 것 같았고, 한 명은 스마트해 보였다. 면접이 끝나고 곰곰이 생각해 보았다. 일을 잘하는 것과 스마트하다는 것의 차이가 뭘까? 두 명 모두 채용할 경우 누가 더 큰 성과를 낼까?

일을 잘하는 모든 사람이 스마트하지는 않다. 반대로 스마트한 모든 사람이 일을 잘하는 건 아니다. 일을 잘하는 사람은 어떤 사람이며, 스마트한 사람은 어떤 사람일까? 기업은 언제 어떤 사람을 채용하는 게 가장 이상적일까?

일을 잘한다는 건 복합적인 의미가 담겨 있다. 보통 일을 잘한다는 건 아래와 같은 의미가 담겨 있을 것이다.

- 주어진 역할을 수행해서 기대했던 성과를 일구어낸다.
- 업무의 궁극적인 목적을 정확하게 파악해서 이를 이행한다.

- 효율적으로 업무를 한다.
- 정해진 마감일을 철저하게 지킨다.
- 문제를 잘 해결한다.
- 고지식하지 않고 융통성이 있다.
- 영향력에 따라 우선순위 설정을 잘한다.
- 성실하고 끈기가 있다.

사람마다 조직마다 일을 잘한다는 것의 정의는 다르겠지만 위의 같은 의미를 포괄적으로 담으면 아래와 같이 정의할 수 있겠다.

'어떤 어려운 환경 속에서도 주어진 미션을 이해하고 원하는 목적에 맞게 계획한 날짜까지 효율적으로 자원을 사용해 성실하게 업무에 임해서 마침내 성과를 만들어 내는 것.'

좀 더 압축하면 다음과 같다.

'기대했던 결과물을 효율적으로 성취하는 것.'

그렇다면 스마트하다는 건 어떤 의미를 담고 있을까?

- 복잡한 개념을 쉽고 빠르게 이해하고 정리한다.

- 미래에 어떤 일이 벌어질지 예측해서 역산으로 현재 어떤 일을 해야 할지 추론한다.
- 다른 관점으로 문제를 바라보고 창의적인 해답을 찾는다.
- 해야 할 일과 하지 말아야 할 일을 잘 구분하며, 하지 말아야 할 일은 하지 않는다.
- 다방면에 지식이 풍부하다.
- 수리적인 능력이 뛰어나다.

스마트하다는 건 지능이 높다는 의미를 포함하긴 하나 그 외 뜻도 함축하고 있다. 똑똑하다는 말과 약간의 어감 차이는 있으나 거의 유사하다.

스마트하다는 걸 위의 근거로 정의하면 다음과 같다.

'현상을 쉽고 빠르게 이해하며 이를 근거로 미래를 예측해서 현재의 문제를 창의적인 방식으로 푸는 것.'

요약하면 아래처럼 되겠다.

'더 나은 미래를 만드는 창의적인 능력.'

이러한 정의를 토대로 일을 잘하는 것과 스마트하다는 걸 한번 비교해 보았다.

1. 시제
- 일 잘함 : 현재 중심. 과거의 경험을 바탕으로 현재의 임무를 잘 수행함.
- 스마트 : 미래 중심. 미래를 예측하는 능력.

2. 관점
- 일 잘함 : 수동적. 주어진 역할을 잘 수행.
- 스마트 : 능동적. 스스로 문제를 찾는 능력.

3. 문제
- 일 잘함 : 문제를 잘 해결함.
- 스마트 : 문제를 잘 발견함.

4. 태도
- 일 잘함 : 성실하고 꾸준하며 강인한 태도 보유.
- 스마트 : 해당 사항 없음.

회사를 창업하고 얼마 되지 않았을 때, 물류팀장은 수시로 일본

속담을 입에 달고 다녔다.

"고양이 손이라도 빌리고 싶습니다."

배송 직원은 적었고 판매량은 빠르게 늘고 있었다. 당일에 포장해야 할 물량을 소화하기 위해서 숨을 헉헉거리며 뛰어다니다가 나를 만나면 꼭 저 말을 하곤 했다. 근무 환경이 열악해서 알바 채용도 쉽지 않았던 시절이었다. 당시엔 정말 고양이 손이라도 있으면 도움이 될 거 같았다. 당시 우리가 찾는 인재상은 신체 건강하고 '내일도 출근'하는 직원이었다. 지시한 업무를 시키는 그대로 이행하는 게 인재상이었다. 스스로 생각을 하기보다는 알려 준 방법 그대로 실행하면 고양이 손이라도 괜찮았다.

회사가 점점 성장하면서 고양이 손은 더 이상 필요하지 않았다. 업무를 맡기면 책임지고 그 업무를 이행하는 '일 잘하는 사람'이 필요해졌다. 성실함보다 효율적으로 일하는 직원이 더 인정받았다. 고양이 손보다는 미키마우스처럼 요령껏 일하는 게 필요했다. 업무는 주어져도 해결 방법까지 제공되진 않았다. 주어진 문제를 스스로 해결하는 게 '일 잘하는 인재'였다. 문제 해결 능력이 없는 과거 '최고의 인재'들은 더 이상 인정받지 못했다. 한때는 성실함만으로 칭찬을 받았으나 그 가치가 퇴색되었다. '효율'과 '요령'이 더 인정받는 방식으로 회사는 변해 갔다.

그렇게 '일 잘하는 직원'들의 세상이 새롭게 열렸다. 주어진 미션을 각자의 방식으로 잘 해결하면 연말에 보너스도 받고 우수 인재로 뽑혔다. 문제를 해결하기 위해 새로운 지식도 배우고 다양한 가설을 세워서 직접 검증도 했다. 가끔은 해결하지 못하는 문제도 있었지만 해결 방법을 찾는 과정 자체가 빛났다. 인사평가 시즌이나 회식 자리에서 '누가 일을 잘한다'라면서 서로의 업무 역량을 평가했다. 다들 '일을 잘한다'라는 인정 욕구를 채우기 위해 열심히 노력했다.

그러다가 회사가 조금 더 성장하자 '스마트한 직원'이 간혹 입사했다. 처음에는 일 잘하는 것과 스마트한 게 비슷한 줄 알았다. 하지만 이 둘은 공통분모도 있긴 했지만 명백하게 다른 개념이었다. 아예 종이 다르다. 앞서 살펴본 개념적 정의에 이어 현업에서 느끼는 실무적인 차이는 더 크다. 체감상 크게 다섯 가지가 다르다. 비약이 좀 있을 수 있다.

우선 일 잘하는 직원은 문제 해결에 능하다. 주어진 과제를 잘 해결한다. 본인이 해결하기 힘든 수준의 과제를 주면 간혹 컴플레인을 제기한다. 반면 스마트한 직원은 문제 제기에 능하다. 현재 상태에서 문제가 무엇인지 날카롭게 지적한다. 해결은 본인이 할 수도 있지만, 그건 다른 사람의 영역으로 넘길 때가 더 잦다. 문제를 잘 캐치하기 때문에 때론 기존 구성원들과 불화가 생기기도 한다. 원만하게 잘 진행되고 있는 프로세스에도 문제를 찾아서 이의 제기를 한다. 그럼 해결은 어떻게 할까? 그건 그다음 문제라는 식이다. 경영진으로서는 솔직히 좀 피곤한 스타일이다.

팀워크 부분도 다르다. 일 잘하는 직원은 일 못하는 직원을 어느 정도 이해한다. 본인이 하기 싫은 반복적이거나 영향력이 적은 업무는 역할 분담을 해 가면서 효율적으로 팀의 자원을 활용한다. 회사에 일 잘하는 사람과 그렇지 못한 사람들이 공존하고 있다는 걸 잘 안다. 저마다 강점이 다른 걸 인지하고 있다. 스마트한 직원은 스마트하지 않은 직원을 답답해한다. 동료들이 왜 이렇게 무식한지 잘 이해하지 못한다. 비슷한 수준의 동료와는 죽이 잘 맞지만 그렇지 않은 직원들은 무시해서 종종 갈등이 생긴다. 특히 이해력이 부족한 동료와는 협업 자체를 회피한다. 갑갑함을 참지 못한다.

충성도도 다르다. 일 잘하는 직원은 애사심이 깊다. 우리가 원팀인 걸 인지하고 힘을 모아 문제를 해결하려고 한다. 함께 배를 저어서 목적지에 다다를 수 있다는 신념으로 똘똘 뭉쳐 있다. 최선두에서 힘껏 노를 젓는다. 배가 원하는 목적지에 다다르지 못할 것 같더라도 마지막까지 희망을 버리지 않는다. 스마트한 직원은 손쉽게 이

직한다. 회사가 비전이 없거나, 동료가 스마트하지 않거나, 대표가 아둔해 보일 경우 미련 없이 새로운 배로 갈아탄다. 스마트한 직원은 미래를 예측하는 능력이 탁월하므로 이 멤버들과 이 배로 목적지까지 못 가겠다는 판단이 들면 그 즉시 다른 배로 갈아탄다. 동료의 스마트함도 필요하지만 의사결정권자인 대표가 멍청하다고 판단하는 순간 가차 없이 떠난다.

일을 대하는 태도도 다르다. 일을 잘하는 직원은 부지런하다. 노력은 절대 배신하지 않는다는 믿음으로 업무에 성실히 임한다. 본인이 가지고 있는 재능을 100% 활용해서 성과를 극대화하기 위해 부단히 노력한다. 문제를 해결하기 위해 수단과 방법을 가리지 않고 최선을 다한다. 필요할 경우 야근도 불사한다. 반면 스마트한 직원은 게으르다. 일하기 싫어한다. 본인이 가진 역량으로 최대한 손쉽고 편하게 일하려고 방법을 강구한다. '노가다'를 하지 않으려고 머리를 쓴다. 본인의 재능 중 문제 해결에 딱 필요한 만큼만 자원을 쓴다. 꾀를 부리는 것처럼 보이는데 어쨌든 성과는 비슷하게 낸다.

그렇다면 기업은 일 잘하는 직원을 채용해야 할까? 스마트한 직원을 채용해야 할까? 우리 비즈니스가 순항 중이라면 무조건 일 잘하는 직원이 최고다. 매 순간 예상되는 문제를 효과적으로 해결하는 일 잘하는 직원이 보배다. 그들이 단단하고 탄탄하게 기업을 성장시켜 나갈 것이다. 굳건한 믿음으로 강한 팀을 만들 것이다. 좋은 태도와 바른 인성과 신뢰를 바탕으로 조화로운 조직 문화를 만들 것이다.

하지만 오늘날 현실은 그렇지 않다. 순항 중인 비즈니스가 없다. 한두 해 잘 나가더라도 금방 위기가 찾아온다. 일부를 제외한 대다수의 비즈니스가 예상치 못한 문제에 맞닥뜨리면서 위기에 처해 있다. 내년에 또 어떤 어려움이 찾아올지 예측하기 힘든 럭비공 같은 세상이다. 변화의 속도도 지나치게 빠르다. 이럴 때 빛을 발하는 게 스마트한 직원이다. 불화가 조금 생기더라도 끊임없이 문제를 제기하고, 미래의 변화를 세밀하게 예측해서 창의적인 방식으로 문제를 재해석하는 것. 한 치 앞도 모를 요즘 같은 세상에는 스마트함이 강력한 무기가 된다.

하지만 우리 같은 일반적인 회사가 스마트한 직원들로만 채우는 게 가능할까? 이는 현실적으로도 불가능하고 득보다 실이 많다. 일 잘하는 직원으로만 100%로 구성하는 것도 불가능하다. 채용공고를 올려도 입사 지원 서류 몇 장 들어오지 않는 게 현실이다.

그래서 내가 바라는 이상적인 구성은 다음과 같다. 스마트한 직원 10%, 일 잘하는 직원 20%, 잠재력을 갖춘 직원 70%. 이 정도면 현실에서 가능한 최상의 시나리오가 아닐까 싶다. 그리고 이 10%의 스마트한 직원이 배에서 떠나지 않도록 환경을 만들어야 한다. 그래서 10%의 스마트한 직원이 문제를 제기하고 20%의 일 잘하는 직원이 핵심 문제를 푸는 해결사 역할을 하며, 70%의 잠재력 있는 직원이 디테일을 챙겨 목적지로 항해하는 그림이다.

앞서 면접에서 만난 일 잘할 것 같은 이와 스마트해 보이는 이는 실제로 일해 보면 어떨까? 면접에서 받았던 인상이 적중할 확률이 높지 않다는 건 경험으로 잘 알고 있다. 그럼에도 불구하고 나는 두 명의 구직자 중 한 명은 일을 잘할 거 같고 한 명은 스마트해 보여서 그냥 기분이 좋고 기대가 된다. 어쨌든 '고양이 손'이라도 아쉬웠던 과거를 딛고 이러한 훌륭한 인재를 만나게 되었으니까.

라우드의 공개 입찰과 크몽의 수의계약

입찰 마감이 오늘 자정이다. 입찰에 참여한 11개의 업체 중에 세 군데가 마음에 들었다. 마감 시간에 임박해서 몇 군데 업체가 더 참여할 것이다. 공개 입찰 한 번으로 바로 마음에 드는 시안을 만날 수 있다니 정말 놀라운 서비스다.

얼마 전 신사업으로 여행용 캐리어 판매에 도전해 보기로 마음먹었다. 이름은 챗GPT의 도움으로 순조롭게 지었는데, 로고가 문제였다. 회사 내부에서 작업하기도 어렵고 마땅히 맡길 곳도 없었다. 우리 회사와 계약되어 있는 프리랜서 그래픽 작가에게 작업을 부탁했다. 30만 원에 가능한지 문의했는데 70만 원이면 가능하다고 회신이 왔다. 그분의 그래픽 실력이 뛰어난 걸 잘 알고 있었기에 흔쾌히 동의하고 작업을 맡겼다. 하지만 일주일 후에 온 1차 시안은 내 기대치에 못 미쳤다. 예쁘기는 한데 로고의 상징성이 부족했다.

그러나 회사 내부 디자이너에게 맡기는 건 현실적인 어려움이 있었다. 올해 초 화장품 브랜드를 신규로 론칭하면서 로고와 패키지 등 브랜드 관련 그래픽 작업을 회사 내부 웹디자이너와 패션디자이너들을 대상으로 한 일회성 프로젝트로 진행한 적이 있다. 다섯 명의 디자이너 중에 시안이 제일 마음에 들었던 한 명의 디자이너와 작업을 계속 진행했는데, 아무래도 전문 로고 디자이너가 아니다 보니 작업 시간이 예상보다 오래 걸렸다. 그러면서 평소 그 직원이 맡아서 하던 업무가 밀리면서 팀 전체 일정이 어긋나는 등 곤란한 상황이 생겼다.

브랜딩 전문 회사에 맡길 수도 있지만 비용이 문제였다. 테스트 삼아 가볍게 진행해 보는 프로젝트인데 잘하는 곳은 1천만 원, 좀 저렴한 곳도 수백만 원 하는 회사에 맡길 처지가 못 되었다. '실패해도 상관없어'라는 마인드로 저비용으로 가볍고 빠르게 테스트해 보는 프로젝트인 만큼 이에 맞는 파트너가 필요했다.

달리 대안이 떠오르지 않아서 프리랜서 중개 플랫폼인 크몽에 맡겨야 하나 고민하던 차에 아는 동생이 공개경쟁 입찰 방식인 콘테스트 사이트를 소개해 주었다. 크몽은 가격은 저렴했지만 퀄리티는 평범했다. 단순 업무를 맡길 땐 만족스러웠지만 일정 수준 이상의 퀄리티를 바랄 때는 기대에 못 미쳤다. 운이 좋을 때는 꽤 좋은 결과물을 만날 수도 있었지만 가끔은 형편없는 결과물로 돈과 시간을 낭비하곤 했다. 이러한 사정을 들은 동생이 본인도 최근에 비슷한 고민을 하던 차에 다른 지인의 추천으로 '라우드'라는 사이트를 이용해 보았고, 가격은 부담이 없는데 만족도는 상당히 높았다고 추천을 해준 것이다.

그 얘기를 듣고 지난 주말에 간단한 브랜드 소개와 함께 50만 원 상금으로 콘테스트를 오픈했다. 입찰 기간을 일주일로 했는데 오늘까지 11개 팀이 참여했다. 작업물은 만족스러웠다. 세 군데는 상당히 마음에 들었고, 두 군데는 완성도는 높았으나 내가 원하는 느낌이 아니었다. 나머지 여섯 군데는 크몽에서 겪었던 나쁜 경험처럼 초보 수준인 데다 급하게 찍어서 제출한 분위기다. 콘테스트라는 이름으로 공개경쟁 입찰을 진행함으로써 마음에 드는 세 군데 중 어디를 최종적으로 선정해야 할지 행복한 고민을 할 수 있게 되었다.

우리 회사는 크몽을 정기적으로 이용하고 있다. 간단한 프로그램 개발이 필요할 때, 엑셀 매크로 작업이 필요할 때, 내부 업무가 많아서 외부의 웹디자인 도움이 필요할 때, 3D나 영상 편집 작업이 필요할 때, 일러스트 작업물이 필요할 때 등 다양한 분야에서 크몽을 활용하고 있다. 크몽에 등록되어 있는 업체들이 많다 보니 리뷰를 꼼꼼하게 살핀 후 신중하게 한 군데 업체를 선정해서 일을 진행한다.

하지만 일이라는 건 해 봐야 알 수 있는 거 아닌가. 결제하고 막상 일을 해 보면 결과물이 기대에 못 미치는 경우가 자주 있다. 대부분 최선을 다해서 열심히 했으나 열심히 하는 것과 실력이 좋은 것 사이에는 큰 간격이 존재한다. 포트폴리오와 리뷰로는 검증되지 않는 '진짜 실력'이라는 게 있다. 이는 결과물을 받아 봐야만 알 수 있다. 그러다 보니 한때는 그래픽 작업물이 급하게 필요해서 크몽에서 세 군데 업체에 동시에 맡겨 제일 퀄리티가 좋은 한 팀의 작업물만 쓰고 나머지 두 팀의 결과물은 작업비만 지불하고 사용하지 않은 적도 있다.

공개 입찰 방식인 '라우드'는 이 문제를 콘테스트라는 방식으로 단숨에 해결했다. 우승할 자신이 있는 팀은 입찰에 참여해서 상금을 타 가라는 거다. 사실 이 방식을 처음 들었을 때 '작업만 하고 탈락한 대다수의 업체는 어떡하나? 일을 하고도 대가를 못 받으니'라는 생각이 들었다. 하지만 한편으로는 실력은 있는데 조직력이나 마케팅력이 부족한 '진짜 실력자'한테는 자신의 재능을 뽐낼 기회가 될 수 있겠다는 생각도 들었다.

콘테스트는 일종의 '후불제' 시스템이다. 먼저 물건을 제공한 후 사용한 고객이 만족하면 그때 돈을 받는다. 내가 판 제품이나 서비스가 만족스럽지 못하면 돈을 못 받는다. 실력 있는 사람은 더 많이 팔고, 실력 없는 사람은 하나도 못 판다. 크몽은 자기소개를 그럴듯하게 해 놓으면 실력 없는 팀도 운 좋게 계약을 따낼 수 있다. 하지만 라우드는 냉정하다. 퀄리티가 따라오지 못하면 그대로 탈락이다. 즉 콘테스트는 공개경쟁 입찰 방식이고 크몽은 수의계약 방식이다.

결과물 평가를 통한 공개경쟁 입찰 방식과 레퍼런스 체크를 통한 수의계약 방식은 대학 입시 제도에서도 볼 수 있다. 정시 모집과 수시 모집이 그것이다. 정시 모집은 공개 입찰 시스템이다. 1년에 한 번 경쟁 PT를 통해서 합격자를 선발한다. 시험이라는 결과물이 좋으면 합격이고 결과물을 망치면 탈락이다. 반면 수시 모집은 과거의 사용자 리뷰인 학생부를 통해서 선발한다. 다양한 재능을 가진 인재를 한 가지 잣대로만 평가할 수 없기에 입시 제도에서는 경쟁 입찰 시스템과 학생부를 통한 수의계약 시스템이 공존한다.

회사의 채용에서도 마찬가지다. 우리 회사는 서류 전형을 거친 후 복수의 후보를 대상으로 채용 과제를 통해 가장 결과물이 좋은 후보를 채용한다. 반면, 중요 보직이나 공개 채용이 잘 안 될 경우엔 지인이나 헤드헌팅 회사를 통해 그 인재의 레퍼런스를 체크한 후 채용할 때도 있다. 공개경쟁 입찰 방식과 수의계약 방식을 직급과 직무별 상황에 맞춰 사용하는 셈이다.

선거판에서도 이러한 두 가지 시스템이 공존한다. 국회의원을 뽑을 때 공개경쟁 입찰인 지역구 의원과 내부 추천을 통해 선별되는 비례대표 의원 제도가 모두 있다. 비율의 차이는 있지만 어느 한 가지 방법만 취할 경우 생길 수 있는 민의의 왜곡을 막기 위해 2가지 제도가 적절하게 섞여서 사용되고 있다.

최근에 우리 회사가 짓고 있는 사옥의 경우엔 공개 입찰 방식을 통해서 진행하고 있다. 잘 아는 분 중에 실력 있는 건축사도 있고 믿을 만한 시공사도 있었지만 나는 공개 입찰 방식을 선택했다. 경쟁을 통한 선정은 에너지는 많이 투입되지만 리스크는 줄일 수 있다고 믿는다. 특히 일이 잘못되었을 경우 남 탓을 하며 원망할 일이 적다. 지인이나 주변 소개를 통해 일을 하다가 잘못될 경우 상대방을 비난하기도 하고, 추천한 사람한테 서운함을 느낄 수도 있다. 하지만 공개 입찰 방식은 제대로 선정하지 못한 나 자신의 미숙함을 반성할 뿐 타인에게 그 탓을 돌릴 필요가 없다. 완벽하게 내가 일의 주체가 된다.

우리가 건축 공개 입찰에 사용한 서비스는 '하우빌드'다. 사옥 부지의 지번과 설계 시 희망 사항을 적어서 하우빌드에 건축사 입찰 공고를 냈다. 서른네 곳의 건축사 사무소가 입찰에 응했고 나는 이들의 회사소개서와 레퍼런스를 하나하나 꼼꼼하게 체크했다. 서른네 군데 중 서류 검토를 통해 우리와 핏이 맞는 여덟 군데를 고른 후 하루에 네 군데씩 이틀 동안 이들과 전부 대면 인터뷰를 진행했다. 그리고 최종적으로 세 군데로 압축했다. 그리고 지인 중 건축 전문가를 수소문해 심사위원으로 초청해서 우리 회사에서 공개 PT를 진행했다. 두 팀의 평가가 엇비슷해서 결정이 어려웠는데 결국 '나랑 잘 맞는 느낌'의 건축사 사무소를 최종적으로 골랐다. 그곳과 현재 원만하게 일을 진행하고 있다. 시공사 선정을 앞두고 있는데 이 역시 비슷한 절차로 진행될 예정이다.

만약 건축사나 시공사 선정 등 중간에 번복이 힘든 계약을 내가 아는 인맥 내에서 수의계약 방식으로 진행했다면 내 시간은 절약되고 일은 더 빠르게 진행되었을지 모른다. 하지만 내 성격상 일이 진행되는 과정 내내 이게 제일 나은 선택이었는지 의문을 품었을 것이다. 내가 할 수 있는 최선을 다했는지에 대한 의문 말이다. 가격에 대한 미련도 남을 수 있다. 좀 더 저렴한 비용으로 진행할 수 있었는데, 아는 관계라서 그러지 못한 게 아닐까 하는 의구심이 들 수 있다. 만 원짜리 컵을 하나 사더라도 3개 이상 비교해 가며 사는 세상에 상당히 큰 금액의 의사결정을 수의계약 방식을 취하는 건 아무래도 내 스타일과는 맞지 않았다.

다만 공개경쟁 입찰 방식은 한 가지 큰 문제점을 안고 있다. 사용자의 에너지가 끊임없이 투입된다는 점이다. 하우빌드를 이용할 때 서른네 군데 업체에서 한 군데를 고르기까지 꽤 많은 시간과 에너지를 투입해야 했다. 라운드에서 결과물을 최종 선정할 때도 시간과 에너지를 투입해야 한다. 세 군데 중에 가장 나은 시안을 고르기 위해서 내부에서 미팅을 진행하고, 본인이 고른 안이 탈락한 참석자에게는 양해도 구해야 한다. 모든 의사결정에는 에너지가 필수적으로 사용된다.

그래서 인터넷 쇼핑몰이나 매장에서 고객들은 늘 힘들어한다. 수많은 결과물 중에 어떤 것을 골라야 할지 선택은 언제나 어렵다. 쿠팡이나 네이버 쇼핑에 접속해서 검색하면 공개 입찰 경쟁에 참여한 수많은 제품이 나를 골라 달라고 열심히 장점을 어필하고 있다. 모든 물건이 다 좋아 보인다. 처음에는 제품을 비교해 가며 즐겁게 쇼핑하던 고객들도 빈도가 잦아지면 제품 고르기에 지친다. 그러다 보니 그냥 사용 경험이 좋았던 곳, 어디선가 들어본 브랜드 제품을 습관적으로 사게 된다. 공개 입찰 경쟁 방식에서 수의계약으로 거래의 방식이 전환된다. 이 시점이 바로 브랜드가 기억되는 시점이다. 브랜딩은 선별 과정에 낭비되는 에너지를 절약해 주면서 리스크는 줄일 수 있는 최선의 수단이다.

내가 다녔던 깡촌의 초등학교에는 남자 졸업생이 나를 포함해서 네 명밖에 되지 않았다. 나는 열세 살 때 이 세 명의 죽마고우와 평생을 함께 할 줄 알았다. 하지만 한 명은 사고로 이미 죽었고 나머지 두 명도 각자 사는 길이 달라서 이제는 인연이 끊겼다. 중고등학교 때도, 대학교 때도, 사회에 나와서도 나는 공개 입찰 방식을 통해 사람을 만났다. 그들과 잘 사귀면서 관계를 이어가기도 하고 끊기도 했다. 오랫동안 인연이 이어지는 친구도 있고, 오해 속에 끊어진 인연도 있다. 공개경쟁 입찰 방식을 통해 만난 사람 중에 운 좋게 나와 핏이 잘 맞는 사람을 만나면 '친구'라는 이름으로 수의계약을 맺고 관계의 밀도를 업그레이드시켰다.

대학 입시에서도 국회의원 선거에서도, 집을 지을 때도, 사람과의 관계에서도 첫 단추를 낄 때 공개경쟁 입찰 방식은 올바른 선택지를 제공해 준다. 그리고 그렇게 옅게 맺어진 관계가 서로에게 유익하면 그 관계는 지속되고 어느 순간 깊어지면서 수의계약 단계로 넘어간다. 공개경쟁 입찰 방식을 거치지 않더라도 되는 단계, 그것이 바로 브랜딩이다. 고객이 우리 제품을 기억해 준다면 그것은 제품의 브랜딩에 성공한 것이고, 이름 석 자만 들어도 미소와 함께 그 친구의 얼굴이 떠오른다면 그것은 사람의 브랜딩에 성공한 것이다.

'[잡플래닛] 기업리뷰가 등록되었습니다. 댓글을 등록해 주세요.'

가장 보기 싫은 메일이 또 날아왔다. 이틀 전 일이다. 7시쯤 기분 좋게 출근해서 메일을 확인하는데 잡플래닛에 리뷰가 등록되었다는 제목의 메일이 와 있었다. 리뷰 내용을 확인할지 말지 잠시 고민했다. 리뷰를 보는 순간 오늘 하루는 망칠 것이라는 걸 경험상으로 잘 알고 있기에 머뭇머뭇하다가 결국 인내심이 호기심을 이기지 못해 링크를 클릭했다.

리뷰를 읽어 내려가기 시작했다. 익명의 퇴사자는 우리 회사의 장단점을 읊어 놓았다.
장점은 명언 제조기가 있다며 나를 비꼬는 걸로 대신했고 단점은 아래와 같이 적어 놓았다.

'면접 때 싸한 느낌을 무시하고 출근한 것을 하루 종일 후회합니다.

타이핑의 시대도 지나갔는데 아직도 활자에 집착하며 정보를 책에서만 얻을 수 있다는 생각이 안타까워요.

누구나 성공할 수 있는 시대에 온라인 시장에 접근해서 운 좋게 작은 규모로 유지하고 있지만, 시장이 변화하고 있어요. '잘하는 법'을 검색하지 말고 '살아남는 법'도 검색하세요.

상위 노출에 집착하는데, 노하우가 내 지인이 개발한 키워드 분석 프로그램으로 검색하고 로직 분석하기-광고하기 끝.

지원한 업무에는 포함되지도 않는 주문, CS를 병행하라는 건 물류팀 눈치를 보는 거라고 생각하면 될까요?

광고로 돈 쓰고 하루에 2백 명 유입시키기와 광고 없이 백 명 유입시키기 중 전자를 선호하겠지만, 게임체인저들은 후자입니다.

그리고 제발 테스트하는 뉘앙스로 상대방에게 질문하지 마세요. 당신이 말한 것 중 50%는 틀렸습니다. 제가 틀렸다면 왜 그쪽 직원들이 네다섯 명 붙어도 해내지 못한 업적을 제가 이뤘을까요?

현실의 거품에 취해 스스로 객관화하지 못하고 오답을 정답이라고 우기지 마세요.'

그리고 경영진에 바라는 점에는 다음처럼 적어 놓았다.

'제가 주식에 3억 정도가 들어가 있는데 현실적으로 코스닥 상장은 어렵습니다. 동전주가 목표는 아닐 텐데, 기대가 크면 실망도 큰

법.'

불길한 예감대로 기분을 잡쳤다. 이 리뷰가 좋은 에너지를 가득 품고 출근해서 열정적으로 일하려고 준비하고 있던 나의 감정을 순식간에 뒤집어 놓은 건 물론 나에 대한 비난 때문이다. 하지만 나는 이미 사업 17년 차다. 멘털이 강해질 대로 강해져서 이 정도 비난은 웃고 넘길 수 있을 정도로 초연해졌다. 내가 감정 컨트롤이 안 된 건 이 친구가 쓴 내용 대부분이 사실과 다른 허위이기 때문이다. 그리고 이 친구는 나에 대해 평가할 정도로 나를 알지 못한다. 우리 회사에 대해서도 모른다. 나는 정의감에 불타올라서 사실관계를 정확하게 안내하고자 곧바로 댓글을 적었다.

'글 작성자는 원가 1만 원짜리 제품을 2만 원에 판매할 경우 원가율이 50%라는 기본적인 나누기 계산조차 하지 못해 수습 한 달을 채우지 못하고 그만둔 사람입니다. 나누기와 백분율에 대해 아무리 쉽게 설명해도 도저히 이해하지 못할 정도로 지적 수준이 떨어졌습니다. 미술을 전공해서 디자인 감각이 뛰어날 것이라 예상하고 수습 직원으로 채용했으나 기본적인 그래픽 툴조차 다루지 못했고, 비주얼 감각도 떨어져서 관련 업무 자체를 수행할 수 없을 정도의 심각한 능력 미달자였습니다. 인성이 좋지 않았던 데다 성격이 이기적이고 때론 괴팍한 모습을 보여 동료들과 사이가 좋지 않았으며 근태 역

시 불성실했습니다.'

이렇게 적었다. 그리고 내용을 쭉 한 번 읽고 객관적 사실이 맞는지 다시 확인했다. 글 내용은 모두 정확했고 나의 평가도 적합했다. 하지만 링컨이 미드 장군에게 부치지 않은 편지처럼 이 댓글은 등록할 수 없었다. 끝에서부터 백스페이스키를 눌러서 내용을 모두 지웠다. 그리고 다시 적었다.

'소중한 의견 감사합니다. 다른 분들께 오해의 여지가 있어 몇 가지 사실관계를 바로잡고자 합니다. 평가를 다소 감정적으로 표현하셨는데, 재직 중 그러한 점을 신중히 헤아리지 못한 점 사과드립니다. 다만 오랫동안 함께 회사를 키워 오고 좋은 문화를 함께 만들고 있는 멤버들의 노력이 폄하되고 있는 것 같아 안타깝습니다.'

그리고 절제된 어휘를 사용해서 몇 가지 틀린 내용을 바로잡았다. 답변 작성을 마치고 고개를 들어 올려다보니 9시가 다 되었다. 사무실을 둘러보니 직원들이 출근해서 분주하게 일과를 시작하려고 준비 중이었고 분위기는 활기찼다. 소중한 아침 2시간 동안 나는 뭘 한 건가.

잡플래닛이라는 서비스가 나온 지 얼마 되지 않아 중소기업 대표들 사이에서 회자 되고 있을 때 나는 방관자 입장이었다. 몇몇 회사 대표들이 악플에 시달리며 비난을 하고 있을 때 솔직히 나는 잡플래닛을 환영하는 입장이었다. 그동안 기업과 직원 사이에는 심각한 힘의 불균형이 존재했다. 기업이 직원에게 무례하게 대하고 횡포를 부리더라도 직원으로서는 노동부에 진정을 낼 정도로 심각한 사안이 아니면 묵묵히 참고 견딜 수밖에 없었다. 기업에 대한 정보가 폐쇄적이고 일방적이라서 일하기 좋은 회사와 나쁜 회사를 구분하기 힘들었다. 이전 퇴사자의 정보가 다음 입사자에게 전달이 되지 않았기 때문에 억울한 일을 당하는 사례가 반복해서 나왔다. 억울함을 당한 직원들은 호소할 곳 하나 없이 묵묵히 인내하며 따르거나 떠나야만 했다.

노블레스 오블리주. '나에게 조금 불리하지만, 세상 전체를 위해서는 좋은 일이야. 잡플래닛 환영!' 이게 당시 나의 진심이었다. 대표들 모임의 술자리에서 잡플래닛이 난도질을 당하고, 일부 강성 대표는 잡플래닛을 방문해서 이의 제기까지 하고, 힘을 모아서 국민 청원을 넣는 등 기업들의 반발은 심했다. 나는 심적으로는 공감했으나 이는 사용주의 권력 일부가 사용인에게 배분되는 과정에서 생기는 불가피한 통과의례로 받아들였다. 우리 회사에 관한 악플이 하나씩 늘어날 때도 일종의 성장통 또는 사소한 부작용으로 치부했다. 하지만 잡플래닛에 지속적으로 우리 회사 관련된 부정적인 피드백이 올라

오고, 그것이 사실과 다른 내용인 경우가 빈번해지자 이건 뭔가 구조적으로 설계가 잘못된 게 아닌가 의구심이 들었다. 네이버 뉴스 댓글처럼 제대로 관리하지 못하면 악화가 양화를 구축하게 된다. 잡플래닛 서비스 구조상 심각한 허점이 있는 걸로 보였다.

잡플래닛의 해악에 대해서 목소리를 높였던 대표들도 세월이 흐르면서 만성화되고 둔감해졌다. 부정적인 여론을 잠재우는 데는 잡플래닛에서 기업 리뷰를 관리할 수 있는 유료 상품을 내놓은 점이 크게 이바지했을 것이다. 기업의 입장을 달 수 있도록 댓글 기능도 추가되었다. 주변을 살펴보니 각 기업에서 잡플래닛에 대응하는 방식은 그 유형에 따라 크게 세 가지로 갈렸다.

1. 무시형 : 리뷰가 달리거나 말거나 무시한다.
2. 답변형 : 잘못된 리뷰에만 댓글을 달며 억울함에 해명하는 등 소극적으로 대응한다.
3. 관리형 : 잡플래닛 기업 유료 회원으로 가입해서 긍정적인 리뷰를 상단으로 올리고, 재직자들을 동원해서 좋은 리뷰를 달게 하는 등 적극적으로 리뷰를 관리한다.

나는 1번에서 2번으로 옮겨 온 상태이며 나중에는 3번으로 바뀔지 모르겠다. 대표들이 무시하거나 항변하는 등 각자의 해법을 찾고 있는 사이 잡플래닛은 모든 구직자와 면접자들이 필수적으로 보는 사이트로 자리매김했다. 유튜브에는 잡플래닛 평점별 대응 방법 등 영상이 수만 회씩 조회수를 찍으며 인기다.

사실 잡플래닛이 한 건 하나다. 리뷰를 쓸 수 있는 공간을 마련해 준 것. 리뷰는 힘의 원천이자 세상을 바꾼다. 다수의 리뷰는 진리가 된다. 그래서 대부분의 쇼핑몰이 리뷰 관리에 상당히 공을 들이고 있고, 이를 관리해 주는 리뷰 관리 솔루션도 다양하다.

판매자에 앞서 한 명의 고객인 나 역시 리뷰 수혜자다. 중고차를 팔 때 중고차 매매상들은 모두 사기꾼이라는데 어떻게 팔아야 할지 모르겠다는 불안이 있었다. 이런 불안을 '헤이딜러'라는 중고차 거래 앱 리뷰 덕분에 해소하고, 안심하고 만족스럽게 거래할 수 있었다. 차가 고장이 났을 때 '중고차 수리상들이 덤터기를 씌운다던데 어떡하나'라는 걱정은 '카닥'에 있는 리뷰 덕분에 말끔하고 만족스럽게 해결했다. 얼마 전 집을 이사할 때 포장이사는 '위매치다이사'에서, 입주 청소는 '미소'에서 리뷰를 통해 업체를 고른 후 만족스럽게 이사를 마무리했다. '캐치테이블'의 리뷰는 상당히 신뢰할 만해서 그곳의 리뷰를 보고 고른 식당은 언제나 만족스럽다. 리뷰를 볼 수 있는 분야별 플랫폼은 정말 많은 이들에게 큰 도움을 주고 있다.

잡플래닛 역시 이러한 앱들과 마찬가지로 사회적 약자인 구직자들에게 의미 있는 기여를 하고 있다. 예전에 직원이 몇 명 되지 않았을 때 나는 퇴사자가 생기면 그와 식사 자리를 꼭 가졌다. 나와 우리 회사가 더 나아지기 위해서 어떻게 하면 좋을지, 이제 떠나는 길이니 솔직하게 피드백을 달라는 취지였다. 근무 중일 때는 하지 못할 얘기를 그 자리에서는 허물없이 다 털어놓았고, 이는 내가 대표로서 성장하는 데 도움이 되었다. 이제는 조직이 커져서 이를 못하고 있는데, 잡플래닛이 그 역할을 대신하고 있다.

하지만 아쉽게도 현재 잡플래닛은 치명적인 한계를 안고 있다. 리뷰가 네이버 댓글화 되고 있다. 지금 네이버 댓글은 기사에서 읽지 못한 인사이트를 얻거나 독자들의 여론을 나누는 공간이 아니라 욕설과 비난으로 뒤덮여 있다. 눈살을 찌푸리게 하는 짜증만 유발할 뿐이다. 잡플래닛 역시 이런 기미가 보인다. 재직했던 회사가 성장하는 데 도움을 주는 사실 기반의 정보를 피드백하는 게 아니라 단순히 감정의 쓰레기통으로 전락하고 있는 분위기다. 이렇게 된 근본적인 원인은 익명성이라고 나는 분석한다. 익명성은 유익할 때도 있지만 무서울 때도 있다.

온라인상에 커뮤니티가 생긴 지도 벌써 30년이 넘었다. 내가 막 대학에 입학했을 무렵 천리안, 하이텔, 나우누리 등 PC통신 커뮤니티는 신세계였다. 온라인상에 처음 생긴 그 익명의 공간에서 나는 자유를 만끽했다. 인터넷 시대로 전환된 뒤, 다음카페나 디시인사이드, 뽐뿌 등에서 익명은 마음껏 의견을 주장할 수 있는 환경을 제공해주었고, 온라인 언론사에서도 익명성 덕분에 진실을 고발할 수 있었다. 하지만 거기까지였다. 정확히 언제를 기점으로 익명이 득보다 실이 많아졌는지 모르겠지만 어느 순간부터 익명은 오염되었다.

익명은 양면성을 가지고 있다. 익명은 프랑스의 시민혁명처럼 억압과 권위에 저항하는 힘이자 아랍의 봄처럼 자유를 위한 몸부림이 될 수 있는 긍정적인 뉘앙스와 음지에서 검은돈이 거래되고, 테러범들이 실체를 숨기기 위해 사용하는 부정적인 뉘앙스, 이 두 가지 면을 모두 가지고 있다. 이중 관리되지 않는 온라인 공간에서의 부작용은 너무 심각하다. 익명의 뒤에서 온갖 욕설이 난무하고 비난과 혐오가 조장된다.

금융이 실명제를 통해 한 단계 도약한 것처럼 실명이 필요한 곳은 실명으로 전환이 되어야 한다. 나는 가상화폐에 대해 우호적으로 생각한다. 가상화폐가 가진 익명성과 효율성이 금융자본에 의해 좌지우지되는 이 세상에 반향을 일으키고 긍정적인 기여를 할 것으로 기대한다. 하지만 세월이 흘러 가상화폐가 범죄에 악용되거나 득보다 실이 더 많아질 경우에는 개선책이 필요한 시점이 생길 것이다. 익명과 실명은 시간의 흐름에 따라, 세상의 변화에 따라 적절하게 상호 보완하는 과정이 필요하다.

네이버 뉴스 댓글은 작성자가 이전에 쓴 댓글을 볼 수 있게 하는 기능을 도입했지만 이는 네이버의 저급한 댓글 수준을 개선하기에는 턱없이 부족하다. 언 발에 오줌 누기다. 네이버 뉴스의 댓글을 보고 의미 있는 인사이트를 얻었다는 사람은 없다. 네이버 댓글은 없앨 수 없어서 명맥만 유지하는 과거의 유물일 뿐 세상에 전혀 도움이 되지 않는다. 잡플래닛의 리뷰 역시 개선하지 않고 이대로 간다면 어느 순간 한계에 부딪힐 것이 분명하다. 야만의 시대에서 리뷰가 문명의 시대를 열었는데, 그 리뷰가 오염되어서 다시 야만의 시대로 추락할 위기다.

이 문제를 해결할 방법은 의외로 간단하다. 부작용도 없다.
놀라울 정도로 리뷰 관리를 잘하고 있는 벤치마킹 사례가 이미 존재한다.

바로 에어비앤비다.
에어비앤비는 상호평가다.

이 좋은 서비스를

잡플래닛이 몰라서 안 하는 건지,

알고도 안 하는 건지,

내가 모르는 현실적인 어려움 때문에 못 하는 건지는 잘 모르겠다.

처음 에어비앤비를 이용한 제주도의 한 숙소에서 우리에 대해 감사의 글을 보냈을 때 나는 그것이 단순한 쪽지인 줄 알았다. 그러다가 외국의 한 숙소를 이용한 후에 그 호스트가 우리에 대해 평가한 메시지를 보내는 걸 보고 깨달았다. 내가 숙소를 평가하듯이 숙소에서도 손님인 나를 평가하는구나.

처음에는 섬뜩한 기분이 들었다. 나는 전지전능한 손님이다. 평가를 할 뿐이지 평가 대상이 아니다. 내가 평가당하는 주체로 전락했다는 사실이 불쾌했다. 그리고 잇따라 든 생각은 혹시라도 내가 무례하게 행동해서 숙소에서 나쁜 평가를 받는다면 다음에 더 좋은 숙소를 예약할 때 문제가 생길 수도 있겠다는 염려였다. 그 후 나는 에어비앤비가 노렸듯이 더 좋은 게스트가 되기 위해 시간 약속을 잘 지키고, 숙소를 더 깨끗하게 이용하고, 떠날 때 정리 정돈을 깔끔하게 하며 매너 좋게 행동했다.

이 모든 건 게스트가 호스트를 일방적으로 평가하는 게 아니라 호스트 역시 게스트를 평가할 수 있는 시스템 덕분이다. 혹시라도 내가 무례하게 행동해서 부정 리뷰를 받는다면 다음 숙소를 예약할 때 불리할 수 있다는 이 가정이 나라는 게스트의 행동을 보다 성숙하게 만들었다.

남자라면 누구나 공감할 것이다. 모처럼 군복을 꺼내 입고 예비군 훈련장에 모이는 순간 나는 군복의 익명성 속에서 자유로워진다. 쓰레기를 좀 버려도 될 것 같고 침을 뱉어도 될 거 같다. 얼굴에 인상을 쓰고 욕설을 하며 발로 물건을 좀 차도 이상하지 않다. 군복을 입는 순간 나는 개별적 특성을 가진 한 명의 개체가 아니라 누군지 알지 못하는 1/N인 예비군이 되는 것이다. 군복은 신분을 하향평준화 시키는 놀라운 힘이 있다.

반면 가끔 행사가 있어서 양복을 입게 되면 나는 어깨를 쭉 펴고, 걸음걸이부터 당당해진다. 목소리에 힘이 들어가고 신중하고 교양 있게 말을 한다. 얼굴에 미소를 짓고 사람들을 좀 더 다정하게 대한다. 옷에 먼지가 묻지 않았는지 살피고 청결에 더 신경을 쓴다. 내가 좀 더 괜찮은 사람이 된 듯한 착각 속에서 품위 있게 행동한다. 에어비앤비는 내가 군복을 벗고 양복을 입게 만들었다. 내가 품격 있게 행동할 수 있도록 시스템으로 설계했다.

에어비앤비의 의도대로 나는 매너 좋게 행동했고 모든 호스트에게 좋은 평가를 받을 수 있었다. 에어비앤비 게스트 평가 항목이 있다는 걸 알면 대부분 매너 있게 숙소를 이용하게 되고, 나쁜 점수를 받을 일도 자제하게 된다. 손님만 왕인 게 아니라 손님과 숙박업소 사장님 모두 서로를 왕처럼 존중하고 배려한다.

우리 회사는 몇 해 전부터 연 2회 다면평가를 실시하고 있다. 직원부터 대표까지 모두가 모두를 평가하고 피드백을 남긴다. 분명한 건 다면평가를 실시하기 전과 시행한 후에 멤버들의 태도가 달라졌다는 점이다. 평가가 보상과 직결된다는 걸 알게 된 후부터 팀장들은 팀원들을 좀 더 존중하고 배려해 주었다. 업무 관련 팀들끼리도 예전에는 가끔 서로 무례하게 행동하는 경우가 있었으나, 이제는 서로가 서로에 대해 리뷰를 남길 수 있다는 걸 아는 만큼 좀 더 협력하고 친절하게 대한다.

우리 사회 전반에는 일방의 평가가 아니라 상호평가 혹은 다면평가로 인해 많은 분야에서 큰 변화들이 일어났다. 그중 가장 큰 변화가 일어난 곳 중 하나가 학교가 아닐까 싶다. 폭력과 욕설이 난무했던 교실은 선생님 평가가 도입된 후 완전히 달라졌다. 도입되는 과정에서 반발도 컸고 또 다른 문제가 생기기도 했지만 과거와 비교하면 천지개벽이다. 평가를 할 뿐, 평가는 받지 않았던 선생님이라는 권위 뒤에서 난무하던 부조리함이 많이 개선되었다.

병원도 환자가 의사를 평가하는 앱이 생기면서 서비스가 좋아졌다. 여전히 검찰이나 판사처럼 견제를 받지 않는 절대적인 권력도 있지만 대부분의 영역에서 상호평가는 획기적인 변화를 일으키고 있다. 이는 억압을 당연하게 받아들였던 독재국가에서 살던 시민들이 무혈혁명을 통해 민주주의를 쟁취한 것처럼 위대한 변화다.

에어비앤비에서 호스트가 나를 평가한다는 걸 알고 나는 보다 높은 책임감을 느끼게 되었다. 나만 호스트를 공격할 수 있는 리뷰라는 칼을 들고 있는 줄 알았는데, 호스트 역시 나와 똑같은 크기의 칼을 들고 있다는 걸 깨달았다. 재래식 무기만 갖고 있는 것 같아서 얕잡아 보았던 국가가 핵무기를 보유하고 있다는 걸 알고 서로 조심하고 함부로 대하지 않는 원리랄까.

모든 인간은 저마다 저급하고 상스러운 면모부터 고귀하고 품위 있는 면모까지 다양한 스펙트럼을 갖고 있다. 내가 입은 옷이나 상황이나 환경에 따라 나의 가장 밑바닥 모습을 보이기도 하고, 때론 고차원적인 면모를 보이기도 한다. 김정운 교수가 『나도 아내와의 결혼을 후회한다』에서 고백한 것처럼 교수도 고등학교 친구를 만나면 십 원짜리 욕을 하는 철부지로 변한다.

나의 어떤 본성을 끄집어내느냐는 결국 환경에 달려 있다. 잡플래닛의 익명성은 군복을 입었을 때처럼 글 작성자의 가장 밑바닥 감정을 분출하게끔 설계가 되어 있다. 반면 에어비앤비는 양복을 걸쳤을 때처럼 품격 있는 모습을 보일 수 있게 설계가 되어 있다. 그 설계에 맞춰 이용자들은 네거티브한 면모를 적나라하게 표현하기도 하고, 절제된 감정으로 품위 있게 표현하기도 한다. 에어비앤비는 호스트 평가에 공개평가와 비공개평가가 있어서 비공개로 진심 어린 피드백을 남기는 세심한 기능까지 있다. 부정적인 피드백을 남길 때조차 에티켓을 지킬 수 있는 기능을 마련해 놓았다. 욕설은 자제하고 표현은 절제해 가며 내용은 사실에 근거해서 명확하게 표현하는 것. 그것이 진정한 리뷰다.

그렇다면 잡플래닛에서 작성자에 대한 평가는 어떤 방식으로 이뤄지면 좋을까. 평가에 앞서 우선 작성자의 신뢰도를 보여 주면 좋겠다. 직장 생활에서 측정할 수 있는 기본적인 신뢰 기준은 재직 기간이다. 그 회사에 얼마나 오랫동안 근무했는지는 평가자 리뷰에 신뢰성을 부여해 줄 것이다. 이는 국민연금과 고용보험 정보를 통해서 자동화가 가능할지 모르겠다. 기술적 어려움이 있다면 스스로 그 회사 재직 기간을 입력한 후에 글을 쓰게 하면 될 것이다. 이력서 정보를 활용하는 것도 한 가지 방안이다. 1년 넘게 사귄 전 연인의 평가는 받아들일 수 있지만 1시간 커피숍에 앉아서 잠시 대화 나누다가 헤어진 상대방이 하는 평가는 동의하기 힘들다. 사람이든 회사든 그걸 알기까지는 일정 기간의 시간이 필요하다. 재직 기간이 아무리 짧아도 6개월, 아니 1년은 되어야 그 회사에 대해 평가할 수 있는 자격은 된다고 나는 믿는다.

현재 우리 회사에 달린 악플은 정직원 전환이 되지 못하고 수습 기간에서 계약 만료가 된 이들이 남긴 경우가 많다. 수습 기간을 통과하지 못한 건 업무 역량에 문제가 있는 것이고 당연히 긍정적인 평가를 받지 못하고 헤어진다. 그 과정에서 당사자는 억울하기도 하고 정규직 전환이 되지 않아서 섭섭하기도 할 것이다. 그 부분을 이해 못 하는 건 아니다. 헤어지는 과정에서 우리 회사가 더욱더 세심하게 배려해야 한다는 점도 인정한다. 하지만 그렇다고 해서 왜곡된 가짜 정보를 퍼뜨려서는 안 된다. 그것은 사회적 해악이다.

재직 기간 정보 제공에서 한발 더 나아가 인사팀에서 퇴사자를 평가하는 기능이 있다면 어떻게 될까? 잡플래닛 글 작성자 아이디를 눌렀을 때 해당 기업의 인사팀에서 남긴 평가가 공개된다면 보다 매너 있게 사실 기반으로 글을 적지 않을까? 관광지의 무례한 식당처럼 이번이 처음이자 마지막 인연일 것이라는 생각이 거짓말과 무례함을 만든다. 그래서 한 번 따면 다시는 가지 않는 운전면허증 시험장이 그렇게 불친절한 게 아닌가. 내가 한 행동이 나의 다음 구직 활동에 영향을 미칠 수 있다는 전제가 깔린다면 똑같은 피드백을 남기더라도 보다 세련되고 정직하게 표현할 것이다. 조롱하고 과장하고 모멸감을 주는 형태가 아니라 진정으로 개선되기를 바라는 점 위주로 정제된 표현을 사용해서 피드백을 남길 것이다.

전 직장 인사팀이 퇴사자 평가를 남길 수 있고, 이 내용을 다른 기업 인사담당자가 볼 수 있다면 어떻게 될까? 이는 어마어마한 비즈니스 기회가 될 것이다. 좋은 평가를 받은 뛰어난 인재의 연봉은 더 많이 오를 것이며, 불성실하고 태도가 좋지 않은 저성과자들은 취업에 더욱 어려움을 겪을 것이다. 면접자의 말이 진실인지 검증하는 진실게임을 더 이상 하지 않아도 될 것이다. 모든 기업은 그 유료 서비스가 얼마가 되든 그걸 이용할 것이다. 회사 내 인사평가처럼 이 정보는 각 기업의 인사팀에만 공유가 되고 그 외 사람들에게는 비공개로 하는 게 나을지 모르겠다. 입사지원서와 연결해서 이력서 제출자의 이전 평가 결과를 볼 수 있다면 잡코리아나 사람인이 아니라 잡플래닛에 구직 공고를 내는 기업들이 순식간에 늘어날 것이다. 그리고 지원자 역시 평가에 자신 있는 지원자들은 잡플래닛을 통해 입사 지원을 할 것이다.

그렇게 된다면 잡플래닛은 기업에 관한 리뷰를 보는 기업 평판 서비스를 뛰어넘어 인재 평판 서비스로 확장될 것이다. 물론 이 모든 건 실현 가능성을 고려하지 않은 단순한 나의 상상이다. 현실 가능성이 없거나 부작용이 심각할 수도 있다. 다만 이런 서비스를 할 경우 갑자기 회사를 안 나온다거나, 퇴사할 때 말썽을 일으킨다거나, 인수인계를 안 하고 그만두는 등의 퇴사 시 몰상식한 행동은 획기적으로 줄어들 것이다. 이별은 아름다워야 한다. 내가 지금 하는 행동이 나의 미래에 영향을 미칠 수 있다는 전제가 깔린다면 우리는 아름답게 이별할 수 있다. 이런 환경이 자기 검열을 통해 우리가 보다 성숙된 면모를 보일 수 있도록 도와줄 것이다.

연애 앱이나 결혼 중개 앱에서도 이성에 대해 리뷰를 남겨서 다음 연애 당사자가 그 내용을 확인할 수 있다고 상상해 보자. 남자든 여자든 서로가 안 맞아서 헤어지더라도 품위를 지키며 헤어지려고 노력할 것이다. 나의 다음 연애를 고려해서 마지막까지 상대방을 배려할 것이다. 무평가도 아니고 일반평가도 아니고 서로 평가를 할 수 있고 이것이 다음 나의 행동에 영향을 미칠 수 있다는 전제조건은 인간의 행동에 큰 변화를 일으킬 것이다. 내가 에어비앤비 게스트 평가를 통해 바뀌었듯이.

영월에서 펜션을 하는 아는 사장님의 말에 따르면 네이버 예약자와 에어비앤비 예약자는 수준이 다르다고 한다. 네이버 예약자는 기본적인 에티켓을 지키지 않거나 무례하게 행동하는 경우가 있어서 두 번 세 번 더 신경을 쓸 수밖에 없는데 에어비앤비를 통해 예약이 들어오면 마음이 놓인다고 한다. 에어비앤비 예약자는 게스트 평가가 있다는 걸 대부분 알기 때문에 예의 바르게 행동하는 경우가 대부분이라고 한다. 다만 에어비앤비를 통해 예약을 하더라도 실제 이용자가 그들의 지인이거나 부모님일 경우 가끔 무례하게 행동하는 경우도 있다고 전해 주었다.

숙박 관련한 분쟁에서는 숙박업체가 잘못한 경우가 더 많다. 하지만 일부 분쟁은 손님이 실내에서 담배를 피우거나 오물을 안 치우거나, 집기를 훼손하는 등 몰상식하게 행동해서 발생하기도 한다. 손님은 정의도 아니고 왕도 아니다. 서로가 서로를 배려해야 한다. 전화 상담원이 고객들의 문의 내용을 무시해서도 안 되지만 그렇다고 고객들이 전화 상담원을 무시해서도 안 된다. 쌍방이 모두 존중하고 배려해야 한다. 기업과 퇴사자도 예외가 아니다. 서로가 서로를 좀더 위해야 한다.

잡플래닛에서는 근속기간이나 직책, 직급 등은 전산화를 통해 가져올 수도 있고 이력서를 조회해서 검증할 수도 있다. 정확도는 조금 떨어지더라도 글 작성 시 수동으로 기재하게 할 수도 있을 것이다. 인턴인지 수습인지 정규직 직원이 남긴 건지 그룹으로 나눠 표시해 주면 글 작성자의 신뢰도를 높이는 데 도움이 될 것이다. 인사담당자의 평가를 남기는 건 조금 민감한 주제다. 하지만 가능할 경우 어마어마한 사회적 효용도 가져오고 큰 비즈니스 기회가 열릴 것이다. 채용시장에 일대 혁신이 일어날 것이다. 정보의 비대칭으로 인해 채용시장에서 낭비되고 있는 비용이 얼마나 큰가. 이 부분이 획기적으로 바뀔 것이다.

유료 기업회원들은 좋은 리뷰를 1페이지에 올릴 수 있게 하는 것처럼 잡플래닛의 본질을 훼손하는 유료화 모델이 아니라 올바른 평가라는 본질에 충실하면서 큰 수익모델을 만들 수 있을 것이다. 네이버처럼 작성자가 이전에 작성한 리뷰를 볼 수 있게 하는 기능도 도움이 될 것이다. 분명한 건 채용시장에 큰 영향력을 발휘하며 많은 혁신을 일구어낸 잡플래닛이 단순히 퇴직자나 사회 부적응자들의 화풀이 공간으로 전락되어서는 안 된다는 것이다. 나는 잡플래닛이 세상에 보탬이 되고, 사회적 가치를 창출할 수 있는 잠재력을 충분히 가지고 있다고 본다. 불평등하고 불공정한 사회를 보다 공정하고 균형감을 유지하는 데 기여할 토대를 이미 갖추고 있다.

『넛지』에도 나오듯 약간의 테크닉만 추가되면 세상은 크게 바뀐다. 누군가가 나를 좋게 평가하고, 그것이 나의 다음 행동에 도움이 된다는 걸 알 때 사람은 본인이 가진 고차원적인 면모를 보인다. 그 평가가 휘발성으로 사라지는 것이 아니라 기록으로 계속 축적이 된다면

매 순간보다 품위 있는 모습을 유지할 것이다.

면접 때 면접자와 면접관 모두 첫 번째로 묻고 싶은 건 한 가지다.

"왜 그만두었나요?"

면접자는 이전 근무자가 어떤 이유로 그만뒀는지 궁금하고, 면접관은 면접자가 이전 직장을 왜 그만뒀는지 궁금하다. 잡플래닛은 이 중 한 가지를 해결해 주었다. 퇴사자 관점에서 왜 그만둘 수밖에 없었는지 설명할 수 있는 공간을 만들어 주었다. 이제 잡플래닛은 남은 한 가지. 회사 입장에서 볼 때 그가 근무 시 어땠는지도 남길 수 있는 공간이 필요하다. 잡플래닛 기업 리뷰 기능 덕분에 수많은 기업이 좀 더 구직자를 배려하게 되었듯이, 잡플래닛의 인재 리뷰 기능이 도입된다면 더 많은 구직자가 품위 있는 면모를 보일 것이다. 리뷰는 평가이고 평가가 모이면 평판이 된다. 그리고 그 평판이 쌓여서 신뢰 자본이 된다. 개인과 기업 모두 신뢰 자본을 쌓기 위해 함께 노력해야 한다.

네가 그 모양으로 했으니까 나는 더한 복수를 하겠다는 복수의 시대가 아니라 서로 그럴 수밖에 없는 상황을 이해하고 따뜻하게 품어 줄 수 있는 화해의 시대, 몰상식이 사라지고 존중과 배려 속에서 피

드백하는 긍정적인 문화를 잡플래닛은 만들 수 있다. 디테일한 기획
과 최신 기술을 활용해 보다 청결한 리뷰 정화 시스템을 만들어 내
줄 것으로 기대한다.

그전까지 나는 어쩔 수 없이 1년에 몇 번은 잡플래닛이 보낸 시스
템 메일을 받고 놀라며, 일주일이나 한 달을 채우지 못하고 떠난 수
습 직원들의 비난 글에 속상해하며, 어휘를 신중하게 골라 감정이
절제된 표현으로 답변을 달며 아침 시간을 보내야 할 것이다. 직업의
행성에서는 이런 일이 다반사다.

겨울을 대비해 도토리를 열심히 모으는 다람쥐처럼, 인간은 기억의 소멸에 대비해 열심히 휴대전화의 카메라 셔터를 누른다. 그리고 다시 보지 않는다. 한가할 때 봐야지 하고 생각하지만 한가한 순간은 오지 않고, 그 한가한 순간이 와도 그 시간엔 다른 걸 한다. 나 역시 그렇다. 그걸 잘 알고 있는 애플은 '추억 사진 알림'이라는 놀라운 기능으로 과거의 추억과 다시 만날 수 있게 도와준다. 특히 아이들의 어릴 적 사진이 추천으로 뜰 땐 순간 그 당시 기분에 젖는다. 아내와 그 사진을 공유하기도 한다. '이때 애들 참 예뻤지?' 이러면서.

얼마 전 결혼은 했으나 아이를 갖지 않은 딩크족° 부부를 연달아 만난 적이 있다. 두 커플 모두 지금 생활에 만족하고 있으며, 아이가 생겼을 때 포기할 수밖에 없는 자유와 취미 생활을 계속 유지할 수 있는 것에 만족하고 있었다. 작용에는 반작용이 따르고 모든 선택에는 그걸 하지 않았을 때 기회비용이 발생하는 법이다. 아이를 갖지

DINK: Double Income, No Kids.

않음으로써 누릴 수 있는 자유는 아이와 함께 할 때 얻을 수 있는 걸 포기해야만 얻을 수 있다. 그렇다면 아이를 가졌을 때 우리가 얻을 수 있는 가장 큰 가치는 무엇일까? 우리 아이들이 어렸을 때 나는 아이를 통해 어떤 가치와 보람을 얻었나? 그러다가 문득, 아이들이 어릴 적 내가 얼마나 자신만만하고 충만한 감정 속에 살았는지 깨달았다. 그 감정의 원천은 '인정 욕구'였다.

아이들이 중고등학생이 되면서 나는 뭔지 알 수 없는 결핍을 느끼기 시작했다. 어느 순간부터 아이들이 더 이상 나에게 '아빠 정말 대단해요!'를 외치지 않았다. 내가 보여 준 마술도 '눈속임'으로, 내가 들려주는 이야기도 '뻔한 이야기'로, 내가 하는 농담도 유치한 '아재 개그'로 폄하되었다.

한때 나는 위대했다. 아이들이 어려서 세상을 하나씩 배워 나갈 때 아빠인 나는 영웅 그 자체로 받아들여졌다. 내가 하는 모든 말과 행동에 아이들은 감탄하며 경이로운 반응을 보였다. 호기심이 가득한 반짝이는 눈빛으로 나의 모든 행동에 진심을 담아 온몸으로 나의 위대함을 찬양해 주었다. 아이들과 함께라면 나는 늘 기세등등하고 자신만만한 영웅이었고 아이들은 그것을 '인정'해 주었다. 비록 그것이 한 가족이 살고 있는 집이라는 작은 공간에서만 일어나는 일이고, 대문을 열고 세상 밖으로 나가면 그저 그렇고 그런 평범한 한 명의 가장에 불과할지라도.

당시에는 아이들이 예쁘고 기특하고 사랑스러워 고생스럽더라도 키우는 보람이 있다고 여겼는데, 사실 아이는 재롱보다는 부모의 인정 욕구를 채워 주는 역할을 더 잘한다. 경험해 본 사람은 모두 알 것이다. 아빠의 사소하고 평범한 행동에 아이가 눈을 동그랗게 키우면서 "우와, 아빠 대단해요. 우리 아빠 진짜 최고예요!"를 외칠 때 얼마나 가슴 벅찬지.

아이가 자라고 더 이상 아빠가 특별한 존재가 아니라 세상에 존재하는 1/N이라는 걸 깨닫게 될 때쯤 아이는 아빠보다 친구와의 시간을 더 즐겼다. 그 인정의 대상이 가족에게서 친구로, 책이나 미디어에 나오는 그 어떤 누군가에게로 옮겨 갔다. 그리고 아이들은 인정의 목소리를 더 이상 나에게 들려주지 않았다.

나 역시 마찬가지였다. 대학 생활에 취해서 정신없는 날들을 보내다가 겨울 방학을 맞아 시골 고향집에 돌아왔을 때 나는 적잖게 놀란 적이 있다. 과수원에 겨울 퇴비를 뿌리고 돌아오는 아버지를 마중 나갔는데, 그 거대했던 아버지의 체구가 너무 작고 왜소해 보였다. 건장한 골격에 위풍당당한 모습으로 힘을 자랑하던 나의 아버지는 그곳에 없고 힘겨운 노동에 찌든 지친 장년의 작은 남자가 서 있었다. 석양을 뒤로하고 아버지와 함께 돌아오는 길에 서늘한 찬 바람이 가슴 한편을 쓸고 지나갔다. 그날부터 아버지는 나에게 평범해졌다.

나의 아이들은 그 순간이 진작에 찾아왔을 것이다. 아빠가 더 이상 위대하지 않다고 느끼는 순간 아이들의 인정은 줄어들게 되고, 세상 모든 아빠는 영웅에서 평민으로 추락한다.

꽤 오랫동안 이해를 못 하다가 나이를 먹고 난 뒤에 겨우 깨닫게 된 것 중의 하나가 똑똑한 사람들이 비논리적으로 행동하는 것이었다. 이런 현상은 세계사나 국내외 정치에서 흔히 볼 수 있다. 히틀러나 조직폭력배, 아니면 최근에 벌어지고 있는 러시아와 우크라이나의 전쟁을 보더라도 그렇다. 리더의 의사결정에 비합리성이 존재하는 데도 많은 사람이 목숨을 걸고 그 결정을 따르고 그 사람을 위해 일을 한다. 그것도 진심을 다 바쳐서. 우리나라 정치에서도 자주 그런 모습이 보인다. 자주 보이는 게 아니라 보이지 않을 때가 더 적다. 왜 사람들은 합리적이지 않은 판단을 하고 왜 그런 사람을 따를까.

사마천의 사기에는 '사위지기자사(士爲知己者死) 여위열기자용(女爲悅己者容)'이라는 말이 나온다. 선비는 자신을 알아주는 사람을 위해 죽고, 여자는 자신을 기쁘게 해 주는 남자를 위해 화장을 한다는 뜻으로 인간의 본성을 잘 표현한 말이다. 사람은 정의에 목숨을 거는 줄 알았으나, 사실 자기를 알아주는 사람에게 목숨을 건다. 정의(正義)는 정의하기 나름이지만, 나를 알아주는 사람과 무시하는 사람은 딱 둘로 나눠진다.

이를 잘 알고 있음에도 인정은 언제나 어렵다. 2018년 12월 24일 크리스마스 전날 한창 바쁠 때, 회사의 포토그래퍼가 상담을 요청했다. 본인이 촬영한 사진에 내가 단 한 번도 진심 어린 인정을 하지 않았는데 꼭 한 번만 해 달라는 부탁이었다.

"제 사진이 뛰어나다고 한번 말씀해 주실 수 있나요?"
"왜 그 인정을 나한테 받으려고 하는 거지?"
"한스가 회사의 대표잖아요. 대표에게 인정받지 못하면 제가 일하는 데 보람을 느낄 수가 없습니다."

당시 나는 뭐라고 말했던가. 그 친구에게 객관적인 사실을 기반으로 조언을 해 주었다. 오래전 일이라 기억이 왜곡될 수 있지만 당시 이런 뉘앙스로 말했던 거 같다.

"아마추어는 타인의 시선과 타인의 인정을 위해 일을 하지만, 프로는 자신의 기준에 부합하느냐를 가지고 일을 한다고 생각해. 나는 A(가명)가 자신이 세운 기준에 맞춰 일하기를 바라지 나의 인정을 원하면서 일하는 걸 바라지 않아."

"그 의미는 알겠는데, 그래도 단 한 번만이라도 저의 사진을 인정해 주실 수 없나요? 한 번 정도는 해 줄 수 있잖아요."

"미안하지만 A. 나는 그럴 수 없네. 그건 나 자신에게 솔직하지 않은 행동이야."

"잘 알겠습니다. 그렇다면 저는 이 회사를 계속 다닐 이유가 없습니다."

그 친구의 실력이 탁월했다면 나는 쉽게 인정을 해 줬을까? 아마 그랬을 거 같다. 하지만 A의 사진도 꽤 괜찮은 편이었다. 성실했고 더 잘하려고 부단히 노력하는 인재였다. 나는 왜 그 당시 '사진을 잘 찍는다'라는 그 인정을 해 주지 못하고 인색하게 굴었을까? 이 사건은 그 이후로 문득문득 내 머릿속에 떠올라 인정 욕구가 정말 중요하다는 걸 상기시켜 주었다. 나처럼 타인의 시선을 의식하지 않는 자존감이 높은 부류가 있고, A처럼 타인의 인정을 통해 자기 존재를 재확인하려는 부류가 있는 걸 알게 되었다. 그리고 나 같은 부류 역시 인정에 취약하다는 것도 인정하게 되었다. 세상 모든 사람은 인정에 목말라 있다.

그래서 다시 2018년 크리스마스이브로 돌아갈 수 있다면 나는 어떻게 할까? 그때보다 조금 더 넓게 사람과 세상을 이해하게 된 나는 그냥 인정해 줄 거다.

"A의 사진은 특별하지. 온 정성을 담아 찍은 걸 난 잘 알고 있어. 우리 회사가 계속 성장할 수 있는 건 A의 사진 덕분이야. 게다가 사진도 나날이 나아지고 있어. 지금처럼 계속 더 잘 찍으려고 최선을 다해서 노력해 줘."

이렇게 시원하게 인정해 줄 거다. A가 듣고 싶어 하는 말을 캐치해서 바로 해 줄 거다. 물론 최대한 사실에 부합해서. 타는 목마름 상태에서 찔끔찔끔 생명을 부지할 정도로 인정의 물방울을 떨어뜨리는 게 아니라, 마르지 않는 오아시스처럼 인정의 샘물을 공급해 줄 것이다.

그런데 왜 인정해 주는 게 어려운가?

인정은 상대방의 기대치를 넘어설 때 주어진다. 나의 기대치가 아니라 평가하는 상대방의 기대치가 기준이다. 그 기준은 제각각이다. A가 사진이 아니라 노래를 부른 후에 인정해 달라고 했으면 나는 '노래 정말 잘 부른다'라며 흔쾌히 인정해 줬을 수도 있을 거다. 다만 나는 사진을 배웠고, 좋은 사진을 많이 봤고, 사진에 대한 기대치가 높은 편이었다. A는 사진을 잘 찍었지만 내가 원하는 기대치에는 조금 못 미쳤다.

무엇보다 고객의 기대치가 나날이 높아지고 있다. 충분히 만족스럽지 못한 결과물에 인정이 더해지면 결국 제품과 서비스의 수준이 하향 평준화될 우려도 있다.

인정의 기준은 개인마다 다를 뿐만 아니라 시간의 흐름에 따라 변하고 주변 환경에 따라서도 달라진다. 동네에서 공 좀 찬다고 인정받았던 수많은 축구 꿈나무가 위로 갈수록 냉엄해지는 혹독한 비판을 견디지 못하고 좌절한다. 어릴 적 신동 소리 들으며 인정을 한껏 받던 아이도 고등학교에 올라가서는 성적표를 받아 들고 좌절한다. 인정의 기준은 멈춰 있는 게 아니라 갈수록 더 높아진다.

매 순간 인정의 커트라인을 뛰어넘어서 인정을 받더라도 그 포만감은 빠르게 초기화된다. 아침 먹고 잠시 지나면 배고프고, 점심 먹고 돌아서면 배고프듯, 인정은 오래 유지되지 않고 잠깐 우리를 기쁘게 했다가 바로 사라지고 허기지게 만든다. 맨날 먹는 구내식당에는 감흥이 없듯 비슷한 맛의 인정은 식상해져서 더 이상 만족감을 주지 못한다. 새로운 맛집을 찾아 나서듯 새로운 인정을 갈구하게 된다. 인정은 받기도 힘들지만 하기도 힘들다.

이렇게 인정은 어렵지만 그만큼 강력한 힘을 가지고 있다. 나는 아이를 통해 이를 확신한다. 얼마 전 한국 출산율이 0.78명까지 떨어져서 다양한 저출산 대책이 나오고 있다. 출산 지원 대책과 각종 경제적인 지원 정책들이 제안되고 있다.

나는 개인적으로 출산율에 둔감한 편이다. 그 근간에는 지구상에 인간이 너무 많다는 생각이 깔려 있다. 중학교 때 전 세계 인구가 50억 명이라고 배웠는데, 어느새 80억 명을 넘겼다. 80억 명이 공존해 가며 살기에 우주에 떠돌고 있는 지구라는 행성은 너무 작고 품고 있는 에너지는 유한하다고 생각한다. 인류의 숫자가 현 상태에서 멈추거나 조금 더 줄어들면 인류의 영속 가능성이 더 높아지지 않을까.

그럼에도 불구하고 나는 아이를 갖는 쪽을 선호한다. 아이가 탄생하면 부모는 그 작은 생명체를 통해 놀라울 정도로 인정 욕구를 채울 수 있게 되고 내가 얼마나 위대한 사람인지 깨닫는 신비로운 경험을 할 수 있다. 일말의 의심도 없이 완벽하게 진심이 담긴 눈빛으로 엄마, 아빠의 위대함을 바라보는 그 어린 생명은 내가 he 또는 she로 불리는 평범한 한 명이 아니라 세상에 유일무이한 특별한 I가 되게 만들어 준다. 그것이 인정의 힘이다. 아이를 갖지 않을 때 누리는 자유의 가치와 아이를 통해 얻을 수 있는 인정 욕구의 가치를 달아 보면 인정의 추가 좀 더 무거울 것으로 확신한다.

리더는 사람의 마음을 사는 직업이다. 사람의 마음을 움직이는 직업이다. 인정은 그걸 가능하게 하는 놀라운 묘약임을 알고 있음에도 나는 그동안 너무 인색했다. 아이폰의 추억 사진 알림을 통해 인정의 가치에 대해 다시 되돌아본다.

이미 왜소해진 아버지를 만나면, 그 연세에도 잘 걷고, 잘 드시고, 잘 지내시는 걸 인정해 드리고
　회사 구성원들에게는 장점을 찾아서 인정해 주고
　이미 성인이 된 아이들에게는 존재 자체가 기쁨임을 인정해 주며
　주변의 만나는 사람 모두를 인정해 주는 것.

머릿속으로는 쉽지만 행동으로 옮기기는 어려운 이것들을
　잘 해내려고 부단히 노력하는 나 자신 또한 인정해 주리라.

숫자의 힘

지난주 금요일 오전에 전 직원이 다 함께 모여서 상반기 평가를 주제로 타운홀 미팅을 가졌다. 그때 한 팀에서 성과 분석 보고 중 언급했던 멘트가 계속 귀에 맴돌았다. 상반기 최고의 베스트 제품이 탄생한 배경에 내가 지나가는 말로 그 제품의 숏폼 영상을 10개 만들어 달라고 얘기한 게 도움이 되었다는 것이다. 그 제품은 제품 소개를 재미있게 한 숏폼 영상이 좋은 반응을 얻은 덕분에 상반기 최고의 베스트 제품에 등극할 수 있었다. 발표자의 얘기로는 보통 때 같았으면 콘텐츠 2~3개 만들어서 테스트해 보고 말았을 텐데, 10개라는 구체적인 숫자를 제시하니 어쩔 수 없이 새로운 아이디어를 떠올리게 되고 그 과정에서 재치 있고 기발한 아이디어들이 나왔다는 거였다.

평소대로 '숏폼 영상 잘 만들어 주세요'라는 추상적인 언급이 아니라 '가능하면 이번 주 내로 10개는 제작해 주세요'라고 무심결에 툭 던진 멘트가 상반기 베스트 제품을 만든 배경이라니. 10개라는 숫자가 평범함에서 벗어날 수 있는 동기부여가 되었다는 말의 울림이 크게 와닿았다. 숫자의 힘을 다시 한번 되새기게 되었다.

몇 년 전에 아내가 10km 마라톤에 도전한다고 그러기에 남편인 내가 지켜 줘야겠다는 마음으로 용감하게 동반 참가 신청을 한 적이 있다. 처음에는 고작 10km 아닌가 하고 우습게 생각했다. 하지만 나의 의지와 현실의 괴리는 꽤 컸다. 대회 날 평소 조깅으로 단련된 아내는 저질 체력인 남편이 헉헉대며 따라오는 걸 측은한 눈빛으로 바라보며 페이스를 맞춰 주더니, 나중에는 도저히 안 되겠는지 '천천히 따라오라'라며 먼저 질주해 나갔다. 혼자 남은 나는 다리가 후들거리고 심장이 터질 것 같아서 포기하려고 했다. 그때 옆에서 스태프처럼 보이는 이가 60분이라고 적힌 깃발을 들고 달려가는 게 보였다. 그 60분을 쫓아서 한동안 포기하지 않고 달릴 수 있었다. 그러다가 60분이 저 멀리 사라져서 다시 포기하려는 마음이 생길 때쯤 70분이라는 새로운 깃발이 옆에서 다가왔다. 그 깃발 뒤로 나 같은 저질 체력들이 달라붙어서 숨을 헐떡거리면서 따라가고 있었다. 그렇게 나는 10분 단위로 목표를 설정해서 달려가 주는 스태프 덕분에 마침내 10km를 완주할 수 있었다. 목표 설정과 숫자의 힘에 대해 체감한 경험 중 하나다.

숫자의 힘은 정말 놀랍다. 숫자를 넣는 순간, 막연함은 구체적으로 변한다. 남 일 같던 일이 내 일이 되고, 여유롭던 시간에 긴장감이 감돌게 된다. 예를 들어 올해는 건강을 챙겨야겠다는 목표를 세운다고 하면, 당장 그때는 마음이 평온하다. 목표는 목표대로 따로 있고, 내 현실의 삶은 현실대로 따로 움직인다. 하지만 주 3회 수영과 주 2회 헬스, 그리고 매일 30분 걷기를 내일부터 하겠다고 숫자로 된 구체적인 목표를 세우는 순간, 뭔가 알 수 없는 힘이 가슴을 압박해 오면서 좀 더 열심히 살아야 할 거 같은 동력을 받게 된다.

우리 회사가 코스닥에 상장할 거라는 얘기도 마찬가지다. 그건 그냥 막연한 꿈 같은 것이었다. 하지만 2026년 봄에 상장할 계획이며, 그러기 위해서는 심사청구를 2025년 가을에 들어가야 하고, 2025년 매출과 영업이익은 얼마가 되어야 하며, 그러기 위해서는 임의감사와 IFRS 회계 전환 등을 언제까지 완료하고 어느 정도의 영업이익을 내야 한다고 숫자로 말하는 순간, 그 꿈은 현실 가능한 목표로 훅 다가온다. 숫자는 느슨하던 마음에 다시 탱탱한 긴장감이 흐르게끔 만들어 준다.

그렇다고 모든 숫자가 강물 속의 연어처럼 싱싱하게 살아 있는 건 아니다. 어떤 숫자들은 싸늘하게 죽어 있다. 사실 숫자는 껍데기에 불과하다. 껍데기 안에 내용을 넣어야 한다. 이루고 싶다는 갈망과 그 숫자의 현실적인 의미가 그 안에 들어갈 때 하나의 숫자로 완성이 된다. 이런 점에서 숫자는 언어와 상당히 닮았다. 우리는 누군가에게 '사랑해'라는 표현을 들으면 감정의 동요가 일어난다. 'I love you'라는 표현을 들었을 때도 누군가의 마음이 전해진다. 하지만 'Я люблю тебя'라는 문자를 봤을 때는 러시아어를 아는 사람만 감정을 느낄 수 있을 뿐, 그렇지 않은 사람은 그 어떤 공감도 일어나지 않는다. 숫자도 마찬가지다. 그 숫자에 담긴 참 의미를 해석하지 못하면 숫자는 죽어 있는 기호에 불과하다.

어떤 직원이 이번 프로모션의 목표 매출을 1천만 원이라고 했을 때, 그 숫자는 반쯤 살아 있는 상태다. 상사에게 보고할 목적으로 예상 매출을 적고, 프로모션이 끝난 후 또다시 보고용으로 양식에 맞춰서 달성률을 적는 행위는 죽어 있는 숫자를 다루는 일이다. 그 숫자에 반드시 이루겠다는 간절함이나, 프로모션이 끝난 후 성공했다는 짜릿함 혹은, 달성하지 못한 아쉬움이 있을 때야 그 숫자는 살아 있다고 볼 수 있다. 더 나아가 1천만 원이라는 숫자 너머에 있는 의미를 되새긴다면, 1천만 원을 달성하기 위해서 3백 명의 고객에게 이 제품으로 기쁨을 주겠다는 사명감을 가진다면 그 숫자에는 영혼까지 들어가 있다고 해도 과언이 아니다. 1천만 원이 단순한 숫자 1에 0이 7개인 숫자가 아니라 이 금액은 최고급 노트북과 스마트폰을 모두 살 수 있는 금액이며, 자동차를 사기에는 조금 부족한 금액, 누군가의 연봉으로는 부족하지만, 월급으로는 아주 많은 금액이라는 실체화된 느낌이 오면 그 숫자는 생명의 기운이 듬뿍 담긴 상태가 된다.

그렇다면 어떻게 하면 숫자에 생명과 영혼을 불어넣을 수 있을까? 내 생각에 가장 쉽고 간단한 방법은 '어림잡기'다. 모든 숫자를 생생하게 기억할 수 있는 천재가 아니라면 우리는 어림잡기를 통해서 숫자의 크기를 느껴야 한다. 어림잡기는 동그라미, 즉 '0'의 개수를 아는 거다. 5,000원과 50,000원과 500,000원의 차이를 아는 정도면 어림잡기로 충분하다. 동그라미가 3개인지, 4개인지, 5개인지 알면 된다. 모처럼 만난 친구와 찾은 일식집 식사가 1만 원인지 3만 원인지 6만 원인지 파악하는 건 어림잡기 관점에서는 그다지 중요하지 않다. 하지만 비즈니스에서 3만 원인지, 30만 원인지, 300만 원인지 구별하는 건 정말 중요하다. 0의 개수 차이는 때론 비즈니스의 사활이 달려 있을 정도로 중요하니까.

사업이나 실무 경력이 꽤 된 분들은 다들 경험했듯이 실제 업무에서 0의 개수 차이로 인한 해프닝은 의외로 드물지 않게 일어난다. 10년 전쯤 회사 앞에 조그마한 스카프 공장이 있었는데, 그곳 사장님이 우리 회사를 찾아왔다. 이웃인데 싸게 만들어 줄 테니 유아 손수건을 주문해 달라는 부탁이었다. 한 시즌 사은품으로 적당해 보여서 원가 1,000원에 1,000개. 사은품으로 100만 원 정도 예산을 쓰기로 멤버들과 결정했다. 중간에 담당 디자이너가 공장에서 물량이 10% 정도 더 초과 생산될 거 같다는 얘기를 보고 받고 110만 원 정도면 괜찮겠지 싶어서 흔쾌히 동의했다. 그런데 한 달 후 품의서에는 1,100만 원이 적혀 있는 게 아닌가. 놀라서 확인해 보니 우리 담당자가 1,000개가 아니고 10,000개로 오주문을 넣은 거였다. 그 손수건은 한 시즌이 아니라 약 3년간 우리 브랜드의 시그니처 사은품처럼 사용되었다.

처음엔 어떻게 천 개와 만 개를 구분하지 못하고 착각을 할까 싶었지만, 숫자가 공감되지 못하고 죽어 있으면 이런 일이 자주 일어난다는 것을 경험으로 하나씩 깨닫게 되었다. 숫자는 사람을 움직이는 엄청난 힘을 갖고 있지만 그건 그 숫자가 나에게 와닿았을 때만 가능하다. 원가 산정을 할 때, 프로모션 예산을 짤 때, 해외 물품 대금을 송금할 때, 일상적인 품의서를 작성할 때, 그리고 재고자산을 파악할 때 잠시라도 긴장을 늦추면 숫자는 시름시름 죽은 상태가 된다.

팀장 정기 미팅 때 누군가 실적과 목표에 대해 장황하게 숫자를 언급하다 보면 나는 대표임에도 불구하고 그 숫자들이 전혀 공감되지 않을 때가 자주 있다. 큰 숫자, 작은 숫자, 관리해야 할 숫자, 참고해야 할 숫자 등 숫자마다 영향력의 크기와 중요도의 차이, 또는 절박함의 강도가 다른데, 이를 같은 비중으로 언급할 경우 숫자는 지루해진다. 중요도나 시급한 정도에 따라 음악의 리듬처럼 강약이 있어야 하는데, 전쟁터에 죽은 시신을 세듯 의미 없이 나열하는 숫자는 숫자로서 생명이 다했다고 보는 게 맞다.

어릴 적 우리 부모님은 고향에 일거리가 없어 객지로 나가셨고, 그 때문에 나는 초등학교 때까지 할머니와 살았다. 일제강점기에 태어난 할머니는 학교 근처도 가 보지 못해서 한글은 물론 숫자도 몰랐다. 한때 나는 할머니가 숫자를 아시는 줄 알았다. 벽에 걸려 있던 벽시계를 보시면서 하루를 계획했기 때문이다. 하지만 그 벽시계가 고장이 난 후 모처럼 방문한 아버지가 숫자로 된 전자시계를 사 오자 할머니는 더 이상 시계를 볼 수가 없었다. 그동안 시곗바늘 위치로 시간을 파악했는데 벽에 붙은 전자시계는 냉정하게 숫자로만 표시가 되어서였다. 할머니는 매번 나에게 지금 몇 시냐고 묻다가 결국 숫자를 못 읽는다는 걸 손자에게 들켰다. 긴 세월을 살아오시면서 아라비아 숫자 10개 배우는 게 뭐가 그리 어려웠을까. 내가 '지팡이처럼 생긴 게 1'이라며 이런 식으로 숫자를 알려드리니 할머니는 금방 숫자를 깨우쳤다. 그 뒤로는 시계뿐만 아니라 이웃과 간단한 돈거래를 할 때도 숫자를 직접 쓰는 등 숫자라는 도구를 자유자재로 이용했다. 할머니는 내가 대학생 때 돌아가셨는데, 50만 원도 되지 않았던 유산 중 나에게 따로 5만 원을 전해 주라고 유언을 남기셨다. 기력이 있으실 때 종이에 숫자를 적어 가며 얼마 되지 않는 유산을 배분하셨을 모습이 상상되었다.

생텍쥐페리의 어린 왕자에는 '어른들은 숫자를 좋아한다'라는 표현이 나온다. 우리는 어른이고 숫자를 좋아한다. 숫자는 사람에게 동기부여를 해서 세상을 변화시키는 놀라운 힘을 갖고 있다. 다만 '숫자만' 좋아해서는 곤란하다. '숫자도' 좋아할 때 진짜 숫자가 힘을 발휘한다. 결혼 22주년을 맞아서 아내에게 골드바를 선물한 적이 있다. 목걸이보다 환금성이 좋을 것 같다는 다소 숫자적 계산이 들어가 있는 선물이었다. 시간이 좀 지난 후에 아내는 "비싸지 않아도 괜찮으니까, 예쁜 목걸이가 더 좋다"라고 조심스레 피드백을 해 주었다. 되돌아 생각해 보니, 숫자 맹신주의자인 내가 생각해도 이건 좀 지나치지 않았나 싶다. 그럼에도 불구하고 숫자가 위대하다는 사실에는 한치의 변함이 없다.

함께 책을 읽는다는 건

2016년 10월 12일 수요일이었다. 가깝게 지내던 회사 대표와 함께 세미나를 듣고 돌아오는 길에 독서 경영 관련해서 대화를 나눴다. 그분은 6개월 전에 독서 경영을 도입했는데 성장하는 조직 문화를 만드는 데 도움이 된다고 적극 추천했다. 진작부터 독서 경영을 도입하고 싶었는데, 이날 마음을 굳혔다.

생각이 길어지면 이 핑계 저 핑계를 대며 실행이 늦어질 거 같아 그 주 토요일에 교보문고에서 책을 쭉 훑어보고 월요일에 출근해서 직원들한테 다음 주부터 우리 모두 함께 책을 읽고 북토크를 할 거라고 선언했다. 그렇게 해서 읽은 첫 북토크 책이 일본 작가가 쓴 『청소력』이었다. 안 쓰는 물건은 버리고, 일하는 공간은 깨끗한 공기로 환기시킨 후 감사하는 마음으로 청소를 하면 우주의 기운이 와서 행운을 준다는 다소 허황된 내용이었다. 하지만 분명한 건 그 책을 읽은 후 우리 회사는 좀 더 깨끗해졌다.

내가 북클럽을 운영하게 된 배경은 무자본 창업이 그 뿌리다. 2016년 화장실도 없는 3.3평 주차장에서 첫 창업을 하다 보니 직원 한 명 뽑기가 하늘의 별 따기였다. 옆 건물 경비 아저씨가 없는 빈틈을 타서 몰래 화장실을 다녀와야 하는 직장을 선호하는 직원은 드물었다. 당시 우리 회사 입사 조건은 단 하나, '내일도 출근하는 직원'이었다. 그러다 보니 초창기 입사한 직원들은 열정적이었으나 기초 지식이 얕았다.

직원 역량의 총합이 곧 회사의 역량인 만큼, 어떻게 해서라도 직원들의 실력을 키워야 한다는 절박함이 있었다. 자기 주도적으로 학습을 하면 좋겠지만 이는 현실적이지 않았다. 외부 강연이나 컨설팅을 받을 만한 상황도 아니었다. 책이 제일 쉽고 효과가 컸다. 저비용, 고효율의 가성비가 가장 좋은 학습 방식이 독서라고 확신했다.

그날을 시작으로 매주 북클럽이 있는 금요일은 8시에 출근해서 한 시간 동안 책에 관해 이야기를 나눴다. 금요일은 2시간 일찍 퇴근하는 복지가 있었기에 조기 출근에 따른 반발은 크지 않았다. 처음에는 의욕이 앞서서 2주에 한 번씩, 월 2회씩 북클럽 시간을 가지다가 벅차다는 의견이 많아 월 1회로 변경했다. 직접 책값 일부를 내면 완독률이 높아진다는 얘기를 듣고 처음에는 50% 도서비 지원을 했으나 나중에 100% 지원으로 바꾸었다.

도입 당시 북토크 진행 방법에 대해 알아봤는데 '본, 깨, 적' 방식이 쉬우면서 적절해 보였다. 책에서 본 것, 깨달은 것, 마지막으로 내 삶에 적용할 것을 차례대로 얘기하는 방식이었다. 한동안 이렇게 진행하다가 시간이 흐르면서 '책에서 느낀 점', '인상 깊은 구절', '업무에 적용할 것' 등으로 변해 갔다. 가끔 배가 산으로 가기도 해서 북토크를 하는 건지 일상 잡담을 나누는 건지 헷갈릴 때도 있다.

책 선정은 연말에 다음 해 1년 치 책을 한 번에 선정한다. 전 직원들에게 1인당 1권씩 추천받아서 내가 최종적으로 고른다. 나 역시 추천 도서를 넣어서 신중하게 총 11권을 고른다. 1권을 비워 두는 이유는 신간 중 좋은 책이 나오면 그 책을 같이 읽을 수도 있고, 각자가 읽고 싶었던 책을 볼 수 있는 시간으로 활용할 수도 있어서다. 책 선정 시 직무 간 균형을 고려한다. 브랜딩이나 마케팅 서적과 더불어 제품 개발, 디자인, 고객 상담, 물류, 회계 등 전 파트에 걸쳐 도서를 선정한다. 실용서뿐만 아니라 소설, 에세이, 철학, 동화, 웹툰 등 분야별 다양성도 추구한다. 연초와 연말 등 시즌성, 그리고 책의 깊이와 재미도 도서 선정 시 고려한다. 무거운 주제의 책을 한 권 읽었으면 그 뒤에는 쉽고 재미있는 책을 한 권 배치하는 식이다.

북클럽은 1년 임기의 북클럽 리더를 뽑아서 전반적인 운영을 맡긴다. 그가 책 안내도 하고 중간중간 독서 독려 메시지도 보내고, 도서 구입과 정산도 맡는다. 조 선정과 저자 초청, 책거리 등의 행사도 기획한다.

북클럽 진행은 전적으로 각 조의 조장이 맡는다. 매번 랜덤으로 조장이 선출되어 사회를 보고 진행한다. 북클럽 분위기는 너무 무겁거나 심각하면 안 된다. 농담을 주고받으며 웃음이 터져 나오는 분위기면 좋다. 맛있는 간식을 먹으면서 책 내용에 관해 솔직한 대화를 나눈다. 즐겁고 편안한 분위기를 유지하는 게 중요하다.

매달 바뀌는 조원은 미리 선정되어 사전에 안내가 되지만 나는 당일에 어느 조에 참석할지 결정한다. 직원 중 한 명이 내가 속한 조와 그렇지 않은 조의 완독률 차이가 크다며, 당일에 어느 조에 갈지 정하는 게 더 효과적일 거 같다고 제안했는데, 일리가 있어서 받아들였다.

내가 조를 고르는 기준은 세 가지다. 최근에 입사한 수습 중인 직원이 있다면 그 조에 참석한다. 북토크 시간은 그 사람을 더 잘 이해할 수 있는 좋은 기회다. 수습 직원이 없을 때는 최근 고민이 많거나 상담이 필요한 직원이 있는 조에 참석한다. 책 얘기를 나누며 자연스럽게 어떤 고민과 어려움을 가졌는지 파악할 수 있다. 그러한 직원도 없을 땐 책을 추천한 직원이 있는 조에 참석한다.

책을 읽고 나면 간략하게라도 독후감을 남겨야 한다. 회사 내 협업툴로 사용 중인 '노션' 북클럽 게시판에 세 문장 이내로 각자 독후감을 남긴다. 북클럽 전날까지 남기는 게 원칙인데, 당일 아침에 올리는 경우도 종종 있다. 책에 영감을 받은 직원은 장문의 독후감을 남기기도 한다.

책은 꼭 읽지 않아도 된다. 다른 회사는 어떻게 하는지 모르겠는데, 우리는 독서가 의무가 아니다. 책 표지조차 펼치지 않고 참석하더라도 제재나 벌칙은 없다. 나중에는 혹시 생길지 모르겠지만 지금은 그렇다. 한 장만 읽고 와도 된다. 다만 책을 안 읽고 온 사람은 엉뚱한 주제로 뜬구름 잡는 얘기를 하기도 한다. 그래서 책 읽는 걸 힘들어하는 직원들도 대체로 몇 장은 읽고 온다. 아니면 블로그 서평이나 유튜브를 보고 올 때도 있다. 북클럽 참여는 의무이지만 독서는 의무가 아니다. 팀장들한테는 솔선수범하는 모습을 보여달라고 얘기한다. 나는 독서를 좋아하는 편이라서 대부분 완독한다.

사실 책 한 권 읽기가 쉽지 않다. 우리나라 국민의 절반 이상이 1년 동안 단 한 권의 책도 읽지 않는다는 조사 결과를 본 적이 있다. 그래서 직원들이 의무감으로 책을 읽기보다는 재미를 느낄 수 있도록 가볍게 시작했다. 공부하기 싫어하는 학생한테 억지로 숙제를 내주기보다는 쉬운 문제부터 스스로 풀어서 공부에 재미를 붙이기를 바라는 마음이었다. 꼭 책을 읽지 않더라도 북토크 시간에 참여하는 것만으로 책과 조금 더 가까워질 거라는 기대감도 있었다. 우리 아이들이 어릴 적 만화책을 보더라도 서점을 데리고 다닌 것과 비슷한 이유다.

8년 넘도록 북클럽 문화를 잘 유지할 수 있었던 건 독서의 효능에 대한 확신이 있었기 때문이다. 독서는 달리기와 비슷하다. 방구석에서 뒹굴뒹굴하다가 아내에게 이끌려서 동네 한 바퀴 뛰고 온 뒤 '오늘 괜히 달렸어'라는 말을 나는 해 본 적이 없다. 집 밖으로 나가는 게 귀찮더라도 뛰고 난 후에는 언제나 상쾌함과 뿌듯함을 느낄 수 있었다. 독서 역시 힘들긴 해도 완독 후 느끼는 성취감이 꽤 크다. 더 성장하고 성숙해진 기분이다. 독서는 해악은 없으면서 효능은 탁월한 묘약이다. 다만 읽어야 하는 동기부여가 안 될 뿐이다. 좋은 게 확실한데, 누군가 머뭇거릴 땐 살짝 떠밀어도 된다고 나는 믿는다.

사내 북클럽이 아니라 한 명의 개인으로서도 독서는 도움이 많이 된다. 주변 지인과 얘기를 나누다 보면 구입한 모든 책을 다 완독하려는 이가 간혹 있는데 그럴 필요는 없다. 저자가 책 한 권을 썼다는 건 정말 위대한 일이다. 하지만 위대한 건 위대한 것이고, 그 책의 효용은 따로 따져 봐야 한다. 책 한 권을 읽으려면 꽤 많은 시간을 써야 한다. 얇은 책은 3~4시간이면 읽을 수 있지만. 제대로 읽으려면 6~10시간 정도는 투자해야 한다. 그 시간만큼 책 내용이 유익해야 시간 대비 가치가 있는 책이다. 서점 가판대에는 독자가 아니라 저자를 위해 출간된 책도 있고 수준이 낮거나 짜깁기한 책도 있다. 내용은 부실한데, 마케팅을 잘해서 베스트셀러가 된 책도 있다. 때론 내용은 좋지만 내 상황과 맞지 않는 책을 구입할 때도 있다. 그런 경우 완독은 의미 없다. 그냥 쓱 한번 훑어보고 덮어도 된다. 아무도 뭐라고 하지 않는다.

나는 세 가지 기준으로 내 방 책장을 분류해 놓았다. 읽은 책, 읽을 책, 그리고 인테리어 소품용 책. 인테리어 소품용 책장에는 내가 제목에 혹해 잘못 샀거나, 앞부분을 읽어 보니 나와 맞지 않거나, 세미나 같은 곳에서 선물로 받았는데 내 취향이 아닌 책을 보관한다. 언젠가 이 책들을 버리겠지만 아직은 차곡차곡 모아 두고 있다. '아이의 학습 능력은 그 집의 책 권수와 비례한다'라는 연구 결과를 어디선가 본 게 영향을 미쳤다.

북클럽을 지속하려면 대표의 강한 의지가 필수적이다. 아주 강한 의지가 필요하다. 하지만 대표의 의지는 몇 달 지나면 흐지부지될 수 있는 만큼 독서 경영을 조직 문화로 안착시켜야 한다. 처음엔 호기롭게 시작했다가, 현업에 닥친 이슈를 해결한다고 정신이 없는데 북클럽 시간에 일과 무관한 에세이를 읽으며 시시덕거리다 보면 '내가 지금 뭐 하는 짓인가'라는 '현타'가 올 수 있다. 매일 닥치는 장애물에 영향을 받지 않고 꾸준히 독서 경영을 하려면 시스템화가 반드시 필요하다. 북클럽을 정례화시켜야 하며, 그 어떤 상황에도 중단이 있어서는 안 된다. 실무를 맡아서 진행할 담당자가 필요하며, 책거리 같은 이벤트를 통해서 재미를 보태야 한다. 가끔 가볍고 흥미로운 책도 포함시켜서 책 읽는 행위 자체에 재미를 느끼게 하는 것도 꼭 필요하다. 한 권의 책은 한 접의 보약이라 생각하고 꾸준히 조직의 체력을 키워 나가야 한다.

3년 전 우연한 기회에 저자 초청 특강을 했는데 생각보다 반응이 좋았다. 저자를 직접 만나서 대화를 나누는 건 기대보다 신선했다. 그 뒤로 해마다 한 번씩 저자 초청 자리를 가지고 있다. 우리가 선정한 책 중 관심 있는 주제가 있으면 그 저자에게 연락을 취한다. SNS를 이용하기도 하고, 출판사를 통하기도 하고, 지인을 통해 알아보기도 한다. 제안을 거절하기도 하고 반기기도 한다. 강의료를 거절하는 분도 계시는데 유명한 분이 아니면 적절한 선에서 답례해 드리면 좋다.

책거리는 연말 이벤트성으로 진행한다. 첫 책거리는 시집을 읽고 각자 자작시를 써 보는 거였다. 그해 12월에 정호승 시인의 시 묶음 집을 읽었는데, 학창 시절 기억이 떠올라서 함께 자작시를 써 봤다. 조별로 1, 2위를 뽑아서 연말 송년회 때 여섯 명이 자작시 낭송회를 가졌고, 운 좋게 등단한 시인이 심사위원으로 오셔서 수상자를 뽑고 시상을 했다. 마침 그날 바이올린 연주팀을 초대했었는데 직접 연주 하는 BGM 속에 읊는 시는 감흥이 남달랐다. 당시 대상을 받은 시는 물류팀 팀장이 썼던 「알사탕」으로 기억한다.

그다음 12월에는 웹툰을 읽고 1단에서 4단짜리 웹툰을 직접 그려 보는 시간을 가졌다. 이것이 계기가 되어 나중에 우리 회사에서 출 판업을 등록해 육아 웹툰 작가들의 작품으로 『오즈툰』이라는 웹툰 책을 출간하기도 했다.

책거리 중 가장 기억에 남는 건 일력을 만든 것이다. 서른여섯 명의 직원이 그동안 읽은 북클럽 도서 중에서 인상 깊은 문장 10개씩을 골랐고, 이 문장을 활용해서 365일짜리 일력을 만들었다. 매일 일 력을 한 장씩 찢을 때마다 우리가 함께 읽었던 책의 문장을 다시 만 나는 건 특별했다. 이 일력을 VIP 고객과 지인들에게 선물해 줬는데 반응이 아주 좋았다. 올해에는 어떤 책거리를 할까, 아마 가을쯤 되 면 멤버들과 논의해서 뜻깊고 재미있는 책거리 이벤트를 기획할 것 이다.

북클럽에 참석한 직원들의 후기는? 당연히 '힘들다'가 제일 많다. 책 한 권 읽는 게 그렇게 쉽지 않다. 특히 책 읽기가 훈련되지 않은 사람한테는 상당한 고역이다. 하지만 이 힘든 걸 몇 년째 해내고 있는 직원들의 리뷰는 처음에 비해 많이 좋아졌다. 육아맘인 한 직원은 '제가 책 읽는 모습을 보고 아이가 덩달아 책을 좋아하게 되었어요'라는 후기를 남겼다. 집에 실용서 3~4권 빼고는 책이 없었던 직원은 책이 조금씩 쌓이자 책장을 샀고 이제 주말에는 가끔 서점에 간다고 전해 주었다. 또 어떤 이는 '제가 책을 읽으면 엄마랑 아빠가 북클럽 주간이 도래했다는 걸 알고 응원해 준다'라고 말했다. 직원들이 직접 표현하지는 않았지만, 책 읽기의 가장 큰 변화는 아마 '책을 전혀 읽지 않던 사람'에서 '책을 꾸준히 읽는 사람'으로 본인의 정체성이 변한 게 아닐까 싶다. 정기적으로 책을 읽으면서 성장하고 있다는 느낌을 갖는 것, 이게 어쩌면 가장 큰 효능일 것이다.

회사에서 전 직원이 같은 책을 읽는 만큼 주의해야 할 점도 있다. 가장 조심해야 할 건 이상한 책 고르지 않기다. 베스트셀러 중에는 '대충 살아'라는 책들이 의외로 많다. 그런 책들이 심신의 위로와 영혼의 안식에는 도움을 줄지 모르겠다. 하지만 '더 잘하려고 노력할 필요 없고, 지금 이대로 좋다'라는 마인드는 성장을 추구하는 조직 문화에는 알맞지 않다. 조직의 북클럽은 '개인의 성장'이라는 뚜렷한 목표가 있다. 그래서 '현실 안주'를 추구하는 책은 걸러 내야 한다.

북클럽을 하면 좋은 점이 많다. 직원 개개인을 더 깊이 이해하게 된다. 대표와 직원이라는 관계가 아니라 같은 책을 읽은 '사람 대 사람'의 관계로 직원을 대하게 된다. 몇 년씩 근무한 직원과도 일 이외의 주제로 대화를 나눌 일이 의외로 적은 게 현실이다. 책 덕분에 매번 새로운 주제로 얘기를 나누다 보니 직원들의 가치관과 개인적 고민에 대해 더 많이 알 수 있게 되었다.

사람들이 같은 단어를 사용하게 된다는 점도 효과 중 하나다. 책에 나오는 단어는 북토크를 통해서 입에 붙게 되고 이를 모두가 함께 사용하면서 친밀감과 유대감이 형성되었다. 『애자일』 책을 읽으면 '애자일'이라는 단어가 낯설지 않고 『OKR』 책을 읽으면 'OKR'이라는 단어가 익숙해진다. 책을 통해서 멤버들이 비슷한 단어를 사용하게 되면서 원팀 마인드가 더 강화될 수 있었다.

독서는 분명 학습과 성장의 문화를 조직 내에 자연스럽게 뿌리내리게 도와준다. 새로운 것을 배우고 성장하려고 노력하는 행위 자체가 조직의 DNA로 자리 잡는 데 분명하게 기여한다. 그리고 이는 꼭 지적 영역뿐만 아니라 개인의 사고력 향상에도 도움을 준다. 책을 통해 사색하고, 깊이 있게 사고할수록 우리 뇌의 생각 근육은 강해진다.

　이렇게 책이 많은 효능을 가지고 있지만, 책 읽기가 힘든 건 분명한 사실이다. 어떻게 하면 책을 잘 읽을 수 있을까? 그 어떤 훌륭한 계획도 실행이 따르지 못하면 아무 의미가 없다. 실행하는 자가 세상을 바꾼다. 책 읽기 실행을 도와줄 팁 몇 가지를 공유해 본다.

　우선 다양한 종류의 책을 동시에 읽는 게 꽤 도움이 된다. 아침에 읽고 싶은 책이 다르고 저녁에 읽고 싶은 책이 다르다. 휴일에 읽고 싶은 책과 월요일에 읽고 싶은 책이 다르다. 비 오는 날과 맑은 날 읽고 싶은 책이 다르다. 내 기분에 따라서도 읽고 싶은 책이 또 다르다. 어떨 때는 깊이 사색할 수 있는 책에 빠져들고 싶고, 어떨 때는 흥미로운 소설책을 잡고 싶다. 또 어떨 때는 회사 실무에 직접적으로 도움 되는 책을 읽고 싶고, 사람에 대해 고민일 때는 심리학 책에 이끌릴 때도 있다. 그래서 책상에 3, 4권 정도 다른 분야의 책을 펼쳐 놓으면 그때마다 내 상황에 맞춰서 책을 고를 수 있어서 독서 습관을 유지하는 데 도움이 된다. 밥상에 다양한 반찬을 올려놓으면 그날의 기분에 따라 먹고 싶은 반찬을 골라 먹을 수 있는 것이다.

　더 직접적으로 독서에 도움을 주는 팁도 있다. 책을 읽으려면 필요한 조건이 하나 있다. 바로 책을 읽고 싶을 만큼 '심심'해야 한다는 점이다. 그런데 지금은 재미있는 게 넘쳐나는 세상이다. TV와 스마트폰에는 말초신경을 자극하는 재미있는 콘텐츠들이 늘 우리를 기다리고 있다. 독서의 느린 재미는 TV와 스마트폰의 발 빠른 재미와는 대적할 수가 없다. 그래서 내가 취하고 있는 방법은 다음 두 가지다.

우선 거실을 책 읽는 공간으로 만들었다. 우리 집에서 TV는 아이패드를 통해서 방에서 보는 게 원칙이다. TV가 거실이나 안방에 있으면 TV 보는 게 우선시되고 책 읽는 사람이 다른 공간으로 피해서 책을 읽어야 한다. 이러한 환경은 책 읽기에 너무 불리하다. 거실의 서열을 매길 경우 책이 우선이고 TV와 스마트폰이 그다음이다.

다음으로 스마트폰과 거리 두기다. 내 스마트폰의 집은 차다. 퇴근할 때 스마트폰을 차에 두고 내린다. 그러면 집에서 책 읽기가 한결 수월해진다. 퇴근 후 저녁을 먹고 아내와 대화를 좀 나눈 후에 샤워하고 나면 이내 '심심'해진다. 그러다 보면 자연스럽게 책으로 손이 간다. 스마트폰을 집에 갖고 오는 순간 유튜브와 페이스북과 인스타그램과 카톡이 끊임없는 재미를 나에게 선사한다. 하지만 모두 인스턴트 재미다. 말초신경을 자극하는 순간의 쾌락 속에 평온한 밤 시간은 모두 날아가 버린다. 그래서 나는 주말에도 폰을 차에 두고 퇴근할 때가 잦다. 폰을 집에 가져오지 않을 때의 효능은 실행해 보면 바로 안다. 영혼이 맑아지는 기분을 한번 느껴 보고 싶지 않은가?

귀꺼풀

두 명의 목소리가 특히 컸다. 목소리가 큰 직원 중 한 명이 센터에서 본사로 보직이 변경되면서 본사의 소음 문제가 좀 더 부각이 되었다. 처음 거래처와 전화 통화를 시작할 땐 소곤거리는 목소리다. 하지만 대화에 빠져들면서 점점 목소리가 커져 어느새 사무실이 쩌렁쩌렁 울린다. 내 사무실은 유리로 방음이 되어 있어서 별 상관이 없었지만, 직간접적으로 소음 피해를 호소하는 동료들이 늘어났다.

개선하려면 측정부터 해야 한다. 데시벨 측정기 3대를 구입했다. 목소리가 큰 두 명에게 하나씩 나눠 주고 하나는 내 목소리의 데시벨을 자가 측정해 보려고 내 책상 위에 두었다.

"보세요. 지금 우리 사무실이 60에서 65데시벨 정도를 왔다 갔다 하잖아요. 전화를 할 때 몇 데시벨까지 올라가는지 스스로 측정해서 동료들의 근무 환경에 악영향을 미치지 않도록 노력해 주세요."

지극히 합리적이고 현실적인 나의 솔루션에 두 명의 직원 모두 상당히 불쾌함을 표했다(나의 공감 능력이 떨어지는 것인지, 나는 아직도 왜 측정기 사건이 기분 나쁠 일인지 의문스럽다). 한 명은 일주일 정도 사용한 후, 다른 한 명은 한 달 정도 사용하더니 전화할 때 조심하겠다고 그러고는 측정기를 반납했다. 몇 달 후 목소리 큰 직원이 다시 센터로 복귀하면서 데시벨 측정기 이슈는 일단락이 되었다.

나는 소음에 예민한 편이다. 전화 통화 목소리가 거슬려서 사업 초창기부터 창고 한구석에 임시 칸막이를 설치해 내 방을 만들 정도로 소음에 영향을 받지 않으려고 노력했다. 최상의 결과물을 만들기 위해서는 돋보기로 빛을 모으듯 나의 모든 에너지를 한 곳으로 뾰족하게 집중해서 모아야 한다. 이때 소음이라는 방해 요인을 제거하는 건 필수적이다.

회사 내에서는 어떻게든 소음 문제를 해결해 나가지만 회사 바깥의 공간은 통제 불가능한 영역이다. 엘리베이터 안이나 버스나 지하철 등 대중교통을 이용할 때 소음 때문에 스트레스를 간혹 받는다. KTX를 타고 지방 출장을 가거나 비행기로 해외 출장을 갈 때 모처럼 독서삼매경에 빠져 보려고 책을 꺼내는데 주변 승객들의 소음 때문에 망쳤던 경험이 한두 번이 아니다. 중국에서 버스를 이용할 때가 특히 더 괴롭다. 중국 버스에서는 이어폰 없이 모바일 음향을 키우고 TV를 보거나 게임을 하는 사람을 왕왕 만날 수 있어서 소음 공해를 단단히 각오하고 이용해야 한다.

음량과 관련되는 소음 외에도, 청자가 듣기 싫은 내용의 메시지를 전달하는 모든 목소리도 소음에 해당할 것이다. 그런 관점에서 나는 한편으론 소음 유발자다. 회의 시간 중 팀장들에게 반복해서 이슈를 설명하고 실행을 요청한다. 개선이 잘 안 되는 점은 했던 얘기를 또 하고 또 하고 또 한다. 상대방이 끄덕끄덕 쉽게 동의하면 금방 잦아들 때도 있지만, 반발하는 눈빛이면 어떻게 해서라도 설득을 시켜볼 요량으로 이런 예시, 저런 예시를 다 끌어와 논리적으로 무장해보려고 애쓴다. 사실 그들에겐 내가 반복해서 하는 주장은 모두 소음에 불과할 것이다.

나는 소음을 자유롭게 유발할 수 있는 권리와 함께 회사 내에서는 소음을 듣지 않을 권리도 가지고 있다. 우리 회사는 1년에 두 번씩 상하반기 다면평가를 실시한다. 약 1시간에 걸쳐 전 직원이 각자 본인의 업무와 관련 있는 직원 전원을 대상으로 서로 역량과 성과에 대해 평가를 주고받는다. 나도 평가 대상에 포함된다. 이때 주관식 평가도 있는데 나에 대한 피드백은 언제나 신랄하다. 특히 경청 관련해서 유난히 부정적인 평가가 많다.

'말이 직설적이고 상대방을 배려하지 않아 상처를 받고 있습니다.'

'직원들 모두가 회사를 위해 얼마나 고군분투하고 있는지 아시지 않습니까? 직원들을 더 많이 이해해 주고 직원들의 말에 귀 기울여 주셨으면 좋겠습니다.'

'회의 중 제가 말하고 있는데 갑자기 말을 자르면 상당히 무안합니다. 이 부분 꼭 바꾸시길 바랍니다. 얘기를 듣다가 하고 싶은 말이 떠오르면 메모해 뒀다가 얘기 끝나고 한 번에 전달해 주시면 좋겠습니다.'

'직원들의 의견이 반영되지 않습니다. '어차피 안 들어줄 거니까' 의견 개진을 안 하는 경우가 늘고 있습니다. 나중에는 이런 얘기조차 안 할 수도 있습니다.'

한결같이 내가 귀를 막고 본인들의 얘기를 경청하지 않는다는 메시지다. 여기에 고집까지 세니, 내가 직원이라도 나 같은 상사를 만나면 답답하긴 답답할 거 같다. 다면평가 결과를 종합해 보면 내가 하고 싶은 말은 다 하고, 듣기 싫은 말은 안 듣는다는 건 객관적인 사실로 보인다. 사실 한 회사의 대표라는 직업은 과중한 업무량과 무거운 책임감, 만성적인 스트레스와 끊임없는 위기감을 감내해야 하는 등 쉽지 않은 자리이다. 그럼에도 불구하고 나는 대표라는 직업이 꽤 괜찮다고 생각한다.

하고 싶은 말은 마음대로 할 수 있고 듣고 싶지 않은 말은 듣지 않을 권리.

이게 얼마나 큰 매력인가. 이 권리를 내가 마음껏 누리다 보니 직원들에게 끊임없는 항의를 받고 있긴 하지만.

우리는 살면서 하고 싶은 말은 제대로 못 하는 답답함도 있지만 이보다는 듣기 싫은 소리를 들어야 할 때 더 큰 스트레스를 받는다. 그게 사람의 목소리로 인한 소음이든, 사물의 소음이든, 기계음이든 모두 우리를 피곤하게 한다. 아파트에 거주하면 층간소음 때문에 스트레스다(층간소음 때문에 고민이라면 오즈키즈 층간소음 실내화를 추천한다). 도로변에 살면 차량 소음 때문에 스트레스다. 집안에서는 사소한 잔소리 때문에 가족 간에 갈등이 생긴다. 회사 내에서도, 거래처에서도, 친구 사이에도 우리는 늘 듣기 싫은 소리를 하거나 듣는 처지에 처한다.

화자의 역할이나 청자의 역할 모두 쉽지 않다. 화자는 긴장감을 늦추고 잠시 방심하면 자기도 모르게 말에 폭력성을 띠게 된다. 대화는 배구 경기처럼 한 사람이 던지면 상대방이 받아서 넘겨주고 또다시 받은 공을 네트 위로 넘기면서 서로 주거니 받거니 진행되어야 한다. 하지만 우리는 자주 상대방이 공을 받을 준비가 되어 있지 않거나 혹은 받기 싫은 상태임에도 일방적으로 공을 날린다. 그러면 그 공은 더 이상 놀이로서의 공이 아니라 상대방의 정신을 폭행하는 무기로 변신한다.

청자의 역할도 쉽지 않다. 경청은 언제나 어렵다. 가만히 앉아서 누군가의 이야기를 듣는 건 생각보다 고난도의 일이다. 하드 트레이닝이 필요한 영역이다. 나에게 특히 경청이 어려운 이유는 경청에는 비효율성이 존재하기 때문이다. 군더더기를 모두 발라내고 최대한 핵심만 간결하게 요약해서 소통하고 싶은데, 대부분의 대화는 사소한 감정부터 일이 진행된 절차, 그 과정 속 노력 그리고 성공하지 못한 변명까지 불필요한 요소들이 뒤죽박죽으로 섞여서 전달된다. 이럴 때 내가 '핵심만 간결하게 요약해서 얘기해 주시겠어요?'라는 멘트를 날리는 순간 나의 다음 다면평가 피드백에는 이전과 같이 부정적인 피드백이 하나 더 늘어나게 된다.

경청을 바탕으로 제대로 소통하려면 '시간'이라는 자원이 필수적이다. 그의 입장에 대한 '이해'와 그 감정은 나도 비슷하게 느낀다는 '공감'까지 조미료처럼 뿌려지면 제대로 된 경청이 될 것이다. 하지만 대표에게 시간이라는 자원은 늘 부족하고 가난하기 마련이다. 빈곤한 시간을 쪼개 우선순위 위주로 자원을 배분하다 보면 경청은 호사스러운 행위로 치부되고, 그러면 상대방과의 대화는 건조해진다. 그나마 직원들의 의견은 경청의 가치가 크다. 하지만 살면서 듣지 않아도 되는 필요 없는 소음들이 너무 많이 나의 귀에 들어온다. 차 소리, 공사장 소리, TV 소리, 의미 없는 논쟁들 등 시끄러운 세상이다.

그래서 나는 귀꺼풀이 있었으면 좋겠다고 가끔 상상한다. 인간의 귀는 눈에 비해 진화가 덜 되었다. 물고기가 빛을 파악하려고 만든 작은 점에서 시작된 눈은 놀라운 진화를 거듭했다. 거리를 측정할 수 있고 색깔을 구분한다. 피곤하면 눈물샘이 윤활유를 보내 주고 휴식이 필요할 때 눈꺼풀이 이불처럼 눈을 덮어 준다.

이에 비해 인간의 귀는 물고기의 옆줄과 비교했을 때 그다지 큰 진화를 이루지 못한 거 같다. 물론 물속 음파를 통해 위험을 감지하는 물고기의 옆줄에 비하면 인간의 귀는 굉장히 넓은 데시벨을 분간할 수 있으며, 뇌와 연결되어서 음파를 해석할 수 있다. 언어와 비언어를 구분하고 음절마다 의미를 담아 상대방에게 전달할 수 있다. 폭포 소리처럼 반복되는 파동은 자연스럽게 제거하는 천연 노이즈 캔슬링 기능은 에어팟 못지않다.

하지만 내가 진짜 원하는 귀의 기능은 듣기 싫은 소음을 내 마음대로 막아 낼 수 있는 기능이다. 보고 싶지 않은 장면을 마음대로 덮어 버릴 수 있는 눈꺼풀처럼 듣고 싶지 않은 소음을 덮어 버리는 귀꺼풀이 있다면 얼마나 좋을까. 닭이 화를 치며 울 때 그 소리가 140데시벨까지 올라간다. 이때 닭은 체내 귀마개를 활용해서 스스로 귀를 보호한다고 한다. 인간의 감정도 귀꺼풀을 통해서 보호받을 수 있다면 우리의 마음은 더 평온하고 안정적인 상태를 유지할 수 있을 것이다.

다만 귀꺼풀이 눈꺼풀처럼 움직임이 바로 보인다면 사회적 활용성이 떨어질지 모른다. 만약 내 모습이 보기 싫다고 내 앞에서 직원 중 한 명이 가만히 눈꺼풀을 내린다면 나는 즉각적으로 흥분할 것이다. 그런데 그 친구가 내 목소리도 듣기 싫다고 귀꺼풀까지 같이 내린다면 나는 화가 폭발해서 아마 길길이 날뛸 것이다. 아이가 말을 듣지 않는다고 엄마가 잔소리를 하는데 아이가 귀꺼풀마저 내린다면 엄마는 "귀꺼풀 올려!"라고 외치며 더욱 화를 낼 것이다.

그래서 귀꺼풀은 말랑말랑한 속귀 어딘가 잘 보이지 않는 위치에 달리는 게 좋을 거 같다. 고막 바로 앞쪽에 이중창처럼 두 겹이면 좋겠다. 상대방의 입 모양을 보면서 건성으로 고개만 끄덕끄덕거리며 들키지 않게 사용할 수 있다면 활용성이 아주 좋을 것이다. 수도꼭지로 물의 양을 조절하듯 데시벨의 강도에 따라 두 겹의 귀꺼풀을 펄럭거리며 음량을 조절할 수 있다면 세상이 얼마나 평화롭고 고요해지겠는가. 울창한 숲속에 들어가서 시원한 바람 소리와 맑은 새소리가 들릴 때는 양쪽의 귀꺼풀을 모두 활짝 열고 그 아름다운 소리를 즐길 수 있을 것이다.

1차선인 귀의 통로를 2차선으로 확장하는 것도 또 다른 해법이 될 수 있다. 단선에서 복선으로 바뀌는 철로처럼 귀 바깥으로는 하나의 통로이지만 중간쯤에 2개의 통로 중 하나를 선별해서 보낼 수 있는 구조 말이다. 한쪽 통로는 고막을 통해 뇌의 청신경으로 연결되어서 현생 인류와 동일하게 소리를 전달하는 방식이다. 다른 통로는 소리를 직수관처럼 뇌 어디에도 전달하지 않고 바로 뇌 바깥으로 흘려보낼 수 있다. 상수도와 하수도관을 나누는 것처럼 의미 있는 소리는 1번 관으로, 무의미한 소음은 2번 관으로 우리가 마음대로 조절해서 보내 버릴 수 있다면 우리는 완벽하게 소음으로부터 해방될 수 있을 것이다.

그런데 그렇다면 회의실에서 내가 외치는 말 중 몇 % 정도가 직원들의 1번 관으로 흘러 들어갈 수 있을까? 1번 통로로 억지로 집어넣기 위해서 전원 회의록 작성을 강요하고 사후 검사를 하는 등 대안도 마련하겠지. 사람들 간의 대화 중에 '그런 얘기 처음 듣는데'라는 표현이 난무하는 어지러운 세상이 될지도 모르겠다.

사실 귀꺼풀이나 귓속 2차선 같은 비현실적인 상상이 아니더라도 우리 집의 구성원 중 한 명은 이미 인공 귀꺼풀을 이용해서 신 종족의 귀로 진화했다. 큰아들의 귀에는 언제나 노이즈 캔슬링 기능이 있는 에어팟이 꽂혀 있다. 에어팟 덕분에 아들의 귀는 세 가지 옵션을 완벽하게 구비했다.

평화로운 상태에서 그 에어팟은 off 상태로 구 인류의 귀와 동일한 옵션 1의 상태로 유지된다. 주변에 약간의 소음이 있거나 노트북을 통해 집중이 필요한 일을 할 때는 잔잔한 음악을 틀어 적절히 외부와 차단되는 옵션 2의 상태로 변한다. 집안에서 원치 않는 논쟁이 벌어지거나 소음이 심할 때는 아들의 손은 바로 귓속의 에어팟을 길게 터치해서 '노이즈 캔슬링' 상태인 3번째 옵션으로 바꾼다. 그래서 우리 부부는 아들의 귀 상태가 현재 몇 번 옵션인지 파악하기 위해 실험을 해 본다. 작은 목소리에 응답하면 1번 현생 인류 귀 상태, 큰소리로 불러야 대답을 하면 2번 과도기 신인류 귀 상태, 아무리 소리를 질러도 대답이 없을 때는 3번 완벽한 신인류 귀 상태인 것으로 판단한다. 3번 옵션일 때는 방으로 들어가서 톡톡 어깨를 치면 아들은 단절된 세상과 다시 연결된다.

그런데 귀는 단순히 소리를 듣는 기능만 하는 게 아니다. 귀 안쪽 중요한 위치에 자리 잡은 전정기관과 반고리관은 몸의 평형과 균형을 유지하는 역할을 한다. 더 이상 맹수를 피해 야생을 내달리면서 균형을 잡을 필요가 없어진 오늘날 전정기관과 반고리관은 평형감각보다 균형감각을 유지하는 데 더 필요할지 모르겠다. 화자와 청자 사이 서로 존중하는 균형감, 대표와 직원 사이 역할의 균형감, 한쪽으로 치우치지 않고 세상을 올바르게 바라볼 수 있는 세계관의 균형감.

그리고 빠르고 복잡하고 어지러운 이 세상, 흔들림 없이 꼿꼿하게 어깨를 펴고 묵묵히 앞으로 나아갈 수 있는 우리 의지의 균형감각 말이다.

신당동에 있는 화덕 피자집에서 먹은 마르게리타 피자는 겉은 바삭거리고 속은 찰졌다. 이 집이 회사 인근에서 제일 맛있다는 자랑을 들으며 동종업계에서 비즈니스를 하는 대표님과 점심 식사 겸 두어 시간 대화를 나눴다. 매출 볼륨도 있고 영업이익도 잘 내고 있어서 내년에 상장할 예정이라고 한다. 운영하는 브랜드가 5개이고 본사와 사무실이 총 세 군데, 이를 지원하는 물류센터가 3곳이 있단다.

피자를 먹고 돌아가는 길에 시즌당 디자인하는 신제품 아이템 수를 물어봤다. 브랜드를 모두 합하면 봄에는 8백여 종, 여름에는 1천여 종의 신제품을 디자인해서 출시한다고 그랬다. 우리 회사에서 시즌에 2백여 종을 디자인하는 데 비하면 4~5배가 더 많은 셈이다. 사실 우리는 2백여 종 신제품 개발도 벅차서 한 번 만들면 오랫동안 판매할 수 있는 뷰티나 식품 쪽을 관심 있게 보고 있는데, 1천여 종이라니.

"어떻게 그 많은 아이템을 다 관리하세요?"

"대표님은 골프 치시나요?"

"예전에 잠깐 배우다가 지금은 치지 않습니다."

"그렇죠. 우리 업종은 골프를 칠 수 없는 업종입니다."

'골프를 칠 수 없는 업종'. 그 대표님의 설명에 따르면 신제품을 매일 개발해야 하는 패션 이커머스 업종은 챙겨야 할 디테일이 너무 많아서 골프는 엄두도 못 낸다는 것이다. 제품 기획부터 원부자재 준비, 생산, 그리고 비주얼과 마케팅, 재고 운영에 조직관리까지 업무의 총량이 다른 업종에 비해 압도적으로 많다는 설명이다. 일부는 동의가 되고 일부는 동의가 되지 않았다.

동의가 되는 부분은 업무의 총량이 많다는 점이다. 같은 한 끼를 먹더라도 햄버거와 라면과 한정식이 식재료와 반찬과 설거지까지 주방의 일이 천차만별이듯, 같은 이커머스 비즈니스이더라도 취급하는 품목에 따라 업무의 총량이 크게 다르다는 주장은 백번 공감된다. 우리 업계는 그 바쁨과 복잡함으로 인해 꽤 높은 진입장벽이 존재하고, 그 덕분에 내가 지금까지 큰 어려움 없이 회사를 유지하고 있지 않나 생각한다.

동의가 되지 않는 부분은 이와 별개로 골프는 가치의 문제라는 점이다. 벌써 13년 전 일이다. 매일 레슨을 받고 겨울 골프를 즐기러 해외를 다니기도 하며 한 2년 정도 열심히 골프를 친 적이 있었다. 차트렁크에는 늘 골프백을 넣어 다니고 틈만 나면 스윙 자세를 연습하며, 싱글을 치는 날을 꿈꾸며 필드를 다녔다. 푸르고 광활한 대지에서 맑은 공기를 마시며, 새소리와 함께 공을 치는 기분은 그렇게 상쾌할 수가 없었다. 자웅동체처럼 붙어 있던 회사와 나의 개념이 잠시나마 분리되고, 내가 자연과 하나가 되는 태초의 기분을 느낄 수 있었다. 그러던 어느 날 친한 형들과 골프를 친 후 목욕탕에서 샤워를 하던 와중에 불현듯 마음이 불편해졌다. '내가 이렇게 살아도 되는 건가?'라는 의문이 불쑥 들었다.

그날 운전을 하고 회사로 돌아오는 동안에 곰곰이 생각해 보았다. 그리고 골프를 쳐도 되는 경우의 수를 몇 가지 머릿속으로 정리했다. 당시 내 정리는 다음과 같았다.

Q1. B2B 비즈니스를 하면 골프를 치는 게 낫다. 골프만큼 편안하게 대화하면서 사람과의 관계를 긴밀하게 하는 운동도 드물다. 나는 B2B 비즈니스를 하고 있는가?

A1 : No. 나는 100% B2C 비즈니스다.

Q2. 구성원의 조직화가 잘 되어 있어서 대표의 역할이 미미하다면 골프를 쳐도 될 것이다. 우리 회사는 대표의 영향력이 그다지 크지 않은가?

A2 : No. 나는 나의 에너지와 열정으로 회사를 이끌고 있다.

Q3. 회사의 성장보다는 골프의 즐거움에 더 많은 의미를 부여한다면 골프를 쳐도 될 것이다. 나는 현재 회사는 안정적으로 유지하면서 다른 곳에서 즐거움을 찾고 있는가?

A3 : No. 나는 회사를 조금이라도 더 키워 보려고 아득바득 최선을 다하고 있고 그곳에서 성취감을 느끼고 있다.

'그런데 내가 왜 골프를 치고 있지?'

골프는 좋은 운동이고 훌륭한 커뮤니케이션 도구이긴 하지만 치명적인 단점이 하나 있다. 시간을 많이 써야 한다는 점이다. 연습장이나 스크린게임이 아닌 이상 필드를 나가야 하고, 그 이동 시간과 경기 시간까지 포함하면 하루의 절반은 사용해야 한다. 내 경험에서 보면 골프에 그 이상의 가치는 분명 있다. 다만, 나의 비즈니스 환경이 그 가치를 제대로 느낄 수 없다는 점이 문제다. 이렇게 생각을 정리한 후 주변 분들에게 '사업에 집중하기 위해서' 골프는 잠시 쉬겠다고 선언했다. 처음에는 좀 아쉬워하던 멤버들도 어느새 저 친구는 공 안 치는 친구로 규정하고 이해해 주었다.

그렇다면 골프 치는 시간을 사업에 투자해서 회사가 더 잘 성장했는가? 그건 또 다른 질문이다. 골프를 안 쳐서 확보한 시간 동안 나는 책을 읽기도 하고, 여행을 다니기도 하고, 친구들을 만나기도 하고, 비즈니스 모임을 다니고, 가족들과 더 많은 시간을 보내는 데 사용했을 수 있다. 물론 일을 더 했을 수도 있다.

하루는 24시간이고, 무리하지 않고 지속 가능한 선에서 사용할 수 있는 최대 시간은 12시간 정도 될 것이다. 수면 7시간(준비시간 포함), 삼시 세끼 식사 3시간, 세면&샤워 1시간, 이동 1시간을 기본으로 공제하면 딱 절반인 12시간이 남는다. 이 12시간을 어떻게 사용하느냐는 결국 '어떻게 살 것인가'라는 철학의 문제로 옮겨 간다.

평범한 직장인의 경우 회사에서 8시간 근무하면 하루에 4시간이 남는다. 출퇴근 거리가 좀 멀 경우에는 3시간으로 줄어들 수도 있다. 프리랜서는 좀 더 유연하게 시간 활용이 가능하다. 이 4시간을 어떻게 사용하는 게 가장 좋을까? 나는 세 가지 관점에서 하루의 시간 사용에 대해 고민해 보았다.

1. 밤에 잠자리에 누워서 가슴에 손을 얹고 오늘 하루를 되돌아

봤을 때, '아, 오늘 하루도 꽤 괜찮았어!'라고 회상하며 기분 좋게 잠들 수 있다면,

2. 아침에 눈을 떠서 새로운 하루를 시작할 때 어제를 되돌아보면서 '어제 하루 참 괜찮았지'라고 하루가 지났음에도 만족감이 유지된다면,

3. 은퇴한 이후 노년이 되었을 때, 오늘 하루를 되돌아보면서 그 시절 그렇게 시간을 사용한 게 후회 없다는 판단이 든다면,

그렇다면 하루를 잘 산 것이다. 3번은 아직 다가오지 않은 미래라서 상상일 뿐이다. '그 시절 열심히 골프를 치며 사람들과 관계를 맺는 게 정말 즐거웠지. 그렇게 시간을 사용하길 정말 잘했어'라고 훗날 생각하리라는 확신이 들었다면 나는 지금도 골프를 즐기고 있을 것이다. 당시 이 질문에 확신을 가지지 못했고, 그렇다면 다른 곳에 시간을 사용하는 게 더 낫지 않을까 판단했다.

화덕 피자를 함께 먹은 대표님도 결국 나와 같은 생각이 아니었을까 추측해 본다. 우리의 시간 사용은 바쁨과 무관하게 삶의 우선순위로 결정되는 것이 자명하다. 아무리 바쁘더라도 사랑하는 사람이 다쳤다고 연락이 오면 만사 제치고 바로 달려가고, 꼼짝도 하기 싫은 주말이라도 내가 진심으로 좋아하는 사람이 갑자기 찾아오면 반갑게 마중 나가는 게 우리의 참모습 아닌가.

10년 전 나의 의사결정 기준과 지금의 기준, 그리고 10년 후의 기준이 다를 것이기에 10년 후에는 어떤 의사결정을 하며 하루 12시간을 사용하고 있을지 모르겠다. 다만, 그때 지금의 시간을 되돌아보았을 때 '꽤 괜찮게 보낸 날들이었어'라는 충만감이 들길 꿈꾸며, 오늘 하루를 산다.

'비라밸'을 위한 시간 구매

빨간색 배경에 흰색 글씨가 새겨져 있는 결제하기 버튼을 뚫어지게 쳐다봤다. 한 10초쯤 흘렀을까, 크게 심호흡을 한 번 하고 단숨에 딸깍, 버튼을 클릭했다. 매주 각양각색의 쇼핑몰 앱에서 클릭하기 버튼을 습관처럼 눌렀지만, 이날만큼은 달랐다. 내가 구매하고자 하는 게 물건이 아니라 시간인 탓일 것이다. 그리고 그 순간 툭, 머릿속에서 질긴 끈 하나가 끊어지는 기분이 들었다. 그 끈의 이름이 성공인지, 집착인지, 열정인지, 인정인지, 체면인지는 넉 달 후면 알게 될 터이다.

6월 18일부터 7월 19일. 정확하게 30일 동안의 시간을 돈으로 샀다.

원래라면 그 30일 동안 나는 엔데믹을 대비해 야심 차게 개발한 제품 중 베스트 아이템이 나올 텐데 이를 어떻게 하면 빠르고 정확하게 생산해 낼지 공급망 문제를 체크하고 있을 것이다. 혹은 판매량이 기대에 미치지 못하는 몇몇 부진 제품들은 소구점을 바꾸어

가면서 새롭게 마케팅을 펼치고 있을지도 모른다. 라이브커머스나 유튜브용 영상 콘텐츠 제작에 집중하고 있거나, 최근에 급성장하고 있는 숏폼을 어떻게 우리 브랜드에 접목할지 이런저런 테스트를 진행하고 있을 수도 있다.

혹시 퍼포먼스 마케팅에 빠져서 CPM이니 CTR이니, ROAS니 하는 3, 4자 이니셜로 축약되는 전문 용어와 지표 속에서 해법을 찾아보려고 구글 스프레드시트 가득 담겨 있는 숫자들을 브이룩업과 피봇테이블을 써 가면서 가공하고 있을 수도 있다. FW 시즌 컨셉을 색다르게 하고자 디자인팀과 하염없는 논의 중일지도 모를 일이다. 만약 모든 게 원만하게 잘 돌아가고 있다면 기업의 사명이니, 비전이니, 문화니, 평가 시스템이니, 천공을 붕붕 떠다니는 모호한 개념들을 '우리의 필로소피'라고 설파하면서 명문화 작업을 하고 있을 것이다.

하지만 결제하기 버튼을 클릭하고 N페이에 연결된 카카오 통장에서 돈이 인출되는 순간, 이 모든 것들은 예측 가능했던 나의 미래에서 한 달 동안 사라지게 되었다. 아내와의 약속이자 나 자신과의 약속이기도 한 이 12레벨 게임의 첫 라운드가 시작된 것이다. 남은 11번의 라운드를 통과할 수 있을지는 모르겠지만 어쨌든.

세계여행이라는 단어는 마치 연예인 같다. 드라마나 영화, 유튜브를 통해 늘 접하고, 간혹 친구의 잘 아는 친구가 실제로 그 유명한 배우라거나 가수라는 얘기를 전해 듣는다. 그러다 보니 곁에 있는 듯 친근한 개념이지만 막상 나 자신에게는 전혀 해당하지 않는 막막함 같은 게 존재한다. 어릴 적만 하더라도 세계여행 한 번 다녀오는 게 뭐가 어렵냐며 호기롭게 외치다가, 청년이 되면 현실의 호락호락하지 않음에 좀 당황해 잠시 꿈을 미루어 둔다. 중년이 되어서는 은퇴 후 로망으로 뒷간에 슬그머니 숨겨 두었다가 퇴임 후에는 젊었을 적에 여러 번 기회가 있었는데 번번이 세상일 때문에 놓쳤다며 그 꿈을 술자리 안줏감으로 삼는다. 그 세상일이라는 게 어쩌다 있는 특별한 게 아니고 매일 맞닥뜨리는 밥벌이나 육아, 건강이나 사람 관계 같은 우리의 평범한 일상들이다.

나 역시 직장을 다닐 때는 당장 먹고사는 문제만 해결되면 바로 떠나리라 마음먹었다가 창업을 하고 먹고살 만하니 사업이 좀 더 안정적으로 자리 잡으면 다녀오는 것으로 수정했다. 애가 좀 더 크면 떠나리라 약속했다가, 매출 50억을 넘기고 회사가 안정되면, 아니 100억은 넘겨야 위험하지 않을 것 같아, 막 론칭한 신사업이 자리 잡은 후에, 나이 50이 넘으면 반드시 떠나자. 수많은 필터를 끊임없이 생성해 내서 어떻게 해서라도 떠나지 못하는 명분을 스스로 만들었다. 세계여행이라는 게 1년은 떠나야 그나마 겉핥기라도 할 텐데 그 1년이라는 시간을 빼는 게 한 치 앞을 알 수 없는 중소기업 사장에게 가당키나 한 일인가.

코끼리는 한 번에 한 입씩 먹어야 한다는, 좀 끔찍하지만 유명한 명언처럼 해답은 의외로 간단한 곳에 있었다. 12개월의 무거운 세계 여행을 한 달짜리 여행 열두 번으로 나누니 갑자기 현실 가능한 무게로 가벼워졌다.

'응, 그래. 기껏 한 달이야. 해외에서 틈틈이 회사 일도 볼 건데 얼마든지 해 볼 만한 도전이잖아'.

스스로가 의지박약인 걸 잘 알고 있기에 이 마음도 2, 3주가 지나면 사업의 비전, 직원에 대한 책임감, 경쟁사와의 비교 등 별의별 변명으로 결정 보류를 할 것이 뻔해서 마음먹은 김에 바로 항공권까지 예매했다.

정원이 있는 런던의 교외 주택에서 한 달간 살면서 평화롭게 강가도 거닐어 보고, 박물관도 다니고, 주말에는 교외로 드라이브를 떠나리라. 공원 벤치에 앉아 사람들의 일상도 구경하고 햇살 좋은 노천카페에서 책도 좀 읽어 보리라. 아내와 나이 듦에 관한 시답잖은 농담도 해 가면서 오후 시간을 그냥 그렇게 흘려보내리라.

결제하기 팝업이 뜰 때 두 가지 감정이 연달아 느껴졌는데, 하나는 떠나기 전까지 남은 석 달간 더 열심히 회사 일에 집중해야겠다는 몰입감, 나머지 하나는 사업이 아무리 중요하더라도 결국 삶의 부분집합일 뿐이니 흐트러진 저울추를 다시 맞춰야겠다는 균형감이었다. 워킹과 라이프의 밸런싱이 중요하다는 주장이 진리로 받아들여지는 이 시대에, 창업가 혹은 CEO에게는 이 당연한 진리가 막중한 책임감 또는 성취욕으로 인해 호사스러운 단어로 치부되곤 한다.

하지만 결제 완료 승인이 떨어지는 순간, 내 내면에서 비즈니스와 라이프의 밸런싱인 '비라밸'을 추구해 보자며, 세상의 경쟁에서 한 발 물러서는 여유가 싹텄다. 돈의 가치는 인플레이션과 더불어 감가상각이 되지만, 시간의 가치는 한정 자원인 희토류처럼 나날이 가치 상승이 일어나고 있으니, 지금 돈으로 미래의 시간을 산 것이 얼마나 싸게 잘 산 거냐면서 자기 합리화를 했다. 싸게 잘 산 쇼핑인지, 후회 막심한 충동구매인지는 4개월 후 '내돈내산' 구매평을 통해 전할 수 있을 것이다.

내가 그 집을 산 솔직한 이유

산언덕에 자리 잡은 집을 샀다. 아직 산 건 아니고 계약을 했다. 더 정확히 표현하면 가계약금을 넣었다. 사옥 입지로 괜찮은 곳이라고 판단했다. 산 위라서 경사가 심하긴 했지만 조금만 내려가면 점심 먹기 좋은 식당이 즐비했고, CGV 영화관도 인근에 있었다. 도보로 10분이면 지하철 2호선과 9호선, 신분당선을 이용할 수 있었다. 가격도 적절했다. 하지만 문제는 유보자금이 부족한 상태에서 무리하게 계약했다는 점이다. 나는 왜 돈도 없이 앞뒤 가리지 않고 덜컥 그곳을 계약했을까?

3월의 마지막 날인 31일, 날씨가 더웠다. 한낮 기온이 23도까지 올라갔다. 성수동 지식산업단지에 위치한 우리 회사 내 사무실은 에어컨이 없어서 여름이면 끔찍하게 덥다. 통유리창 건물이 이렇게 더운 줄 예전에는 몰랐다. 첫해는 더위에 놀라서 허둥지둥 당황하다가 넘겼고, 둘째 해는 휴대용 냉난방기를 준비하는 등 대책을 마련했지만, 효과가 없었다. 그다음 해 이사를 하려고 준비하다가 사정이 여

의찮아 1년 더 머물게 되었는데, 마침내 올해 네 번째 더위를 맞이하게 되었다.

돈을 좀 투자해서 에어컨을 하나 달까 고민하다가도, 현재 공간도 부족하고 또 2개 층을 분리해서 쓰고 있으니 나중에 더 넓은 곳으로 합쳐서 이사 갈 마음으로 버틴 게 지금까지 온 거다. 바깥이 23도면 내 방은 33도쯤 된다. 작년의 악몽을 떠올리며 알고 지내던 부동산 한 군데에 전화해서 통사옥으로 임대해서 쓰기 좋은 단독주택이 있으면 문자메시지를 달라고 부탁드렸다.

사무용 빌딩 한 층을 임대해서 쓸 수도 있지만 아무래도 샘플실이 마음에 걸렸다. 하루 종일 샘플실에서 미싱기가 돌아가는데 옆 또는 아래층 사무실에 괜한 소음 피해를 줄 수도 있을 거 같아서 마음이 불편했다. 독립된 단독주택이면 주변 눈치 보지 않고 자유롭게 쓸 수 있겠다 싶었다. 게다가 잘 가꿔진 정원이라도 있으면 야외 스튜디오 겸 촬영하기도 좋으니 일석이조였다.

부동산에서 위치와 건물 상태가 좋지만 가격이 비싼 곳과 그냥 고만고만한 곳, 총 두 군데의 지번을 문자로 보내왔다. 그러면서 급매가 하나 나온 게 있는데 그것도 한번 보라고 지번을 하나 더 보내왔다. 급매라는 말에 혹해서 네이버지도를 켜고 지번을 넣어서 요모조

모 살펴보니 괜찮아 보였다. 올해 들어 신사업이며, 매장 확장이며 각종 투자를 하고 있어서 회사에 여유자금이 없었지만, 일단 눈으로 한번 보고 싶었다.

내 사무실에서 땀을 뻘뻘 흘리면서 일하다 도무지 견디기 힘들면 시원한 회의실에서 팀장들과 미팅을 하며 땀을 식혔다. 그렇게 일하다가 퇴근 시간을 앞두고 그곳을 가 보았다. 대로에서 꺾어서 차로 올라가는데 경사가 심했다. 산꼭대기에 있었다. 하지만 거리상으로는 대로변에서 멀지 않아 걸어서 다닐 만한 위치였다. 예전에 학사로 사용했던 곳이라는데 지금은 전체가 비어 있었다. 지은 지 40년은 되었고 내부가 옹벽으로 막혀 있어 사무실로 쓰려면 구조보강과 옹벽 철거가 필수적으로 보였다. 연면적은 90평으로 리모델링하면 우리가 쓰기에는 괜찮은 평수였다. 마당 겸 자그마한 휴게 공간도 있었다.

건물 대금은 은행 대출을 최대로 받은 후 어찌어찌 자금을 융통하면 메울 수 있을 거 같은데 잇따라 찾아오는 취득세와 리모델링비, 이사비 등을 생각하면 도저히 답이 나오지 않았다. 집에 돌아와서 곰곰이 생각하다가 다음 날 아내와 팀장 몇 명과 다시 한번 그곳을 방문한 후에 의사결정을 내리기로 마음먹었다. 경사가 너무 심해서 다니기 힘들다는 의견이 있으면 미련 없이 툴툴 포기할 요량이었다.

"현재 상태로는 도저히 우리가 쓰기엔 힘들어 보이는데요. 가로막는 벽이 너무 많은데요."

"건물은 리모델링을 하든 신축을 하든 그러기로 하고, 위치는 어때 보여?"

"위치는 이 정도면 괜찮죠. 지하철도 가깝고, 식당도 많고."

"경사가 심해서 출퇴근할 때 힘들지 않을까?"

"그러지 않아도 다들 살이 쪄서 걱정인데, 운동도 되고 그건 괜찮습니다. 젊은 친구들은 건강하니 신경 안 쓸 거고 우리 팀장들은 운동이 좀 필요한 상태입니다."

네 명의 팀장 모두 건물 상태만 개조하면 위치는 마음에 들어 했다. 아내는 자금 여력이 될지 걱정했다. 커피숍에서 모든 멤버들의 의견을 듣고 다시 한번 건물을 둘러보면서 생각을 정리했다. 예전부터 이 지역의 부동산 가격을 봐 왔기 때문에 가격이 비싸지 않다는 건 금방 파악할 수 있었다. 규모는 우리 회사 수준에 알맞다. 위치도 괜찮다. 그리고 나는 지금 더워서 일을 못 할 지경이다. 확신이 들자 바로 부동산을 찾아가서 가계약금을 걸겠다고 얘기했다. 그리고 다음 날 가계약금을 입금했다. 4월 5일 수요일이었다.

그리고 하루 동안 좀 더 고민한 끝에 그곳은 리모델링이 아니라 신축을 해야 한다고 결론을 내렸다. 가뜩이나 자금 여유가 없는데 신축까지. 돈 생각 안 하고 내가 왜 이렇게 지나치게 무리하게 일을 벌이고 있는지 자문해 보았다.

좀 더 넓은 임대 건물을 알아보다가
급매로 나온 곳을 그대로 사용하려고 하다가
구조보강을 통한 내부 리모델링을 계획하다가
결국 신축까지 마음먹게 된 이유는 무엇일까?

무모할 정도로 비논리적인 의사결정인가,
아니면 조금 무리이긴 하지만 합리적이고 타당한 결정인가?
만족감은 성취와 동시에 즉시 초기화되고, 다시 새로운 욕망을 좇는 인간의 본성 때문인가?
『협상 바이블』 저자가 얘기했듯 사람은 감정적으로 결정하고 이성적인 이유를 찾는다.
나의 감정 어떤 부분이 이러한 판단을 하게 만들었을까?
나 자신의 심리 상태에 대해 몇 가지 가설을 세워서 좀 더 객관적으로 한번 따져 보았다.

첫 번째 해석은 누구나 집을 짓고 싶다는 본능이 있다는 점이다. 생명체는 모두 집을 짓는다. 새도 집을 짓고, 거미도 집을 짓고, 벌도 집을 짓는다. 다람쥐는 땅을 파서 집을 짓고, 곰은 굴을 파서 집을 짓는다. 안전하고 안락한 안식처를 마련하고자 하는 건 생명체의 본성이다. 유일하게 인간만 집을 빌리거나 거래한다. 내 무의식 속에 잠재되어 있던 집을 짓고자 하는 본능이 이번 계약까지 가게 한 것이라는 분석이다.

두 번째 가설은 지인에게 영향을 받았다는 것이다. 최근 사업이 번창하고 있는 한 형이 압구정 코너에 사옥용 부지를 구입하고 들뜬 목소리로 그 소식을 전해 주었다. 또 다른 형도 회사 근처에 대지를 구입해서 설계 중이라고 했다. 다른 대표님은 역삼동에 투자 용도로 건물을 매입해서 신축을 준비 중이라고 했다. 예전 부동산값 폭등 시기 영끌족처럼 주변 회사 대표님들이 사옥 용도로, 또는 투자 용도로 건물을 매입하는 걸 보고 나도 분위기에 취해 계약을 했다는 가설이다.

과거의 성공 경험 때문이라는 분석도 가능하다. 2012년 사업 초창기 40평짜리 3개 층을 임대해서 물류창고로 2.5개 층을 사용하고 2층 코너를 사무실로 꾸며 열심히 일할 때다. 일흔이 넘은 건물주는 인색하고 이기적이었다. 그 이전 건물주도 막무가내라서 고생을 했는데, 두 번 연속 건물주의 횡포에 시달리다 보니 무리를 해서라도 우리 건물을 마련해야겠다는 욕심이 들었다. 인터넷 쇼핑몰은 현물을 다루기 때문에 세팅부터 관리까지 엄청난 리소스가 투입되는데 이 중요한 업무를 건물주 때문에 2년마다 초기화시킬 수는 없었다. 그 당시에는 임대차보호법이 나오기 전이었다. 당시 여유자금이 없이 부동산의 말만 믿고 첫 사옥 계약을 했는데, 매입 과정에서 각종 부대비용이 생각보다 많이 나와서 고생을 꽤나 많이 했다. 하지만 꾸역꾸역 모든 난관을 헤쳐나가서 마침내 목표한 날짜에 조그마한 첫 사옥에 입주하게 되었고, 그곳에서 즐겁고 자유롭게 일을 할 수 있었다. 그 성공 경험이 이번에도 그대로 작동해서 무턱대고 계약을 체결했을 수도 있다. 그때보다 금액 단위는 5배가 커지긴 했지만.

상장을 목표로 한 벼랑 끝 전술이라는 분석도 가능하다. 2년 후 상장을 목표로 지난달에 CFO를 채용해서 상장 플랜을 막 가동한 상태다. 상장을 목표로 하니 크게 바뀐 것이 하나 있는데, 바로 매출 위주의 지표가 아니라 이익 위주로 회사가 탈바꿈하게 된다는 점이다. 모든 지표와 그래프의 첫 번째 자리를 매출액이 아니라 이익액이 차지하게 되었다. 이익 구조를 개선하는 게 상장 플랜의 핵심인 만큼 이익을 못 내면 망하는 환경을 일부러 만들었다는 가설이다. 천성이 낙천적이라서 '올해 안 되면 내년에, 내년에 안 되면 내후년에 상장하지 뭐'라는 느슨한 자세를 가질 수 있는데, 이를 아예 원천 차단시킨 방안이다. 평소의 안일한 태도를 일시에 날려 버리고 직원들과 함께 의기투합해 사옥도 마련하고 상장 필요 요건도 채우는 벼랑 끝 전술을 내가 취한 게 아닌가 되돌아보았다.

이 분석이 설득력이 있는 게 나는 뼛속까지 '환경 지배론자'다. 사람은 '의지'보다 '환경'에 의해 지배받는다고 철석같이 믿는다. 의지력이 강하다고 일컬어지는 사람은 '의지'의 힘이 강한 게 아니라, 의지력을 발휘해도 되지 않을 정도로 '환경'을 잘 만든 사람이라고 정의한다. 서면 앉고 싶고, 앉으면 눕고 싶고, 누우면 자고 싶은 게 사람의 본능 아닌가. 옆에서 맛있는 거 먹으면 나도 먹고 싶고, 옆에서 아프면 내 건강을 돌보고, 옆에서 놀고 있으면 나도 공부하기 싫지 않은가. 주변 친구들이 다 결혼하면 나도 덩달아 결혼하고, 주변 친구들이 싱글라이프를 즐기면 나도 걱정 없이 인생을 즐기지 않는가.

환경에 의해 인간이 지배된다고 믿다 보니 최근에 나온 나의 뱃살을 보면서 나는 어떻게 하면 나 같은 의지박약 인간이 뱃살을 빼고 건강을 챙길 수 있을까 따져 보았다. 잘하는 운동은 하나도 없는데, 그나마 덜 싫어하는 운동이 수영이고, 단체 레슨을 신청하고도 이 핑계 저 핑계 대며 수영을 빼먹기 일쑤인데, 집이랑 가까우면 그나마 한 번이라도 더 가지 않을까. 그래서 수영장이 얼마나 가까운지를 주요 요소로 따져서 이번에 전세 만기되는 집을 이사했다.

아이들이 중, 고등학교에 다닐 때는 집에 TV는 물론 인터넷조차

되지 않아서 매번 핫스팟을 요청해야만 인터넷을 이용할 수 있는 환경이었다. 나 역시 휴대전화를 집에 가져오면 그 속에 빠져 정신 못차리기 때문에 퇴근할 때 휴대전화는 차에 두고 올 정도로 나는 환경을 세팅하는 데 진심이다. 의지로 잘하려고 하기보다는 잘할 수밖에 없는 환경을 만들려고 노력한다. 상장하려고 노력하기보다는 상장을 성공시킬 수밖에 없는 절박한 환경을 만들 것. 그래서 이번 계약이 상장에 도움을 줄 것이라는 계산이 깔려 있다는 분석이다.

우리 회사도 법인으로만 나이가 13살이 되어 가면서 온몸에 피둥피둥 군살이 붙었다. 민첩하고 날렵한 조직을 만들려고 부단히 노력하고 있지만 어느새 조직 구석구석에 지방이 끼고 있다는 게 느껴진다. 그 살들은 결국 모두 대표인 나의 욕심과 디테일 부족 때문에 붙은 것들이다. 군살이 붙기는 쉽지만 빼는 건 얼마나 힘든지 다이어트를 해 본 사람들은 다 안다. 그 과정이 얼마나 고통스러운지, 체중 감량이 얼마나 어려운지, 얼마나 절박한 마음이어야 성공할 수 있는지 아는 사람은 다 안다. 이번 계약이 나를 번쩍 정신 들게 만들어서 늘 긴장 상태를 유지할 수 있는 환경을 만드는 데 큰 기여를 할지도 모른다.

그 고난의 여정이 너무 고통스러워서 중간에 좌절할지도 모른다. 자금난에 시달리다가 회사의 존폐를 걱정해야 될 지경이 올 수도 있다. 어쩌면 얼굴에 철판을 깔고 지인들에게 돈을 꾸러 다닐 수도 있다. 그 과정에서 자존심에 상처를 받거나 사람에게 실망하거나, 나 자신에게 자괴감이 들지도 모른다. 최악의 경우 짓다 만 건물을 팔아야 할지도 모른다. 모두 끔찍한 상상이지만 충분히 가능성이 존재하는 경우다. 그 정도로 위험하고 절박한 환경을 만약 극복해 낸다면 회사는 군살을 모두 떼어 내고 탄탄한 복부를 가진 건강한 조직으로 거듭나지 않을까? 이런 나의 무의식들이 쌓여서 과감하고 용감하게 결단을 내렸다는 가설이다.

하지만 그 어떤 것도 진짜 이유는 아니라고 결국 나는 인정할 수밖에 없다. 이런저런 합리적이고 논리적인 이유를 찾는 여정을 다녔지만, 좀 더 솔직해지기로 마음먹었다. 결국 이번 계약은 '새' 때문이다. 영어로 'Bird'인 그 새 말이다. 가벼운 마음으로 매물을 보러 간 지난주 금요일. 퇴근 시간이라서 날씨는 선선했고 산 너머로 석양이 붉게 물들 준비를 하고 있었다. 공기는 맑았고 바람에 나무들이 삭삭거리며 시원한 소리를 냈다. 인근 나무 위에서 새 떼들이 고음의 맑은소리로 지저귀었다. 그 아름다운 새소리를 들은 순간, 나의 무의식이 이곳에서 일해야겠다고 바로 마음을 굳힌 거 같다. 나 같은 농부의 자식에게 새소리가 어떤 의미인지 도회지 사람들은 잘 공감하지 못할 것이다.

경남 사천의 수청이라는 시골 야산 아래에 자리 잡은 나의 고향집에는 새가 많았다. 아침에는 새소리에 눈을 떴고 문을 열고 나서면 온 하늘에 새가 날아다녔다. 봄이면 새로운 새들이 찾아왔고, 가을이면 새들이 집 짓는 걸 구경했다. 아버지는 과수원에 홍시 몇 개를 까치밥으로 꼭 남겨 두었다. 도시 생활을 하면서 까맣게 잊고 지냈지만 나의 유년은 늘 새와 함께였다.

2017년경 우리 중국 지사는 중국 이우의 강남사구라는 곳에 위치해 있었다. 그곳은 동네가 조용하고 나무가 많아서 늘 새소리가 들렸다. 사업이 성장해 중국지사를 좀 더 큰 넓은 곳으로 이전하려고 알아보면서 당시 나는 중국 직원에게 '새소리만 들리면 나는 어디든지 OK'라고 농담을 했다. 하지만 여러 가지 조건에 맞춰 마침내 이전한 곳은 도시 외곽에 개발이 막 진행 중인 농촌이었다. 주변에 농지는 있는데 나무가 없어서 새도 적었다. 이사하고 첫날 출근해서 직원들과 일하고 있는데, 옆집에서 닭을 키우는지 수탉이 큰 소리로 울었다. 그 소리를 듣고 직원이 "사장님이 새소리를 고집하더니 마침내 성공하셨네요. 닭도 새의 일종이잖아요"라고 핀잔을 주었다. 그곳에서 닭 소리는 실컷 들으면서 일했다.

내가 신고 다니는 '올버즈' 신발은 브랜드 철학이 좋기도 하지만 무엇보다 이름이 기막히다. 'All Birds'라니. 이번에 우리 회사에서 새롭게 론칭하는 유아 화장품의 디자인도 '동박새'를 모티브로 했다. 장석남 시인의 「새떼들에게로의 망명」의 시에 나오는 찌르라기 떼처럼 군무를 추지 않더라도, 새는 새 자체로 아름답다. 나는 어릴 적부터 새와 가까웠고, 그 정체성은 지금까지 여전히 이어지고 있다.

이 논거의 증명식은 생각보다 단순하다. '만약 ~하지 않았다면 ~했을까'로 바로 증명이 가능하다. 앞의 가설들에 '그렇지 않았다면 계약을 안 했을까'를 대입해 보니 금방 답이 나왔다. '만약 그날 비가 와서 새소리가 들리지 않았다면 계약을 안 했을 것인가?' 아마 그랬을 거 같다. 결국 나는 새 때문에 감정적인 결론을 내렸고, 회사의 대표이다 보니 그 뒤로 논리적인 이유를 하나씩 찾아서 합리성을 부여하려고 애쓴 것이다.

무거운 책임감을 가져야 할 회사 대표가 계획 없이 경솔했다고,
이성적이고 냉철해야 할 대표가 너무 무모하다고 비판할 수 있겠지만,
아무리 생각해도
나는 너무 더워서 부동산에 전화를 했고,
새소리가 아름다워서 사옥 부지를 계약했다.

"놀러 온 후배한테 옷이 예쁘다고 그랬더니 옥션에서 샀다고 자랑하더라고요. 그래서 다음 날 PC방에 가서 옥션이 어떤 곳인지 좀 살펴보니까 제가 물건을 팔 수 있겠더라고요. 집안 전체가 워낙 경제적으로 쪼들릴 때라서 앞뒤 안 가리고 그날 바로 창업을 시작했죠."

지난 주말에 만난 대표님의 창업 계기다. 나 역시 이분처럼 옥션을 통해 첫 창업을 했다. 요즘 언론에 떠들썩한 갭투자 전세 사기를 2004년도에 일찌감치 당해서 경제적으로 극도로 피폐할 때다. 서점에서 부업거리를 찾으려고 기웃거리다가 『옥션 성공을 위한 10계명』이라는 책을 읽고 첫 판매에 도전했다. 그리고 어찌어찌 지금까지 헤쳐 왔다.

주변 대표들을 만나 보면 사업을 하게 된 계기는 크게 세 가지 부류로 나뉘는 거 같다.

1. 태어날 때부터 대표
2. 준비된 대표
3. 어쩌다 대표

중소·중견기업의 2세로 태어나 가업승계를 받은 1번 케이스나 어릴 적부터 꿈이 사업가라서 경영학을 전공한 후 차근차근 준비해서 창업에 나선 2번 케이스에 대해서는 잘 모르겠다. 내가 만난 창업가의 대다수는 열악한 현실에서 어떻게라도 살아 보려고 바둥거리다 보니 어느새 한 회사의 대표가 된 케이스가 많다. 유유상종이라서 그럴 수도 있을 것이다. 좋기로는 두말할 나위 없이 1번이 최고다. 하지만 안타깝게도 우리가 정자와 난자였던 시절에는 포브스지에서 대한민국 자산순위 100위 같은 데이터를 통해 부모를 선택할 수 있을 정도로 현명하지 못했다. 그땐 아직 뇌나 눈이나 키보드를 칠 수 있는 손 같은 게 생성되기 전의 그냥 올챙이 같은 거였으니 어쩔 수 없다.

고배당 도박판인 부자 부모 뽑기에서 실패한 후 다음으로 할 수 있는 게 어릴 적부터 사업가의 길을 차근차근 밟는 것이다. 초등학교 시절 선생님, 의사, 가수, 변호사 등을 꿈꿔서 이를 이루는 것처럼. 하지만 다른 직군에 비하면 사업의 경우 준비된 성공은 그다지 많아 보이지 않는다. 의사가 되려면 초등학교 시절부터 의대반 학원에 다니지만, 사업가가 되려고 경영학반 학원에 다니지는 않지 않는가. 결국 주변에서 만나는 대다수 대표는 '살다 보니', '어찌하다 보니', '우여곡절 끝에', '달리 방법이 없어서' 등의 수식어와 함께 대표가 되었다. 나 역시 마찬가지다.

우리는 이렇게 갓 아기를 낳아 부모가 된 초보 엄마 아빠처럼 정신 못 차리는 사이 당황하고 허둥지둥해 가면서 대표가 되었다. 젖병이나 기저귀, 포대기 하나 없이 덜컹 아이를 맡게 된 꼴이다. 그러다 보니 창업 후 제일 먼저 하는 게 경영에 관한 기초 지식을 배우는 것이다. 육아 유튜브를 보고, 육아서를 읽고, 친정엄마에게 전화를 거는 초보맘처럼 제대로 사업을 해 보려고 열심히 뭔가를 배운다.

어쩌다 창업가들이 가장 먼저 배우는 방식은 경험을 통하는 것이다. 돈을 벌어 보기도 하고, 잃어 보기도 하고, 사람한테서 힘을 얻기도 하고, 배신을 당하기도 하면서 하나씩 하나씩 경험을 통해서 배워 나간다. '배우고 익힌다'는 학습學習이라는 단어에서 익힌다는 의미의 습習부터 시작하는 것이다. 좌충우돌해 가면서 경험을 통해 배우는 건 임팩트가 있어서 마인드에 큰 영향력을 미치며 뼛속까지 각인된다. 다만 시간과 공간의 제약 때문에 학습의 속도가 아주 느리다는 단점이 있다. 이 학습 방법은 인위적인 노력 없이도 자연스럽게 이뤄진다. 다만 남 탓을 하는 경우에는 효과가 감소하니 이는 유의할 필요가 있다.

　경험보다 더 효과적인 방법은 사람한테 배우는 거다. 사업 좀 한다는 사람들을 찾아다니기도 하고 기업인 모임도 기웃거리면서 '사람'에게 배우기 시작한다. 멘토를 찾거나, 컨설턴트를 통해서 그들의 노하우를 배운다. 저녁 모임이 잦아지고 외부 활동이 늘어난다. 사람을 통해 배운 만큼 사업을 보는 시야도 넓어진다. 좋은 사람을 만나면 평생 친구가 되기도 한다. 이 방식은 시간이 필요하다. 사람한테 배우려면 우선 그 사람과 신뢰 관계가 형성되어야 하는데 이는 일정한 양의 물리적인 시간이 필요하다. 학습 속도는 경험보다는 빠르지만 여전히 더디다. 대신 큰 깨달음을 얻을 수 있고 특정 상황에서 그들의 행동과 조언이 떠오르는 등 오랫동안 효과가 지속된다는 장점이 있다.

　좀 더 빠르게 경영 노하우를 배우고 싶을 때 우리는 책을 읽는다. 재미로 가볍게 하는 독서나 필요한 지식을 찾기 위해 하는 발췌독 말고 숙독 말이다. 독서는 단순히 지식 습득에 그치는 게 아니라 현재 내 처지에 빗대는 성찰 속에 이루어진다. 책의 핵심 내용이 내재화되고 오랫동안 기억된다. 어떤 책은 평생 영향을 미치기도 한다.

　가장 쉽게 학습하는 방법은 오프라인 강연이나 유튜브 등을 통해서 배우는 거다. 10분짜리 숏폼 영상을 통해서 알짜배기 지식을 배울 수도 있고, 1시간짜리 강연으로 강사의 노하우를 즉시 흡수할 수 있다. 빠르게 배울 수 있다는 장점과 함께 빨리 잊히고 현업에 잘 적용되지 않는다는 단점이 있다.

어떤 방식의 학습이 나은지는 각자의 학습 방법이나 처지에 따라 다를 것이다. 분명한 것은 어쩌다 대표가 된 창업자들은 이 네 가지 중 하나 이상의 방식으로 끊임없이 배우며 성장해 나간다는 점이다. 이렇게 배우고 익히다 보면 다양한 모순과 혼돈 속에 빠지는 데 가장 대표적인 게 성공 방정식이다.

- **하나만 제대로 해도 성공**
- **하나를 제대로 못 해서 실패**

모순적인 이 두 가지 경우는 의외로 자주 만난다. 첫 번째 공식의 앞에는 (다 못하더라도) 핵심 경쟁력 하나만 있으면 성공할 수 있다는 전제조건이 붙는다. 두 번째는 (다 잘하더라도) 중요한 거 하나를 빠뜨리면 실패할 수 있다는 의미다. 즉 다 못해도 성공할 수 있고, 다 잘해도 실패할 수 있다는 자가당착에 빠진다. 그래서 창업자들은 '잘하는 걸 더 잘해야 할지', '못하는 걸 보완해야 할지' 늘 고민이다. 우리의 소중한 시간과 돈을 이 두 가지 중 어디에 우선적으로 써야 할지 망설인다. 강점을 더욱 강화시킬지, 약점을 보완해야 할지는 각자의 처지에 따라 정답이 다르다.

이와 더불어 감안해야 할 요소가 있다. 학습의 우선순위가 '내가 해야 하는 일'인지 '내가 좋아하는 일인지' 늘 헷갈린다. 경험해 본 사람은 알겠지만 이 두 가지는 대체로 일치하지 않는다. 내가 좋아하는 일은 그동안 갈고 닦아서 이미 역량이 내재화되어 있는 상태다. 내가 해야 하는 일은 반대로 역량이 결핍되어 있다. 영향력의 관점에서는 '해야 할 일'에 시간을 쓰는 게 맞을 것이고, 지속성의 관점에서는 '하고 싶은 일'이 유리할 것이다.

이러한 학습의 방법과 우선순위를 정한 후 우리는 경영에 필요한 다양한 요소를 배워 나간다. 제품 경쟁력을 어떻게 향상시킬지, 마케팅을 어떻게 잘할지, 운영 관련 이슈를 어떻게 해결할지, 회계와 재무를 어떻게 정확하게 세팅할지, 이 모든 걸 어떻게 시스템으로 구축할지.

다행인 건 각각 다른 영역처럼 보이는 이 많은 요소는 사실상 하나의 큰 공통분모가 존재한다는 점이다. 그것은 바로 '사람'이다. 어쩌다 대표가 된 후 1인 기업으로 본인의 밥벌이 숙제를 해결하고 난 후부터 우리는 사람들을 모아 함께 일을 한다. 그 대상이 가족이든, 여자 친구든, 동업자이든, 직원이든, 아르바이트이든, 거래처 관계자든, 대행사 담당자든, 대리인이든, 프리랜서든 우리가 하는 모든 일은 '사람'이라는 교집합 속에서 이뤄진다. 결국 창업자가 배워야 할 건 크게 보면 '사람 배우기'다. 어떻게 사람을 이해하고 사람을 움직이고, 사람을 이끌 것인가. 사람이라는 존재는 어떤 로직으로 작동하는가?

사람에 대해서는 아무리 배워도 끝이 없다. 사람의 뇌 프로그래밍은 해석도 어렵고 코딩은 더 어렵다. C++이나 자바나 어셈블리나 스칼라 정도의 수준이 아니다. 어렵다고 알려진 이 프로그래밍 언어들은 세상에 태어난 지 불과 백 년도 안 되었다. 하지만 인류는 2백만 년 전부터 프로그래밍이 되어서 그동안 덕지덕지 끝없는 패치를 통해 지금까지 이어져 오고 있다. 초기 프로그램도 뇌 어딘가에 숨어서 특정 조건이 되면 활성화된다. 1년에 한 번 패치를 했다고 가정하면 2백만 년 동안 2백만 번 패치가 이뤄진 셈이다. 최초 프로그래머는 이미 사라졌고, 중간 패치한 사람들도 그 사유를 기재해 놓지 않았다. 그냥 현존하는 우리끼리 코끼리 다리를 만지듯 어렴풋이 인간의 뇌를 해석하고 있다.

그래서 경영은 어렵다. 사람에는 정답이 없다는 걸 인정해야 한다. Ver. 1부터 Ver. 200,000까지 한 폴더에 다 집어넣은 디자인 시안

파일 같다. PM도 사라졌고, 기획문서는 파기되었으며, 디자인 목적도 이미 모호해진 상태다. 그냥 엉망진창인 최종본이 있을 뿐이다. 그래서 아무리 배우고 익혀도 언제나 '사람'은 어렵다.

　그럼에도 불구하고 우리는 사람에 대해 배워야 한다. 창업을 안 했으면 상관없다. 운이 좋은 건지 나쁜 건지는 판단하기 어렵지만 '어쩌다' 대표가 된 걸 어떡하겠는가. 결국 경영이라는 건 해독 불가능한 암호처럼 어려운 사람이라는 존재를 끊임없이 이해하려고 노력하는 여정이다. 왜인지도 잘 모르겠고, 어떻게 해야 할지도 잘 모르겠지만, 분명한 건 나를 믿고 소중한 청춘을 함께하는 이들이 있다는 객관적인 사실이다. 한 명 한 명의 인생이 모여서 뭔가 대단한 걸 만들어 보겠다고 컴퓨터 앞에서, 회의실에서, 휴게실에서, 회식 자리에서 '어떻게 하면 더 잘할 수 있을지' 자기의 주장을 펼치며 열띤 토론을 하고 있다. 그들에게 신념을 불어넣고, 열정을 일깨우고, 고난을 헤쳐 나갈 수 있도록 용기를 불어넣는 것, 그리고 우리 스스로가 얼마나 대단한지 확신을 가질 수 있도록 도와주는 것이 곧 사람에 대한 이해이자, 사람에 대한 배움이자, 진정한 창업자의 학습일 것이다.

　'어쩌다 대표'가 되었으니 어쩔 수가 없다. 사람에 대해 배울 수밖에.

자신을 믿으세요

경영학 서적은 틀렸다. 세상은 책처럼 그렇게 척척 아귀에 맞게 돌아가지 않는다. 창업한 지 몇 년 지난 분들은 다 알겠지만, 사업은 사실 맨몸으로 뻘밭에서 뒹구는 거다. 주변이 온통 지뢰밭이고 늪이고 수렁이다. 허우적거리다 보면 금방 12월이 다가오고, 1월을 맞아 심기일전해서 다시 새로운 마음으로 계획을 세워 보지만 바뀌는 건 없다. 해마다 반복이다.

얼마 전 논리적으로 이해되지 않는 이유, 즉 감정적인 이유로 중국 지사장 역할을 하는 책임자가 퇴사 통보를 전했다. 며칠 전에는 경찰서에서 지적 재산권 침해로 형사고소가 접수되었다고 조사받으라고 연락이 왔다. 지난주에는 관공서에 급하게 승인이 필요해서 만사 제치고 부랴부랴 그 많은 서류를 준비해 접수했는데, 담당 공무원이 10일간 휴가를 떠나서 모든 일이 어그러졌다. 채용은 지지부진하고 현금은 늘 부족하다. 목표와 현실의 괴리가 갈수록 커진다.

외부 환경은 어떤가. 난이도 조절에 실패한 수능 시험장 같다. 경제 지표는 암울하다. 수심 가득한 얼굴로 몸을 웅크리고 있는 대표들이 늘고 있다. 지인 사업가 중에 연락이 끊기는 이들이 나타나고 있다. 무너지기 일보 직전에 처한 대표를 만나기도 한다. 가능성이 극도로 낮아 보이는 데도 실낱같은 희망을 걸고 마지막 안간힘을 쏟고 있는 걸 보면 영 안쓰럽다. 그런 날이면 집에 돌아가는 발걸음이 한없이 무겁다.

창업한 지 5년쯤 되었을 때 아끼던 직원이 사직서를 건넸다. 본인도 창업해 보고 싶다고 했다. 초창기부터 같이 했던 유능하고 성실했던 친구라서 아쉬움이 컸다. 마지막 날 술 한잔하면서 대화를 나눴다.

"사업 쉽지 않다. 오늘 내가 떠든 얘기들 다 까먹더라도 이거 하나는 꼭 기억해."

"……."

"너 자신을 믿어. 해 보니 믿을 건 나 자신밖에 없더라. 너 스스로 너의 능력을 믿어야 해. 진심으로 믿어야 해. 주변에서 누가 뭐라고 하든."

우연한 기회에 사업을 시작한 후 처음으로 당황했던 건 가족들이 나를 지지하지 않는다는 점이었다. 일이 순조롭게 풀릴 때는 괜찮지만 뭔가 일이 꼬이고, 분란이 생기자 나를 의심했다. 나의 역량과 태도와 잠재력에 의문을 품었다.

'당신이 과연 이 문제를 해결해 낼 수 있을까?'

당사자는 바로 눈치챘다. 상대방의 말투에 지지가 담긴 건지 우려가 담긴 건지, 진정성이 담긴 응원인지, 의심스럽지만 관계 때문에 용기를 주는 건지. 부모님, 형제, 심지어 아내마저도 믿음보다는 걱정이 앞섰다. 그들이 누구보다 나를 사랑하기 때문에 그렇다는 건 잘 알고 있다. 가족은 나의 성공보다는 나의 건강과 행복과 안전과 안정을 기원한다. 내가 위험에 빠지고 고통을 겪는 걸 원치 않는다. 하지만 성공은 위험 속에 감춰져 있다. 리스크를 지지 않고 할 수 있는 건 세상에 아무것도 없다. 새롭게 도전하지 않으면 아무것도 얻을 수 없다. 아무것도 하지 않는 게 유일하게 리스크를 0으로 만드는 거다.

얼마 전 아는 동생이 본인이 하는 신사업에 대해 나의 의견을 물어봤다. 나는 어려울 것이라고 답변했다. 비즈니스 모델과 무관하게 이 답변이 적중 확률이 가장 높다. 새로운 비즈니스는 성공 확률이 10%도 채 되지 않는다. 90%의 아주 높은 적중률을 가진 '실패'에 나는 예지력이라는 판돈을 베팅했다. 나중에 사업이 잘 안될 때는 위로와 함께 '거 봐라. 내가 힘들 거라고 했는데, 그걸 고집하더니……'라며 나의 식견을 뽐낼 수 있다. 괜히 꿈과 희망을 불어넣었다가 그 친구가 큰 손실이라도 보고 나를 타박한다면 이는 견디기 힘들다. 하지 말라는 조언은 리스크를 0으로 만드는 현명한 답변이다. 도전해 보라는 답변은 위험천만하다. 도전해 보라고 조언하는 이는 이해관계가 있거나, 사기꾼일 확률이 높다. 아니면 놀랍도록 지혜로운 이거나.

호기롭게 시작한 비즈니스의 최대 적은 흐르는 시간이다. 시간은 기대감에 들떠 왕성하게 분비되던 '열정'의 호르몬을 감소시킨다. 뭐든지 할 수 있을 거 같은 자신감은 실패를 맛보고 감퇴한다. 이미 이룬 성과는 매너리즘으로 인해 식상해진다. 본업에 흥미를 잃고 주변을 기웃거린다. 타 업종에서 성공한 이들을 바라보면 별거 없어 보이는데, 내가 처한 현실은 막막하다.

이때가 위험하다. 내가 나를 의심할 때. 내가 과연 잘 해낼 수 있을까? 내가 과연 이 어려움을 극복할 수 있을까? 내가 이 문제를 풀고 새롭게 도약할 수 있을까? 이러한 질문에 내가 나 스스로를 의심할 때가 최대 위기다. 우리가 매일 경험하듯이 우리 주변은 온통 부정적인 피드백투성이다. 만나는 대부분의 사람은 서로에게 부정적인 피드백을 남긴다. 우리가 표현하는 감정 단어의 72%가 부정적 뉘앙스라고 한다. 긍정적인 단어는 불과 28%에 불과하다. 악화가 양화를 구축한다. 이를 이길 수 있는 건 나 스스로가 나를 믿는 힘뿐이다.

　창업 후 5년쯤 지났을 때다. 쓰나미로 인해 일본 후쿠시마에 원전 사고가 터졌다. 뉴스를 보면서 저 사고가 나의 사업에 영향을 미치리라는 생각은 전혀 하지 않았다. 하지만 오판이었다. 방사능비를 맞으면 안 된다고 사람들이 외출을 자제하자 소비 심리가 극감했다. 매출이 반 토막이 나고 손쓸 틈도 없이 순식간에 상황이 악화되었다. 이 위기가 언제까지 계속될지 알 수 없다는 게 더 두려웠다. 버틴다고 해결될 거 같진 않아서 부랴부랴 방사능비를 역으로 활용할 수 있는 제품을 개발해 반격에 나섰다. 우산이며 우비며 방사능비를 보호할 수 있는 제품을 서둘러 개발해 출시했는데, 이 제품들이 큰 인기를 끌면서 위기를 극복할 수 있었다.

　3년 반 전 코로나 때도 마찬가지다. 사람들이 외출을 기피하자 매출이 80% 가까이 빠졌다. 이때는 조직이 커진 상태라 위기감도 더 컸다. 버틴다고 해결될 거 같진 않았다. 함께 아이디어를 모아 층간 소음 방지 전용 실내화를 개발했는데 제품의 성능이 입소문이 나면서 이 위기를 넘길 수 있었다. 잘 알려져 있듯이 기회의 신 카이로스의 뒷머리는 대머리다. 놓치고 나면 못 잡는다고 생각한다. 하지만 나는 앞선 두 번의 경험 모두 초반에 기회를 놓쳤다. 다만 뒤늦게 카이로스의 어깨를 붙잡고 머리를 홱 꺾어서 기회의 무성한 앞머리를 간신히 낚아챌 수 있었다.

고난은 과거에도 그래 왔고 지금도 그러하고 앞으로도 비슷할 것이다. 또다시 새로운 어려움이 찾아올 것이다. 그리고 그 역경은 예상하기 힘들며 과거보다 더 강력해질 것이다. 시험 난도는 나날이 올라간다. 초등학교 6학년이 되었다고 시험이 쉬워지지 않는다. 오히려 중학생, 고등학생이 되면 더욱 어려운 문제들이 기다리고 있다. 초등학교 저학년 때는 그나마 곁에 정답을 아는 이들이 많았다. 엄마 아빠한테 물어보면 손쉽게 풀이 과정과 해답을 배울 수 있었다. 하지만 고등학생이 되고, 대학생이 되면 문제 푸는 법도, 정답도 알기 힘든 문제들이 수두룩하다. 해설서를 봐도 이해가 되지 않는다. 사업도 하면 할수록 정답 찾기가 어려워진다. 논술 문제처럼 정답이 없는 문제가 더 많다.

아내와 나는 매일 '워들Wordle'이라는 낱말 맞추기 게임을 즐긴다. 5분 정도면 정답을 찾을 수 있는데, 가끔 어려운 문제가 나오면 아무리 생각해도 도통 정답이 떠오르지 않을 때가 있다. 틀리면 벌금 2만 원이라서 쉽게 포기할 순 없다. 자존심도 걸려 있다. 스펠링이 이상한 고난도의 문제를 만날 경우 아내와 나의 해법은 다르다. 아내는 잠시 휴대전화를 내려놓고 다른 일에 집중하다가 한참 시간이 흐른 후 다시 그 문제를 보면 불현듯 정답이 떠오른다고 한다. 나는 자기 암시를 건다. 나는 이 문제를 풀 수 있다, 풀 수 있다, 풀 수 있다……. 그러다 보면 5개의 스펠링이 어떻게 조합될지 스르륵 아이디어가 떠오를 때가 종종 있다.

둘 다 좋은 방법이다. 워들 같은 낱말 퀴즈가 아니더라도 우린 이미 학교에 다니면서 각자만의 시험 풀이법을 익혔다. 정답이 아닌 오답부터 제거한다든지, 모르는 문제는 일단 넘기고 쉬운 문제부터 푼다든지, 점수가 높은 문제부터 먼저 푼다든지 나름의 방식으로 문제를 풀어 왔다. 그리고 사업을 하면서 매일 만나는 문제 역시 비슷하게 풀고 있다. 오답을 제거하고, 어려운 문제는 넘기고, 영향력이 큰 문제 위주로 조직의 역량을 집중하면서 매일 문제를 풀고 있다.

이제 더 이상 감독관이 내 책상 위에 시험지를 갖다 놓지 않는다. 채점을 해 주는 선생님도 없고 친구들과 정답 맞히기도 더는 하지 않는다. 하지만 우리는 매일매일 새로운 문제지를 받고 근무시간 내내 끙끙대며 문제를 풀고 있다. 어떤 문제는 술술 풀려서 기분 좋게 퇴근하고, 어떤 문제는 너무 어려워서 며칠을 고민한다. 때론 편파적이거나 공정하지 못한 지저분한 문제를 만나 분노하며 문제를 풀 때도 있다.

올해 들어서 시험문제가 너무 어렵다는 한탄 소리가 시험장 여기 저기에서 들려온다. 시험을 포기하고 드르륵 뒷문을 열고 떠나는 이들도 보인다. 나도 문제가 너무 어려울 때면 시험지를 내동댕이치고 시험장 바깥으로 나가고 싶을 때가 있다. 하지만 이는 무책임하다. 대표는 책임을 지는 자리다. 지금 내가 할 수 있는 건 내 앞에 주어진 문제를 영향력 위주로 우선순위를 정하고, 쉬운 문제와 어려운 문제에 시간 안배를 잘해서 묵묵히 해답을 찾아 나가는 거다. 한 문제 한 문제 꾸역꾸역 문제를 풀어나가는 거다. 시험이 너무 어렵다고 출제자를 탓하는 게 아니라, 어떤 문제가 주어지더라도 최선을 다해 푸는 것이다. 과거의 성공 경험을 바탕으로 나 스스로를 믿고 남아 있는 시간 동안 최선을 다하는 것이다.

내가 나를 믿는다는 건 단순히 나의 능력을 과신하는 게 아니다. 내가 나를 믿는다는 것의 참 의미는 나의 태도를 믿는 것이다. 어떤 어려움이 주어지더라도 포기하지 않겠다는 태도, 아무리 고통스럽더라도 인내하겠다는 태도, 편안하게 안주하고 싶더라도 미래를 위해 더 배우고 성장하겠다는 태도, 실수에서 배우고 오늘보다 더 나은 내일을 만들겠다는 나 자신의 태도를 믿는 것이다. 주어진 문제에 최선을 다해 임하는 나 자신의 태도를 믿는 것이다.

수영장에서 강사가 얘기했다.

"수영 잘하고 싶으세요? 숨이 차고 심장이 터질 거 같을 때, 그때 마지막 힘을 내서 한 바퀴 더 도세요. 한 바퀴 더 돌 수 있다고 자신을 믿고 팔을 쭉 뻗어 보세요. 그때 진짜 수영 실력이 느는 거예요."

달콤한 데이트와 노부부

오랜만에 형 동생 하는 친구들끼리 만났는데 한 친구가 어리고 예쁜 여자 친구를 데리고 왔다. 다들 부러워했다. 다른 친구 두 명은 최근에 교제하고 있는 여자 친구에 대해 서로 자랑을 늘어놓았다. 귀가 솔깃해져 이야기에 빠져들었다. 나이 마흔 넘은 친구 예닐곱 명이 만났는데 평범한 결혼 생활을 하는 이는 나와 또 다른 한 명뿐이었다. 나머지 다섯 명은 싱글이거나 이혼을 한 상태였다. 자유롭게 싱글로 지내든 달콤한 연애를 하든 단란하게 결혼 생활을 하든 각자 저마다의 방식으로 잘 지내고 있었다.

소소한 일상을 즐기며 지극히 평범한 가정을 이루고 사는 나와 열일곱 살 어린 여자 친구를 데리고 와서 흥미진진한 연애 스토리를 풀어 놓는 그 친구 사이에는 일정한 간격이 존재한다. 한편으론 부럽기도 하고, 한편으론 철없어 보이기도 했다. 연애와 결혼에 대한 세간의 인식도 많이 변했는데 내가 너무 고지식해서 그럴 수도 있다. 자기만의 방식으로 연인을 만나 사랑을 키우며 사는 것 아닌가. 연애에 정답은 없으니까.

　백억 원대 규모로 회사를 매각한 지인을 지난달에 만났는데 그동안의 스트레스에서 벗어나 더할 나위 없이 평온해 보였다. 좋은 집과 멋진 차와 함께 물질적 풍요를 만끽하며 행복하게 지내고 있었다. 푹 쉰 다음에 재창업을 할 거라고 했다. 한편으론 부러웠고 한편으로 내가 너무 미련하게 일을 하고 있는 게 아닌가 자책이 들기도 했다. 좀 더 쉽고 빠른 길을 찾아봐야 하는 게 아닌가 의구심이 들었다.

　이런 고민 중에 운 좋게 사이먼 시넥의 『인피니티 게임』이라는 책을 만났다. 책의 요지는 간단하다. 비즈니스는 승리가 중요한 스포츠 같은 유한게임이 아니라, 영속성이 중요한 무한게임이라는 것이다. 다수의 경영학 서적이 비즈니스를 스포츠 경기에 비교해서 어떻게 잘 싸우는 팀을 만들지, 어떻게 경기에서 승리할지 그 전략에 대해 설파하는 데 반해 이 책은 비즈니스는 스포츠 경기가 아니라고 잘라 말한다. 저자의 주장이 논리가 합리적인지, 근거가 충분한지, 사례가 객관적인지를 떠나 비즈니스를 바라보는 이러한 관점은 나에게 방향성에 대한 명확한 확신을 주었다.

　앞선 내 친구들의 흥미진진한 이야기는 모두 연애 이야기다. 연애의 초기 목적은 서로의 사랑을 얻는 것이고 때론 원나잇을 즐기는 것일 수도 있다. 감정적 승리와 순간의 쾌락이 목적이다. 그러므로 매력적인 외모와 현란한 말솜씨가 중요하다. 물론 장기적인 관점에서는 결혼을 향한 과정일 수도 있지만 말이다. 그에 반해 결혼은 지속 가능한 영속성이 무엇보다 중요하다. 상대방에 대한 배려와 존중, 이와 더불어 삶의 가치를 맞춰 나가는 과정이 필수적이다.

연애는 하루 후, 일주일 후를 고민하면서 의사결정이 이뤄지지만, 결혼은 몇십 년 후를 어떻게 살지 상상하며 의사결정을 한다. 연애든 결혼이든 잘못된 의사결정은 빈번하게 일어나고 이를 되돌리기 위해 노력한다. 하지만 단기적인 의사결정과 장기적인 의사결정은 큰 차이가 있다. 1년 후에 안 볼 사람과 10년 후에도 계속 봐야 할 사람을 우리는 다르게 대한다.

이는 꼭 사람 관계에만 해당하는 게 아니다. 우리 회사는 자그마하지만, 우리에게 잘 맞는 사옥을 지금 짓는 중이다. 솔직히 고백하자면 처음엔 싸게 지어서 대충 몇 년 지내다가 값이 오르면 팔고 더 넓은 곳으로 이사 갈 요량이었다. 업무에 필요한 최소한의 것들을 최저가로 넣어서 돈을 아끼려고 했다. 하지만 철거를 하고 땅을 파다 보니 애정이 생겼고, 이왕 짓는 것 제대로 짓고 싶었다. 더 좋은 공간을 만들고 싶다는 욕심이 생기자, 더 나은 공법과 더 좋은 자재를 찾게 되었고 옥상 조경까지 추가하게 되었다. 어느 순간부터 이 공간은 잠시 머물다가 갈 곳이 아니라 평생 내가 몸담을 곳으로 바뀌었다. '유한'한 기간 지내다가 떠날 공간에서 '무한'하게 계속 머물 공간으로 개념이 바뀌는 순간 내가 하는 모든 의사결정이 달라졌다.

비즈니스 역시 마찬가지 않을까. 내가 회사를 하나의 상품으로 보고 단기간에 값어치를 올리려고 하면 모든 의사결정이 단기적으로 바뀔 것이다. 3년 임기의 전문경영인이 10년 후를 내다보지 못한다고 타박할 일이 아니다. 우리는 모두 주어진 환경에 맞춰 최적화된 의사결정을 한다. 만약 내가 2년 후에 회사를 매각하겠다고 마음을 먹는다면 3년 이상의 장기적인 관점에서 의사결정을 하기 곤란해질 것이다. 노년까지 건강하게 살고 싶다는 마음으로 채소를 즐겨 먹고 좋은 수면 습관을 유지하면서 꾸준하게 달리기를 하며 건강을 관리하는 이와 오늘 하루를 마음껏 즐기겠다는 마음으로 사는 이의 건강 관리법은 다를 수밖에 없다. 아마 기업의 건강 지표도 비슷할 것이다.

다만 주주자본주의 시대를 살고 있는 이 시대에 '기업은 상품'이라는 전제를 부정하긴 힘들다. 70년 가까이 고객들에게 사랑을 받으며 성장한 성심당도 좋은 빵집이지만, 3년 만에 백억 대 이익을 내며 인기몰이를 하고 있는 런던베이글뮤지엄도 대단한 건 마찬가지다. 런던베이글뮤지엄이라는 상품이 창업자의 기대처럼 3천억 원에 PE에 팔릴지, 시장의 평가처럼 1천억 원대에 그칠지는 좀 더 지켜봐야 알 수 있을 것이다. 분명한 건 창업자가 가진 재능과 열정을 바쳐 시장에서 기회를 찾고 고객의 트렌드를 읽은 후 '런던베이글뮤지엄'이라는 매력적인 상품을 만들어 자본 시장에 내놓는 건 주주자본주의를 살고 있는 지금의 시대정신에 정확하게 부합하는 경영활동이라는 점이다.

3대째 훌륭하게 기업문화를 유지하며 귀감이 되고 있는 성심당이 30년 후에 어떤 모습일지 아무도 확신할 수 없다. 좋은 기업의 표본이었던 유한양행도 최근에 경영권 분쟁이 일어나고 있는 마당에 어떤 방식의 경영이 옳고 그르다고 단정 짓는 건 섣부른 판단이다. 상반되는 두 가지의 여행 코스가 있는데 어떤 방향을 고를지는 결국 창업자의 몫이고 어떤 삶을 살아갈지 의지의 문제이기에 결국 철학으로 귀결된다. '나는 어떠한 태도로 기업을 경영하고 어떠한 삶을 살 것인가?'

매력적인 이성과 달콤한 데이트를 했다는 이야기는 언제나 흥미롭다. 나의 20대 추억이 떠오르기도 하고 설레는 감정을 느낄 그가 부럽기도 하다. 하지만 내가 닮고 싶은 모습은 조금 다르다. 강아지를

Private Equity, 사모펀드의 한 유형.

데리고 아파트 주변을 산책하다 보면 두 손을 꼭 맞잡고 다정하게 대화를 나누는 80대 노부부를 자주 만난다. 족히 50여 년은 함께 했을 그 시간 동안 때론 힘 모아 역경을 헤쳐 나가고 때론 슬픔도 달래주고, 때론 즐거움도 같이 누리며 서로 의지하며 평생을 걸어 온 그 여정을, 굴곡 많았을 그 세월 동안 서로 이해하고 배려하고 사랑하며 함께 걸어 온 그 노부부의 삶을 닮고 싶다. 부러운 것과 닮고 싶은 건 다르다. 부러운 건 공상으로 끝나지만 닮고 싶은 건 실천을 근간으로 한다.

어떤 기업의 엑시트Exit는 언제나 부럽다. 런던베이글뮤지엄이 매각에 성공했다는 뉴스를 보면 엄청 부러울 것이다. 유한게임의 승자는 볼 때마다 부럽다. 그에 반해 50여 년이 넘도록 고객에게 사랑받고 사회에서 존경받는 기업은 닮고 싶다. 드물긴 하지만 세상에 실제로 존재하는 진짜 '유니콘' 같은 기업을 닮고 배워서 언젠가 내가 게임에서 물러날 때 '이겼구나'라는 감정보다는 '잘 살았구나'라고 스스로 평가할 수 있기를 꿈꾼다.

성장은 불안의 크기만큼

아내와 강아지를 산책시키고 편의점에 들러 캔맥주를 샀다. 파란색 간이 의자에 앉아 맥주를 마시며 땀을 식히고 있는데 옆 테이블에서 대학생쯤 돼 보이는 연인이 다정하게 대화를 나누고 있었다. 여자가 중국집 레시피를 개선하는 과정에 대해 설명하고 있었다. 아마 백종원이 나오는 TV 프로그램 본 걸 얘기하는 것 같았다. 남자는 고개를 끄덕거리고 질문도 해 가며 그 주제에 관심을 표했다. 얘기를 다 듣고 난 뒤에 그 남자가 자기 생각을 얘기했다.

"그것도 나쁘지 않지만, 나라면 좀 더 나은 방법을 찾아볼 거 같은데."

곧 그 젊은 연인은 자리에서 일어나 손을 잡고 떠났다. 어찌 보면 어디서나 들을 수 있는 사소한 대화였는데, 그 어린 친구가 한 대답이 한동안 머릿속에 맴돌았다. '그것도 나쁘진 않지만, 나라면 더 좋은 방법을 찾을 텐데.'

그 친구가 중국집을 하면 더 맛있는 음식, 더 좋은 서비스, 더 나은 마케팅을 위해서 애쓸 것 같다는 막연한 느낌이 들었다. 그 친구가 입사하면 회사에서 인정을 받을 것 같았고, 그 친구가 스타트업을 하면 문제를 잘 해결해 나가면서 성공할 것 같다는 느낌이 들었다. 편의점에서 엿들은 단 한 마디 문장으로 그 젊은이에 대해 평가하는 게 다소 무리이긴 하지만, 어쨌든 그 친구는 지금보다 더 나은 미래를 만들 수 있을 거 같다는 확신이 든 건 사실이다.

어쩌면 그날 그의 말이 특히 와닿았던 건 내가 우리 직원들이, 우리 브랜드가 '이만하면 적당하잖아'라고 안주하고 있는 게 아닐까 의심하고 있던 차에 그 친구가 정신 차리시라고 쿡 일깨워 준 탓일 수도 있다. 그 친구의 표현을 빌리자면 '그렇게 사업을 하는 것도 나쁘진 않지만 저라면 좀 더 잘할 수 있는 방법을 찾아볼 거 같은데요' 쯤 되겠다.

직장 생활을 하든, 창업을 하든 초기의 열정은 얼마 되지 않아 휘발되어 사라진다. 은퇴할 때까지 그 긴 여정 동안 우리는 어떤 태도로 일에 임해야 할까? 경영학 책에서 안내하듯 높은 사명감과 투철한 미션, 그리고 목표 달성에 대한 강한 열망으로 임해야 할까? 세상을 변화시키겠다는 놀라운 비전 속에서 고객 가치를 창출해 더 좋은 세상을 만드는 데 기여하겠다는 마음으로 임해야 할까? 그도 아니면 빨리 큰돈을 벌어서 이 지긋지긋한 사업에서 벗어나 경제적 자유를 누려야겠다는 마음으로 해야 할까?

비즈니스의 여정은 길고 길다. 단순히 의지력만으로 고난투성이인 그 긴 항해를 이어가기는 힘들다. 언제까지 이 짓을 해야 하나, 언제까지 이렇게 견뎌야 하나, 이러한 고민을 주변에서 숱하게 듣고 나 역시 늘 고민하고 있다. 그러다 얼마 전 현명한 후배 사업가와 이 주제로 대화를 나누면서 생각이 명료해졌고, 일과 사업의 본질에 나의 관점을 확고하게 세울 수 있었다.

내가 내린 결론은 '일은 즐거워야 한다'라는 것이다. 즐겁고 재미있어야 이 긴 여정을 이어 나갈 수 있다. 일 자체를 즐기든, 일을 하는 과정을 즐기든, 일로 인한 성취를 즐기든, 어쨌든 우리는 일을 매개로 해서 즐거움과 재미를 찾아야 한다.

우리는 뭔가를 할 때 즐거움을 느낀다. 성취하면 더 큰 즐거움을 느낀다. 현 상태로 가만히 있으면 즐거움을 느낄 수 없다. 뭐라도 해야 즐겁다. 즐거움은 능동적이고 실행 위주이며, 그것을 좇아야만 누릴 수 있는 감정이다. 스스로 뭔가를 해야만 맛볼 수 있다.

반면, 편안함은 가만히 있어야 찾아온다. 변화를 추구하지 않고 현상 유지를 할 때 느낄 수 있는 감정이다. 편안함은 수동적이고 소극적이다. 가만히 있는 게 세상에서 제일 편하다. 인위적인 노력을 하지 않더라도 편안함은 수시로 느낄 수 있다.

나는 세상에는 두 가지 종류의 사람이 있다고 보는 다소 이분법적 사고관을 갖고 있다. 뭔가를 만드는 메이커와 이를 이용하는 유저. 어릴 적 아이들에게 공부하라는 얘기는 하지 않았지만 메이커의 인생을 사는 게 낫다는 조언은 종종 했다. 최고의 결과물을 유저로서 아무리 즐기더라도, 그걸 만든 창작자의 즐거움에는 미치지 못한다고 말이다. 음악 감상은 작곡가와 가수만큼 즐겁지 않고, 영화 감상도 영화 제작자가 느끼는 흥분과는 비할 수 없다. 멋진 서비스를 이용할 때 우리는 환호하지만 그러한 서비스를 만든 이들이 느끼는 성취감이야말로 진정한 희열이라고 나는 여긴다. 이러한 아빠의 영향 탓인지, 두 아이는 작곡을 하고 웹툰을 그리고 책을 내고 유튜버로 활동하는 등 나름 메이커로서 즐거움을 누리고 있다.

지금 글을 쓰고 있는 행위도 메이커다. 챗GPT에 검색을 하는 건 유저지만, 한 단어 한 단어를 고심해 가며 쓰는 이 행위는 메이커다. 사업 역시 대체로 메이커로서의 역할이다. 제품을 만들든, 서비스를 만들든 콘텐츠를 만들든, 어떤 분야에서든 우리는 만드는 즐거움을 느낄 수 있다.

그런데 문제는 메이커로서 고객에게 선택받을 수 있는 뭔가를 만들어 낸다는 게 상당히 어렵다는 점이다. 피 터지는 경쟁이 뒤따르며, 변덕스러운 고객을 설득해야 하고, 예측 불가능한 운영 문제를 해결해 나가야 한다. 이런 걸 하나하나 해결해 나갈 때 우리 제품, 우리 서비스는 경쟁력을 갖추고 성장한다. 그리고 그 성장 속에서 즐거움을 느끼게 되고, 그 즐거움이 다시 새로운 동력으로 우리에게 에너지를 공급해 준다. 이러한 선순환을 통해 우리는 또다시 성장 사이클을 이어 간다.

모든 성장에는 역경이 뒤따르고 그때마다 '이렇게까지 해야 하나'라는 마음이 불쑥불쑥 든다. 좀 쉬고 싶고 좀 편하게 일하고 싶다는 유혹, 즐거움의 감정이 저 멀리 있을 때 바로 눈앞에서 나를 기다리고 있는 편안함이라는 유혹이다. 즐거움과 편안함은 공존할 수 없다. 이해충돌 관계다. 편안함을 추구하면 즐겁지 않고, 즐거워지려면 편안함을 포기해야 한다.

어릴 적 기억이 난다. 중학교 체육대회 때 달리기 시합을 했는데, 막판 스퍼트를 해서 내가 거의 1등을 따라잡았다. 그때 내 머릿속에 불현듯 '숨차 죽겠는데, 뭘 이렇게까지 해야 하나. 그래봐야 공책 한

두 권 더 받는 건데'라는 생각이 떠올랐다. 그 생각이 들자마자 나는 몸에 힘이 풀렸고, 결국 2등으로 들어왔다. 헉헉거리며 숨을 고르고 있는데, 1등을 한 친구가 곁에 와서는 한 말이 생생하게 기억난다. "네가 나를 추월할 거 같아서, 도저히 내 실력으로는 안 될 거 같아서 막 포기하려는 순간에, 너 스스로 뒤로 처지더라." 내 심장과 허파와 근육이 고통에서 벗어나 편안함을 찾는 순간, 짜릿한 1등의 즐거움은 사라졌다.

향수 브랜드를 론칭해서 꽤 잘 키운 후배 사업가가 연남동에 플래그십 매장을 오픈했다고 해서 지난주에 만났다. 공간도 예쁘게 꾸며 놓았고 고객도 상당히 많았다. 저녁을 같이 먹는데, 얼떨결에 성공하긴 했는데 '늘 불안한 심정'이라고 속내를 토로했다. 언제 고객들이 떠날지 모르는 B2C 비즈니스인 탓인지, 그냥 늘 불안감이 든다고 그랬다. 사실 B2B든 B2C든 그 형태와 상관없이 비즈니스는 불안하다. 성장하는 브랜드는 더욱 그렇다. 자산이 많고 적고를 떠나서 성장을 위해 새롭게 모험하는 순간 불안해진다.

아마 이 후배 사업가는 본인이 감당할 수 있는 불안감의 크기만큼 회사를 키울 수 있을 것이다. 불안감을 안고 사는 게 곧 창업자의 숙명이기도 하니까.

안정감을 추구하면 그건 곧 성장이 멈췄다는 증거다. 사람도 그렇고 회사도 그렇다. 대표가 '이만하면 됐잖아'라는 마음이 싹트는 순간 회사는 '성장의 즐거움' 대신 '편안한 안정'을 추구하게 된다. 최선을 다해 열심히 살던 사람이 '뭘 그렇게 아득바득 사느냐'라는 얘기를 듣고 '세상사 부질없구나'라는 마음으로 모든 걸 내려놓는 순간 '성장의 즐거움'은 사라지고 '편안한 안정감'이 찾아온다.

어찌 보면 벤처기업의 매각, 이른바 '엑시트'의 근간에도 이러한 감정이 있다고 본다. 견디기 힘든 이 불안감에서 벗어나서 안정을 만끽하고 싶다는 감정. 그리고 그 순간 특별함은 사라지고 평범함이 찾아온다. 안정감을 찾으면 평범해진다. 현재의 편안함을 유지하는 순간 브랜드는 금방 평범해지고 식상해진다. 평범한 브랜드가 되면 결국 싸다는 얘기만 하는, 그냥 그렇고 그런 흔한 브랜드로 전락하고 만다.

우리는 자신에게는 편안함과 안정을 추구하지만, 우리가 소비하는 브랜드는 특별하기를 바라는 이중적인 면모를 갖고 있다. 나는 비범함을 위해 고생을 하고 싶지 않지만, 내가 구입하는 제품은 비범한 누군가가 특별하게 만들어 주기를 바라는 마음이다. 평범한 일상을 살면서 비범한 누군가를 보면 동경하고 흠모하는 이중적인 면모는 어쩌면 자연스러운 현상일 것이다. 우리가 그렇게 비범하게 살기 힘들기 때문에 그러한 이들에 대해 경외심을 표하는 것이다.

평범함은 'Not Bad' 즉, 나쁘지 않은 상태다. 요즘 세상에 나쁘지 않은 것만 해도 행운인 건 사실이다. 하지만 앞서 편의점에서 만난 20대 초반의 그 젊은 친구가 얘기한 '그것도 나쁘지 않지만 나라면 더 좋은 방법을 찾아볼 텐데'라는 자세를 꾸준하게 견지할 수만 있다면 우리는 평범함의 수렁에 빠지지 않고 계속 나아지고 성장해 나갈 수 있을 것이다. 탁월함의 반대말이 평범함인 건 자명하니까.

평범해지는 순간 조직은 성장을 멈추고 쇠락의 길을 걸을 수밖에 없는 운명이다. 창업자라면 늘 가슴 한편에 도사리고 있는 막연한 불안감을 있는 그대로 받아들여야 한다. 불안감을 품은 상태로 새로운 뭔가를 만들려고 끊임없이 시도하는 메이커가 되어야 한다. 그 여정에서 성취감과 즐거움을 느끼고 나날이 성장해 나가는 게 창업가의 길이다.

사업의 즐거움

사업은 고통투성이다.

왜일까? 내 뜻대로 안 되어서다. 사람이든, 고객이든, 물건이든 내 계획대로 움직이지 않는다. 이렇게 딱딱딱 해 주면 좋을 텐데, 내 마음 같지가 않다. 내 뜻대로, 내 계획대로 움직여주면 스트레스 없이 일할 수 있을 거 같다. 하지만 그건 표면적인 현상일 뿐이다. 우리가 고통을 느끼는 건 사실 '돈' 때문이다. 본질은 돈을 벌지 못해서 힘든 거다.

직원이 내 뜻대로 일하지 않더라도 그 직원이 돈을 많이 벌어 왔거나, 제품이 내 의도대로 안 나왔지만 고객들이 그 미완성 제품을 좋아해서 대박이 났거나, 물류나 서비스가 제대로 되지 않는데 오히려 고객 줄 세우기로 더 큰 인기를 끌면 우리는 고통을 느끼지 않는다. 내 뜻대로 하면 '돈을 벌 것' 같은데 내 뜻대로 하지 않아 '돈을 못 벌어서' 힘든 거다. 내 뜻대로 안 했는데도 '돈을 벌면' 우리는 힘들지 않다. 내 뜻대로 했을 때보다 더 기쁠 수도 있다. 결국 우리가 느끼는 고통의 밑바닥에는 필요한 만큼 돈을 못 벌고 있다는 단순한 이유가 깔려 있다.

그렇다면 얼마 정도의 돈을 벌어야 우리의 고통이 줄어들까? 사람마다 편차는 있지만 본질적으로는 손익분기점, 즉, 나가는 돈보다 들어오는 돈이 많아야 고통이 줄어든다. 규모와 상관없이 번 돈보다 쓴 돈이 더 크면 누구나 고통을 느낀다. 그것이 일시적인 현상이 아니라 미래에도 계속 지속될 거 같으면 걱정이 더 커진다.

모든 생명체는 존재 자체에 에너지를 사용한다. 우리 몸은 24시간 전기를 먹으며 영업하는 편의점처럼 단 1초도 쉬지 않고 에너지원을 소비하며 유지된다. 우리 몸의 세포들이 배고프니까 열량을 달라고 끊임없이 외쳐대듯 회사의 구성원이 매일 탕비실에 풍부한 '당'을 준비해 달라고 요구하듯, 회사 역시 '돈'이라는 에너지원을 매 순간 필요로 한다. 회사는 탄생 직후부터 '돈'이 필요하다. 회사를 이루는 사람, 공간, 제품, 서비스 등 모든 것들이 실시간으로 돈을 태운다. 이들이 태우는 돈 이상을 벌어야만 회사가 존속 가능하다. 생존에 필요한 만큼 에너지원을 공급해 주지 못하는 순간 회사에는 결핍의 고통이 찾아온다.

밭 한 뙈기 물려받지 못한 우리 아버지는 어린 나와 형들을 할머니에게 맡기고 섬으로 가서 페인트공으로 일하며 힘겹게 가족을 부양했다. 나의 학자금 대출을 갚는 데만 15년이 걸렸다고 훗날 이야기할 정도로 생계와 빚의 고통 속에서 평생을 사셨다. 아버지 같은 빈농뿐만 아니라 고액 연봉을 받는 이들도, 안정적인 직장인도 피치 못할 이유로 들어오는 급여보다 나가는 돈이 많으면 고통 속에서 하루하루를 보내게 된다. 계획된 적자라고 항변하며 볼륨을 키우는 스타트업 대표들 역시 고통의 연속이다.

본질은 간단하다. 버는 돈보다 나가는 돈이 많으면 힘들다. 손익분기점을 넘기지 못하면 우리는 고통을 느낀다.

손익분기점 : 들어오는 돈 〉 나가는 돈

초등학생도 아는 이 단순한 공식을 현실에서 지키지 못해 우리는 힘든 하루를 보내고 있다. 신호등은 초록불에 건너고 빨간불에 멈추는 것처럼 이 공식은 단순하지만, 그걸 지키는 게 얼마나 어려운지 업력이 있는 이들은 잘 알 것이다. 이는 회사가 큰지 작은지, 성장하고 있는지 정체되어 있는지와 상관없이 불변의 진리다. 나이키의 창업자인 필 나이트가 쓴 『슈독』에는 이를 잘 표현하는 문장이 나온다.

"블루리본의 창고 관리자는 매일 몇 켤레가 나갔는지 텔렉스로 알려 주었다. 이를 통해 그날 고객들(학교, 소매점, 코치, 우편 주문 고객)에게 정확하게 몇 켤레가 배송됐는지 파악할 수 있었다. 회계학의 법칙에 따르면, 배송된 신발은 판매된 신발을 의미한다. 그날 내 기분, 소화 능력, 혈압 상태는 창고 관리자가 보내 준 수치에 따라 좌우됐다."

급성장하고 있던 나이키의 창업자도 그날 매출 수치에 따라 혈압 상태가 달라질 정도인데, 고군분투 중인 우리의 상태는 어떠하겠는가.

처음에는 다들 판타지 속에서 설레는 마음으로 여행을 떠난다. 창업자가 운전석에 앉고 마음 맞는 친구들이 보조석과 뒷자리에 앉아서 밀림을 탐험하는 모험을 떠난다. 하지만 곧 길을 잃고 깜깜한 한밤중에 휴대전화도 터지지 않는 오지 산길을 질주하다가 거목을 들이받아 운전석에 쓰러진다. 날카로운 나뭇가지가 창업자의 복부를 관통해 붉은 피가 계속 흐른다. 지혈을 하고 피를 빨리 공급받아야 생명을 유지할 수 있는 상황이다. 이 상태로 얼마나 버틸 수 있을지 불투명하다. 그런데 보조석에서 자고 있던 한 친구가 일어나서 운전을 왜 이렇게 거칠게 하냐고, 이 차의 승차감이 왜 이러냐고 투덜대고 뒷좌석의 친구는 내일 구경하기로 했던 계곡과 호수의 아름다움에 대한 얘기를 꺼낸다. 처음 여행을 떠날 때 약속했던 조건들을 제대로 지키지 않는다고 따지는 친구도 있다. 나는 생명이 위독한데, 빨리 피를 공급받아야 생존을 유지할 수 있는데, 함께 차에 탄 이들은 근무 환경이니, 조직 문화니, 복지니 하는 공허한 얘기를 떠든다.

이 엄청난 괴리감은 결국 돈을 못 벌어서 생기는 문제다. 돈이라는 피를 충분히 공급받으면 고통에서 벗어나서 내일의 여행을 다시 즐겁게 계획할 수 있다. 동료들과 다음 목적지를 정하고 역할 분담을 하면서 전진해 나갈 수 있다. 그런데 내 몸이 지혈도 되지 않고 수혈도 어려워 생존이 불투명하면 여행이고 뭐고 아무것도 없다. 오직 고통뿐이다.

그래서 기업의 리더인 대표가 해야 할 가장 기본이자 가장 중요한 일은 돈을 버는 것이다. 수단과 방법을 가리지 않고 일단 생존에 필요한 양만큼의 돈을 벌어 오거나 어디선가 빌려와야 한다. 그래야 극심한 고통에서 벗어날 수 있다. 그런데 무엇이 부족해서 돈 벌기가 힘들까? 뭐가 문제이고 어디서 잘못된 탓에 돈을 못 벌까? 노골적이고 직설적으로 얘기하자면 이는 99% 대표의 역량 부족 탓이다. 대표의 재능이 부족하거나 태도가 좋지 않거나 혹은 둘 다 나쁜 경우다.

우리 회사가 만약 위험에 빠진다면 그건 전적으로 대표인 나 때문이다. 내가 무능력하거나 게으른 탓이다. 가끔 나는 신사업이 어려움을 겪을 때면, 대표 자리를 나보다 유능한 누군가가 맡는다면 문제를 해결해 낼까 하고 질문해 보곤 한다. 그때마다 단 한 번의 예외도 없이 즉시 문제를 해결하고 무조건 성공시킬 것이라는 답변이 튀어나왔다. 나 대신 아주 탁월한 대표가 이 사업부를 맡는다면 어떠한 방법을 활용해서라도 나보다 훨씬 더 크게 사업을 성공시킬 것이다. 그 이야기는 즉 신사업이 잘 안되는 원인은 결국 대표인 내가 부족한 탓이라는 것이다. 내 역량이 모자라거나 내 태도가 잘못되어서 신사업을 안착시키지 못하는 거였고, 대표인 나 때문에 돈을 못 버는 거였다.

'대표가 못나서 돈을 못 번다.' 인정하기 싫지만 인정할 수밖에 없는, 너무나 명확한 진리이다. 다시 말해 이는 대표를 다른 대표로 바꾸거나, 지금의 대표가 성장해서 더 나은 대표로 바뀌어야 돈을 벌 수 있다는 의미이다. 대표를 다른 이로 교체하는 건 현실적으로 쉽지 않은 만큼 결국은 대표가 끊임없이 배우고 성장하는 게 유일한 방법이다. 실수투성이인 창업자가 초심을 잃지 않는 열정적인 자세와 지치지 않는 끈기로 눈앞의 역경을 차근차근 극복해 나가며 성장하다 보면 어느 순간 손익분기점을 넘기는 날이 올 것이다. 사람 잘안 바뀐다는 건 맞는 말이다. 사람이 한순간에 바뀌는 경우는 정말 드물다. 하지만 아주 조금씩 매일 변화하는 게 쌓이고 쌓이면 다른 사람처럼 보일 정도로 꽤 많이 성장하기도 한다. 현세 인류가 캄브리아기의 물고기에서 여기까지 올 수 있었던 것도 5억여 년 동안 매일매일 진화한 덕분 아니겠는가.

어찌어찌해서 마침내 그날이 왔다고 가정해 보자(여기서 '어찌어찌'의 의미는 끝이 보이지 않는 실패 속에 꽤 괜찮은 제품이나 서비스를 마침내 개발한 후 별의별 마케팅을 다 동원하다가 운 좋게 한 가지 방법이 적중해서 제품과 서비스가 고객에게 도달했는데, 그 후로 예상하지 못한 고객 불만과 직원들의 운영상 불만들로 좌절하다가 이마저 해결한 후 드디어 정상화에 돌입할 무렵 경쟁사의 모방 제품으로 인해 다시 원점으로 되돌아가 자금난에 허덕여 돈을 구하려고 이곳저곳에 구차한 부탁을 해 본 경험이 몇 번 있다는 걸 의미한다).

그렇다면 나가는 돈보다 들어오는 돈이 더 많으면 우리는 행복할까? 그 어둠의 긴 터널이 끝나고 마침내 찬란한 광명이 찾아올까? 불행했던 어제에 굿바이를 외치고 행복한 오늘이 시작될까? 우리의 하루하루는 즐거움과 보람으로 가득 찰까?

그렇지 않다는 걸 모두 잘 알 것이다. 적자는 고통의 충분조건이지만 흑자는 행복의 필요조건이다. 적자 나는 모든 기업은 고통스럽지만 흑자 나는 모든 기업이 행복한 건 아니다. 고통에서 벗어나려면 무조건 돈을 벌어야 하지만, '돈만' 번다고 사업이 즐거워지는 건 아니다. 어떤 음식이라도 먹어야 살 수 있지만, 음식을 먹는다고 행복한 건 아니다. 그건 별개의 문제다.

브레이크가 고장 난 폭주 기관차처럼 사업에 질주하다가 보면 어느 순간 우리는 '관성의 함정'에 빠진다. 잠자는 시간마저 아껴 가며 일을 하고 주말도 온통 일에 매진해서 마침내 목표한 바를 달성했다고 상상해 보자. 손익분기점을 넘기고 법인통장에 현금이 쌓이기 시작한다. 이제 한숨 돌리면서 여유를 찾을 수 있음에도 불구하고 예전처럼 온 시간을 일에 매진하지 않으면 불안해진다. 잠시라도 방심하면 뒤처질 거 같은 막연한 공포심 때문에 그냥 달려온 길을 따라 그대로 미친 듯이 달린다. 흔한 경우다.

'탐욕의 늪'도 헤어나기 힘들다. 우리 앞 세대에서 자주 목격하지 않았는가? 한평생 죽도록 열심히 일해서 경제적 여유를 가졌음에도 해외여행 한 번 다니지 않고, 취미 생활 한번 누리지 않으면서, 무덤에 들어가기 전까지 돈을 좇고 붙들고 있는 이들을. 돈이 도구가 아니라 삶의 목적 자체가 되어서 오로지 그걸 모을 때만 본인의 존재 가치를 느끼는 이들을 주변에서 드물지 않게 만날 수 있다.

진화적 관점에서 우리 신체와 두뇌가 '쾌락 적응Hedonic Adaptation' 알고리즘으로 설계된 점도 행복의 장애 요소다. 그 어떤 즐거움과 쾌락도 금방 잊히고 이를 느끼기 전인 원점으로 초기화된다. 생명체는 다 그렇다. 아무리 큰 성취와 업적도 시간이 지나면 어떤 감흥도 주지 못하고 시시해지도록 우리 뇌는 설계되어 있다. 고통에서는 벗어났지만 그렇다고 즐겁지도 않은 무미건조한 상태에 빠진다.

드디어 흑자 전환에 성공해서 고통의 수렁에서 간신히 빠져나왔는데, 이렇게 외적, 내적, 생물학적으로 열악한 환경에서 우리는 어떻게 즐거움을 지속적으로 누릴 수 있을까? 이는 어떻게 더 많은 이익을 지속적으로 낼 수 있을까, 라는 질문이 아니라 어떻게 우리가 즐겁게 일을 할 수 있을까, 라는 질문이다.

예전에 스티브 도나휴의 『사막을 건너는 여섯 가지 방법』이라는 책을 읽은 적이 있다. 이 책에서 저자는 인생은 정상을 정복하는 등산처럼 보이지만 사실은 지루한 일상이 반복되는 사막이라고 묘사한다. 지루한 사막을 어떻게 즐겁게 여행할 것인지에 대해 설명하는데, 그 해결책은 상투적이라서 와닿지 않았지만, 삶이 볼거리 없이 반복되는 사막 여행이라는 관점은 공감이 되었다.

비즈니스 역시 마찬가지다. 매일 30개의 사고가 터진다. 이 중 10

개는 우리 팀의 실력으로 해결 가능하고, 10개는 해결 불가능하며, 10개는 시간이 부족해서 다음 날로 미룬다. 그리고 다음 날 또다시 새로운 30개의 문제가 출제되는, 마치 무한히 반복되는 수험장 같다. 30문제 중 10문제는 풀고, 10문제는 틀리고, 10문제는 손도 못 대는, 지루하게 반복되는 사막 여행이다.

앞서 언급했던 우리 아버지는 술 한 잔 드시면 지난날의 아쉬움을 토로하신다. 시골에 돌아왔을 때 묘목 농사를 잘 지었어야 했는데, 아니 그전에 시골로 돌아오지 말았어야 했는데, 아니 더 젊을 때 도시로 나갔어야 했는데, 군 생활이 좀 더 잘 풀렸어야 했는데, 학교를 좀 더 다녔어야 했는데……. 회한은 끝없이 이어진다. 이에 반해 옆 동네에 사시는 여든이 넘으신 이모할머니를 보면 삶이 축복 그 자체다. 남편은 진작에 돌아가셨고, 혼자 고달프게 자식을 키우면서 한평생을 사셨다. 자녀를 잃는 아픔을 겪기도 했지만 놀라울 정도로 삶에 대해 긍정적이고 감사하는 마음으로 사신다. 그분의 말씀 속에는 늘 온화함과 따스함이 묻어난다. 두 분의 살아온 삶의 여정을 잘게 쪼개서 객관적으로 측정하면 우리 아버지의 삶이 훨씬 더 풍요롭고 운이 좋다. 하지만 80년 넘게 굴곡진 삶을 살아오신 두 분 중 한 분은 회한으로 가득 차 있고, 한 분은 행복으로 가득 차 있다. 이 차이는 오직 삶을 바라보는 관점의 차이이고, 현실을 바라보는 태도의 차이일 것이다.

사업이 고통이 아니라 즐거움이 되려면 무엇보다 긍정적인 태도가 반드시 필요하다고 나는 확신한다. 어찌어찌해서 적자의 터널을 지났다면 그다음 통과해야 할 건 태도의 관문이다. 매일 찾아오는 30개의 문제를 어떤 태도로 바라볼 것인가? 잘 풀린 10문제는 태도와 무관하게 모두 기분 좋게 마무리할 수 있다. 남은 20개의 문제에서 태도의 차이가 극명하게 갈린다. 통제 가능한 영역이지만 풀지 못한 10개의 문제 때문에 스트레스를 받을 것인가? 우리 팀이 실패에서 많은 걸 배웠고 더 나아지고 성장했다고 여길 것인가? 손도 못 댄 통제 불가능한 영역의 10개의 문제는 또 어떤 태도로 바라볼 것인가? 그 막막함에 좌절하고 우리 팀의 한계를 탓할 것인가? 아니면 통제 불가능한 영역을 솔직히 인정하고 우선순위를 정해서 후순위 문제는 우리가 풀 수도 없고 풀 필요도 없다는 걸 자각할 것인가?

다시 한번 강조하지만, 내가 말하고자 하는 바는 어떻게 더 높은 성과와 더 빠른 성장을 거둘 것인지에 관한 것이 아니다. 어떻게 우리가 사막 여행 같은 비즈니스 환경에서 고통을 줄이고 즐겁게 이 여정을 계속해 나갈 수 있는지에 관한 것이다.

어릴 적 퀴즈 문제가 주어졌을 때 방바닥에 배를 깔고 누워서 시간 가는 줄도 모르고 신나게 문제를 푼 기억이 한 번쯤 있을 것이다.

똘망똘망한 눈망울로 연필에 침을 발라 가면서 열심히 문제를 푼 건 그것이 억지로 해야 하는 숙제가 아니라 문제 풀이 그 자체가 즐거웠기 때문이다. 그 시절처럼 우리는 지금도 문제 풀이를 즐겨야 한다. 호기심을 가지고 한 문제 한 문제를 즐겁게 풀어야 한다. 고객의 컴플레인, 제품의 하자, 배송사고, 직원 간의 트러블, 거래처의 신뢰 위반, 경쟁사의 반칙, 예상 불가능한 시장 변동성 등 매일 발생하는 수많은 문제를 객관화시키고 점수가 높은 문제 위주로 우선순위를 매겨서 즐겁게 문제를 풀어야 한다. 우리가 풀 수 있는 문제와 우리가 풀 수 없는 문제, 그리고 굳이 풀 필요가 없는 문제들로 나눠서 핵심 문제 위주로 에너지를 집중해서 문제를 해결하고 성취감과 성공 경험을 쌓아 나가야 한다.

때론 인위적이고 의도적으로 스스로의 감정을 속일 필요도 있다. 힘들고 지칠 때 거울을 보며 입꼬리를 한번 쓱 올려 보면 기분이 좀 나아지는 걸 느낄 수 있다. 다 내려놓고 싶을 정도로 어려운 순간일수록 억지 미소를 지어 보고, 팀원들에게 싱거운 농담도 던져 보고 빈말처럼 들려도 잘될 거라고, 우리가 이 어려움을 반드시 극복해 낼 수 있을 거라고 말을 꺼내면 그것 자체로 큰 힘이 된다. 나 자신의 역량과 우리 팀의 잠재력을 믿는다고 자기 암시를 걸면서 한 걸음씩 내딛다 보면 어느 순간에 한 단계 더 성장한 팀으로 변모되어 있는 걸 깨닫게 된다. 말과 표정에는 그런 놀라운 힘이 있다.

사업이 즐거운 여정이 되기 위해서는 '관계' 역시 '태도'만큼 중요하다. 여행에서 여행지보다 더 중요한 게 '누구'와 여행을 하느냐이다. 겨울 삿포로에서 눈 덮인 절경을 마주쳤을 때, 몽골 초원의 게르에서 황홀한 별무리를 만날 때, 베니스 운하를 곤돌라로 여행하다가 감미로운 야상곡을 듣거나 뉴욕 센트럴 파크에서 누워 상쾌한 가을바람과 함께 바이올린 연주 소리를 들을 때, 우리는 이 경이로운 순간과 벅차오르는 감정을 누군가와 공유하고 싶어서 옆 사람을 찾는다.

비즈니스 현장에서 불가능해 보였던 목표를 현실로 만들었을 때, 우리 팀의 이 놀라운 성취를 누구와 함께 누릴 것인가. 사내 경쟁을 즐기며 무소불위의 태도로 성과에 집착하는 인재를 선호하는 조직도 있겠지만 나는 그렇지 않다. 승리만큼 중요한 것이 우리 팀원들이 다 함께 즐겁게 이겨야 한다는 점이다. 그래서 채용 시 능력만큼 중요한 요소 중 하나가 그의 성품이다. 우리 구성원은 반드시 선해야 하며, 타인을 배려하고 공감 능력이 있어야 한다. 때론 내부 경쟁이 일어나기도 하고, 시기와 질투가 싹틀 수도 있으며, 서로 무례하게 행동하며 상처를 주고받기도 하겠지만, 실수는 솔직히 인정하고, 과오는 반성하며 대의를 향해 함께 나아간다는 공동체 의식을 갖고 있어야 한다. 개인의 이익보다 공동의 이익을 추구해야 한다. 한 명이 10의 성과를 거둔 것보다 열 명이 1의 성과를 거둔 것이 더 가치 있다고 여긴다. 이것이 매출 증대와 이익 극대화에 도움이 될지 아닐지는 잘 모르겠다. 다만, 어떻게 사업을 즐겁게 할 것인가라는 관점에서는 나는 이것이 옳다고 믿는다.

이렇게 좋은 '태도'를 가진 멋진 팀원들과 좋은 '관계'를 가진 강한 팀을 갖추었다면 이제 '의미'를 찾아야 한다. 우리 팀원들이 하고 있는 모든 활동, 즉 제품을 기획하고 디자인한 후 샘플을 만들고 수정하고 또 샘플을 만들고 수정하고, 원부자재를 발주하고 생산 라인을 점검해 가며 최대한 완성도를 높여서 제품을 출시한 후 스토리보드를 만들어서 사진을 찍고 영상을 촬영하고, 상세페이지를 만든 후 SNS와 각종 채널에 제품을 선보이고, 인플루언서에게 협찬을 하고, 광고를 집행한 결과 고객들이 관심을 보여 문의를 하면 자정까지 친절하게 상담해서 마침내 주문이 들어오면 정성스레 포장해서 당일에 출고하는 이 수많은 행위는 결국 한 가지 목적이 달성될 때 의미를 가진다. 그건 그 제품을 받은 고객이 '꽤 마음에 드는데'라고 만족하는 순간이다. 그 말을 듣지 못하면 우리가 한 모든 행동은 무의미하다.

세상에 있으나 마나 한 평범한 제품을 만들어서 잠시의 눈속임으로 고객의 호주머니를 갈취하거나, 제품의 하자를 발견하고도 무시하거나, 조금 인기가 있다고 고객에게 무례하게 하는 행동은 옳지 않다. 우리가 1천 년쯤 살 수 있다면 몇십 년은 이런 식으로 사업해 보는 것도 나쁘지 않을 거 같다. 하지만 의학이 아무리 발달했지만 우리가 열정적으로 사업할 수 있는 건 물리적으로 최장 40년 정도에 불과하다. 평균 30년 내외가 아닐까 싶다. 35세쯤 창업해서 65세쯤에 후임 대표에게 바통을 넘겨주는 게 평균값쯤 될 것이다.

창업가에게, 사업가에게 일은 삶 그 자체다. 삶이 곧 일이고 일이 곧 삶이다. 불꽃처럼 뜨겁게 살아갈 30년의 세월을 눈속임으로 고객을 속여서 푼돈을 버는 데 보내는 건 너무 초라한 인생이다. 적어도 내가 태어나기 전보다 내가 태어난 후에 이 지구상 어딘가에 0.1%라도 더 나아져 있어야 하지 않을까? 내가, 우리 팀이, 우리 회사가, 우리가 함께 만든 제품이 그것이 출시되기 전과 출시된 이후 인류에게 미치는 가치 총량을 따졌을 때 마이너스나 0보다는 플러스가 되는 게 낫지 않을까? 최선을 다해 열심히 일한 후 귀가할 때 '오늘 하루도 꽤 괜찮은 하루였어'라고 속삭이며 스스로 충만감을 느낄 수 있어야 하지 않을까? 그 힘으로 우리는 매일매일 모래바람만 휘날리는 지루한 사막 여행을 특별하고 빛나는 오아시스 여행으로 변모시킬 수 있을 것이다.

명절 연휴 때 고향에서 평온하게 잘 지내는 친구들을 만났다. 대화 중에 10여 년 전에 단체로 백두산 여행을 떠났는데 귀찮아서 정상은 오르지 않고 산 중턱에서 술 한잔하고 내려왔다는 한 친구의 사연이 화젯거리가 되었다. 나는 백두산까지 갔으면 다리가 좀 아프고 피곤하더라도 천지까지는 올라가 보는 게 당연한 거 아닌가, 라고 여겼는데 친구들은 달랐다. 편하고 행복하게 살면 되지, 뭘 힘들게 꼭 정상까지 올라가야 하느냐고.

그제야 나는 깨달았다. 나와 이 글을 읽는 사람들은 평균의 범주에서 조금 벗어난 특별한 사람들이구나. 우리는 산이 있으면 오르고, 바다가 펼쳐지면 배를 타고, 창공을 보면 자유롭게 날고 싶어 하는 사람들이다. 세상에 흔적을 남기고 싶어 하고 세상을 변화시키는 데 기여하고 싶어 하는 이들이다. 우리는 평범하지 않다. 우리 생애 동안 좀 더 높고 크고 위대한, 의미 있는 그 무언가를 남기고 싶어 한다.

그래서 중요하다. 당신이 창업을 했거나 창업팀의 리더로 합류했다면 만사 제치고 우선은 돈을 벌어야 한다. 그런 후 흑자라는 티켓을 움켜쥐고 비즈니스 열차에 탑승해서 삶에 대해 긍정적인 태도를 견지하며, 함께 해서 즐거운 멤버들과 신뢰하는 '관계'를 맺고, 더 나은 세상을 만드는 '의미' 있는 일을 해야 한다. 만약 그렇다면 사업의 고통 속에서도 우리는 벅찬 환희를 느끼며 이 여정을 즐길 수 있을 것이다. 사업의 즐거움을 향유하게 될 것이다. 나는 그렇게 생각하는데 당신은 어떻게 생각하는가?

사업의 즐거움

2025년 1월 17일 1판 1쇄 발행

지 은 이 최철용
발 행 인 유재옥

이   사 조병권
출 판 본 부 장 박광운
편 집 1 팀 박광운
편 집 2 팀 정영길 조찬희 박치우
편 집 3 팀 오준영 이소의 권진영 정지원
디 자 인 랩 팀 김보라 이민서
콘텐츠기획팀 박상섭 강선화
디지털사업팀 김경태 김지연 윤희진
라이츠사업팀 김정미 이윤서
영업마케팅팀 최원석 윤아림 이다은
물 류 팀 허석용 백철기
경 영 지 원 팀 최정연
발 행 처 (주)소미미디어
인 쇄 제 작 처 코리아피앤피
등   록 제2015-000008호
주   소 서울시 마포구 토정로 222, 502호(신수동, 한국출판콘텐츠센터)
판   매 (주)소미미디어
전   화 편집부 (070)4164-3960 기획실 (02)567-3388
                판매 및 마케팅 (070)8822-2301, Fax (02)322-7665

ISBN 979-11-384-8564-7 (03320)

· 책값은 뒤표지에 있습니다.
· 파본이나 잘못된 책은 구입한 곳에서 교환해 주시기 바랍니다.